JN063160

## ●はじめに

　当教材は小さな個人塾の塾長自らが作成しました。実際にこの教材で多くの生徒の成績を上げてきましたので，自信をもっておすすめできる教材です。

## ●当教材の特徴

　端的な英文法の解説と豊富なバリエーションの例文でインプットを行った後，同じ例文を用いた章末問題（主に整序問題）で2回アウトプットを行います。章末問題はAとBがありますが，AとBが全く同じ場合と，Bのほうに制約を加えて難易度を若干上げている場合があります。

　前者のAとBを全く同じ問題にしているのは，難易度を上げても負担が重くなるだけで理解力を上げることにあまり寄与しないと判断したためです。逆に後者は，難易度を若干上げることで理解力を上げることに寄与すると判断したためです。

　なお，5章おきに確認テストを設けています。これは5章分の文法事項をチェックするための復習テストになります。

## ●YouTube 動画の活用

　当教材で扱う基本例文はYouTubeで聞き流しができます（無料）。英文と和訳がシンプルに流れます。章のすべての英文が流れたあと，英文だけが流れます。その英文が流れたあと英文と和訳が10秒程度で表示されます。その間に同じ英文をマネして発音したり，和訳を言ってみるなどして繰り返し練習してください。※YouTubeで「微風出版」と検索して「合同会社微風出版」のチャンネルを登録し，再生リストから目的の動画にアクセスして下さい。

## ●当教材の効果的な使い方

　英語ができる人とできない人の違いは実に単純です。**基本的な英文を素早く読めるか読めないか**。当然英語ができない人は基本的な英文をスラスラ音読できません。普段から当教材の英文を繰り返し音読するよう宿題を出しても，そんな練習をしてもテストでいい点を取れるわけがないと思ってやらない子は，ことごとくテストの点数が悪いです。逆にまじめに音読練習をする人は，英語が苦手という感覚がそもそもなくなり，普通以上の点数を楽々とってきます。実はここを信じられるかどうかが大きな分かれ目です。

　さて，音読練習をすると言っても英単語が読めない，意味がわからないということであれば効果は薄いです。まずは章の初めの英単語をしっかり覚え，文法の解説を読んで理解してください。文法チェックの問題があればそれもしっかり解いてください。そして英単語と文法の理解が進んだら普段の音読練習を行ってください。夜寝る前に1章分の英文を1回音読するだけでもいいです。そして初めはゆっくりでもいいです。徐々にスピードを上げてつまずかず読めるようにしてください。

## ●当教材を採用いただいた塾や学校の先生へ

　生徒様が当教材を購入いただいていれば，YouTube音声は許可を得ることなく授業でお使いいただいて構いません。英文を個別に好きなタイミングで再生できる有料サービスも用意しています。詳しくは微風出版ウェブサイトを参照ください。

# ●目　　次●

アルファベット／ヘボン式ローマ字 ........................................................................ 6

発音記号一覧 .......................................................................................................... 7

ローマ字練習 .......................................................................................................... 8

**1章 名詞と冠詞** ................................................................................................. 10
名詞とは／可算名詞と不可算名詞／母音と子音／冠詞とは／「a」や「an」の意味と使い方／the の意味と使い方／単数と複数／複数形の作り方／複数形の s/es の発音／不規則な複数形／冠詞の使い分け

**2章 be 動詞Ⅰ** ................................................................................................. 18
名詞と主語／英文のルール／be 動詞とは／否定文の作り方／短縮形／疑問文の作り方

**3章 be 動詞Ⅱ** ................................................................................................. 28
形容詞を含む名詞句の語順／名詞の後の「's」／名詞は並べると説明／様々な代名詞／主格と所有格／疑問詞＋be 動詞

**4章 一般動詞Ⅰ** ............................................................................................... 38
一般動詞とは／否定文の作り方／疑問文の作り方／or が入る疑問文／what で始まる疑問文／no と not…any

**5章 一般動詞Ⅱ** ............................................................................................... 48
楽器の前の the／人称と一般動詞／否定文と疑問文

**確認テストⅠ** ..................................................................................................... 60

**6章 命令文と形容詞** ....................................................................................... 64
命令文／形容詞

**7章 some, any と副詞** ..................................................................................... 74
some と any／形容詞と副詞／特定の位置に置かれる副詞

**8章 疑問詞Ⅰ** ................................................................................................... 84
be 動詞＋場所／be 動詞＋from／what＋場所／who＋場所／what＋名詞／what kind of＋名詞／how many＋複数名詞／相手の仕事のたずね方

**9章 人称代名詞と基本的な前置詞** ................................................................. 94
人称代名詞／基本的な前置詞／再帰代名詞

**10章 時をたずねる表現** ................................................................................. 104
基数／序数／時刻，曜日，日付のたずね方／時刻の表し方／曜日の表し方／日付の表し方

**確認テストⅡ** ................................................................................................... 114

**11章 疑問詞Ⅱ** ............................................................................................... 118
疑問詞+be 動詞／疑問詞＋一般動詞

**12章 疑問詞Ⅲ** ............................................................................................... 128
回数の表し方／how と why／how+形容詞／how+副詞／why の慣用表現

**13章 can の用法** ........................................................................................... 138
can の基本的用法／can の慣用表現

**14章 進行形Ⅰ** ............................................................................................... 146
現在分詞とは／現在進行形

**15章 一般動詞Ⅲ** ........................................................................................... 154
過去を表す表現とは／一般動詞の過去形の作り方／過去を表す否定文と疑問文

確認テストⅢ ......................................................................................... 164

**16章** **be 動詞Ⅲ** ............................................................................. 168
be 動詞の復習／be 動詞の過去形／be 動詞の使い分けの復習

**17章** **一般動詞Ⅳ** ........................................................................... 176
不規則動詞

**18章** **進行形Ⅱ** ............................................................................... 186
現在進行形と過去進行形／状態動詞と動作動詞

**19章** **未来表現** ............................................................................... 194
助動詞の will／未来を表す進行形／be going to ＋原形動詞

**20章** **一般動詞Ⅴ** ........................................................................... 202
自動詞と他動詞／主語＋動詞＋人＋物　（SVOO）

確認テストⅣ ......................................................................................... 212

**21章** **助動詞Ⅰ** ............................................................................... 216
様々な助動詞

**22章** **助動詞Ⅱ** ............................................................................... 224
助動詞の現在形と過去形

**23章** **接続詞Ⅰ** ............................................................................... 232
等位接続詞／名詞節を導く従属接続詞／副詞節を導く that や if

**24章** **接続詞Ⅱ** ............................................................................... 240
様々な従属接続詞

**25章** **there 構文** ........................................................................... 248
there 構文／no と not の違い／there 構文が適切な場合と不適切な場合／here の慣用表現

確認テストⅤ ......................................................................................... 256

4

●著者より

　千葉の片田舎で個人塾を開き，独自の教材を開発することで多くの中学生の英語の成績を上げてきました。そして結果が振るわず他塾から乗り換えてきた生徒の成績も上げることができています。

　長年の指導経験で，不振の原因は主に次の2つであることが分かっています。

① 中学1年で習う英文法が理解できていない
② 学習がペーパーテスト用のアウトプットに偏っており，音読とリスニングによるインプットが不足しすぎている

　まず中学1年で習う文法事項が理解できていない場合は，どれだけ勉強をしても無駄と思えるほど，どうにもなりません。したがってこの部分においては練習問題を多めにやる必要があります。

　また，これは日本の英語教育全体に言えることですが，定期テストや受験があるために，アウトプット（問題演習）に偏りがちで，インプット（音読やリスニング）の量が少なすぎるという問題があります。

　そこで私の塾では，まず中学1年の文法の小テストを多めに行います。

　さらに自宅で当教材の**例文をつまずかず，素早く読める**まで繰り返し**音読**するよう指導し，塾で英文が素早く読めるかどうかをチェックします。初めは大体みんな不合格ですが，半年〜1年程度忍耐強く続けると，いつの間にか英語に対する苦手意識がなくなり，成績も安定してきます。

　本教材はこのプロセスを独学でも踏めるよう工夫しています。さらに例文は実践で役立つフレーズを多く作り，ネイティブスピーカーにチェックをしてもらっているため，中学英語を復習したい高校生や，英会話を初歩から始めたい社会人にも十分活用いただけると思います。

微風出版　代表　児保 祐介

　今日の英語教育は3段階に分かれています。

　まずは英語との出会いをする小学校の段階です。ここでは英文法は登場せず，あいさつや物の名前を覚えます。

　次に中学校の段階です。ここでは基礎的な英文法の修得が中心になり，定期試験や高校入試も英文法を問うものが出題されます。

　最後に高校の段階です。ここでは長文読解が中心となり，中学校以降の英文法の運用が問われます。

　中学校の英文法は基礎の段階であり覚えることが学習の中心となるため，**効率的に体で覚えられる**ように作りました。この本に取り組むことで小学校で楽しんだ英語が体系化され，さらには本格的に細かで実践的な運用を問われる高校での英文法や長文読解のためのしっかりとした基礎が作られるはずです。**英語は積み重ねの科目**です。この本をやりきって，ぜひその後の本格的な英語を楽しむ足掛かりとしてください。

　最後にアドバイスを1つ。
中学校の段階の英文法は，それが実戦で生きたときに不可欠のものであったと実感できるという意味で，武道の型に通じるものがあります。
　英文法の勉強でも途中で何らかの実戦を取り入れてみましょう。そうすることで「英文法を体で覚える」というこの本での訓練により一層身を入れて取り組むことができるようになると思います。

田中　洋平

## ●アルファベット

| エイ | ビー | スィー | ディー | イー | エフ | ジー | エイチ | アイ | ジェイ | ケイ | エル | エム |
|---|---|---|---|---|---|---|---|---|---|---|---|---|

A a B b C c D d E e F f G g H h I i J j K k L l M m

| エヌ | オウ | ピー | キュー | アーゥ | エス | ティー | ユー | ヴィー | ダヴォユー | エックス | ワイ | ズィー |
|---|---|---|---|---|---|---|---|---|---|---|---|---|

N n O o P p Q q R r S s T t U u V v W w X x Y y Z z

上を隠して練習しよう！

## ●ヘボン式ローマ字

| P | B | D | Z | G | W | R | Y | M | H | N | T | S | K | |
|---|---|---|---|---|---|---|---|---|---|---|---|---|---|---|
| ぱ<br>pa | ば<br>ba | だ<br>da | ざ<br>za | が<br>ga | わ<br>wa | ら<br>ra | や<br>ya | ま<br>ma | は<br>ha | な<br>na | た<br>ta | さ<br>sa | か<br>ka | あ<br>a |
| ぴ<br>pi | び<br>bi | ぢ<br>ji | じ<br>ji | ぎ<br>gi | | り<br>ri | | み<br>mi | ひ<br>hi | に<br>ni | ち<br>chi | し<br>shi | き<br>ki | い<br>i |
| ぷ<br>pu | ぶ<br>bu | づ<br>zu | ず<br>zu | ぐ<br>gu | を<br>wo | る<br>ru | ゆ<br>yu | む<br>mu | ふ<br>fu | ぬ<br>nu | つ<br>tsu | す<br>su | く<br>ku | う<br>u |
| ぺ<br>pe | べ<br>be | で<br>de | ぜ<br>ze | げ<br>ge | | れ<br>re | | め<br>me | へ<br>he | ね<br>ne | て<br>te | せ<br>se | け<br>ke | え<br>e |
| ぽ<br>po | ぼ<br>bo | ど<br>do | ぞ<br>zo | ご<br>go | ん<br>n | ろ<br>ro | よ<br>yo | も<br>mo | ほ<br>ho | の<br>no | と<br>to | そ<br>so | こ<br>ko | お<br>o |

| ぴゃ<br>pya | びゃ<br>bya | じゃ<br>ja | ぎゃ<br>gya | りゃ<br>rya | みゃ<br>mya | ひゃ<br>hya | にゃ<br>nya | ちゃ<br>cha | しゃ<br>sha | きゃ<br>kya |
|---|---|---|---|---|---|---|---|---|---|---|
| ぴゅ<br>pyu | びゅ<br>byu | じゅ<br>ju | ぎゅ<br>gyu | りゅ<br>ryu | みゅ<br>myu | ひゅ<br>hyu | にゅ<br>nyu | ちゅ<br>chu | しゅ<br>shu | きゅ<br>kyu |
| ぴょ<br>pyo | びょ<br>byo | じょ<br>jo | ぎょ<br>gyo | りょ<br>ryo | みょ<br>myo | ひょ<br>hyo | にょ<br>nyo | ちょ<br>cho | しょ<br>sho | きょ<br>kyo |

（例）シマウマ(shimauma)　シャチ（shachi）　カタツムリ（katatsumuri）　ヒツジ（hitsuji）

上を隠して練習しよう！

シマウマ

シャチ

カタツムリ

ヒツジ

# 発音記号一覧

## ●母音（ぼいん）の発音

| | | | | |
|---|---|---|---|---|
| æ | 「ア」と「エ」を同時に出すように発音 | | ʌ | 口を少し開けて喉の奥で「ア」 |
| ɑ | 口を大きく開けて「ア」 | | ə | 力を抜いて口をわずかに開けて「ア」 |
| ɑ: | 口を大きく開けて「アー」 | | ər | 徐々に舌を丸めながら「ア」 |
| ɑ:r | 徐々に舌を丸めながら「アー」 | | ə:r | 徐々に舌を丸めながら長く「アー」 |
| i | 力を抜いて「イ」と「エ」の中間のような発音 | | u | 唇を丸めて短く「ウ」 |
| i: | 力を入れて「イー」 | | u: | 唇を突き出して「ウー」 |
| | | | ju: | 最後に口をすぼめて「ユー」 |
| e | はっきり「エ」 | | ɔ: | 口を大きく開けて喉の奥から「オー」 |
| | | | ɔ:r | 徐々に舌を丸める |

## ●子音（しいん）の発音

英語の子音には日本語の発音のように声に出す音と，声に出さずに息を出すだけの発音がある。
前者は（声），後者は（息）と表記することにする。

| | | | | | |
|---|---|---|---|---|---|
| p | 息 | 「プッ」 | b | 声 | 「ブッ」 |
| θ | 息 | 舌を上下の歯で挟みながら「スッ」 | ð | 声 | 舌を上下の歯で挟みながら「ズ」 |
| l | 声 | 舌先を上の歯茎につけながら声を出す | r | 声 | 舌先を丸めてどこにもつけず声を出す |
| t | 息 | 「トゥ」 | d | 声 | 「ドゥ」 |
| ʃ | 息 | 「シュッ」 | ʒ | 声 | 「ジッ」 |
| h | 息 | 喉の奥から「ハッ」 | j | 声 | 「ギ」の口の形で「イ」 |
| k | 息 | 「クッ」 | g | 声 | 「グッ」 |
| tʃ | 息 | 「チッ」 | dʒ | 声 | 「ジッ」 |
| w | 声 | 唇を丸めて口を突き出して，急いで戻して音を出す | n | 声 | 鼻から出るように「ン」 |
| m | 声 | 口を閉じて「ム」 | s | 息 | 「スッ」 |
| z | 声 | 「ズッ」 | f | 息 | 上の歯を下唇に軽く触れて「フッ」 |
| v | 声 | 上の歯を下唇に軽く触れて「ヴッ」 | ŋ | 声 | 鼻から出るように「ング」 |

## ●アクセントと省略できる音

「á」「í」「ú」「é」「ó」のように発音記号の上につく点はアクセント（強く読む部分）を表す。
また「r」のような斜字体（しゃじたい）になっている記号は発音を省略できることを表す。

## ●ローマ字練習

| 秋刀魚(さんま) | sanma | 鮭(さけ) | sake | 鮪(まぐろ) | maguro |
|---|---|---|---|---|---|
| 鮎(あゆ) | ayu | 鯖(さば) | saba | 鯨(くじら) | kujira |
| 鯵(あじ) | aji | 鮫(さめ) | same | 鯉(こい) | koi |
| 鮑(あわび) | awabi | 鯛(たい) | tai | 鮃(ひらめ) | hirame |
| 鰯(いわし) | iwashi | 蛸(たこ) | tako | 鮟鱇(あんこう) | anko |
| 鰻(うなぎ) | unagi | 鰤(ぶり) | buri | 河豚(ふぐ) | fugu |
| 鰹(かつお) | katsuo | 烏賊(いか) | ika | 海豚(いるか) | iruka |

上を隠して練習しよう！（漢字の読みも覚えよう）

| 秋刀魚(さんま) | | 鮭(さけ) | | 鮪(まぐろ) | |
|---|---|---|---|---|---|
| 鮎(あゆ) | | 鯖(さば) | | 鯨(くじら) | |
| 鯵(あじ) | | 鮫(さめ) | | 鯉(こい) | |
| 鮑(あわび) | | 鯛(たい) | | 鮃(ひらめ) | |
| 鰯(いわし) | | 蛸(たこ) | | 鮟鱇(あんこう) | |
| 鰻(うなぎ) | | 鰤(ぶり) | | 河豚(ふぐ) | |
| 鰹(かつお) | | 烏賊(いか) | | 海豚(いるか) | |

| 秋刀魚 | | 鮭 | | 鮪 | |
|---|---|---|---|---|---|
| 鮎 | | 鯖 | | 鯨 | |
| 鯵 | | 鮫 | | 鯉 | |
| 鮑 | | 鯛 | | 鮃 | |
| 鰯 | | 蛸 | | 鮟鱇 | |
| 鰻 | | 鰤 | | 河豚 | |
| 鰹 | | 烏賊 | | 海豚 | |

※一般に「高知」は「Kouchi」ではなく「Kochi」,「大阪」は「Oosaka」ではなく「Osaka」と表記する。また地名の**最初は必ず大文字**で表記する。

| | | | | | |
|---|---|---|---|---|---|
| 北海道 | Hokkaido | 石川 | Ishikawa | 島根 | Shimane |
| 青森 | Aomori | 福井 | Fukui | 広島 | Hiroshima |
| 岩手 | Iwate | 山梨 | Yamanashi | 山口 | Yamaguchi |
| 秋田 | Akita | 長野 | Nagano | 香川 | Kagawa |
| 宮城 | Miyagi | 岐阜 | Gifu | 徳島 | Tokushima |
| 山形 | Yamagata | 静岡 | Shizuoka | 愛媛 | Ehime |
| 福島 | Fukushima | 愛知 | Aichi | 高知 | Kochi |
| 茨城 | Ibaraki | 三重 | Mie | 福岡 | Fukuoka |
| 栃木 | Tochigi | 和歌山 | Wakayama | 佐賀 | Saga |
| 群馬 | Gunma | 滋賀 | Shiga | 長崎 | Nagasaki |
| 千葉 | Chiba | 京都 | Kyoto | 熊本 | Kumamoto |
| 埼玉 | Saitama | 大阪 | Osaka | 大分 | Oita |
| 東京 | Tokyo | 奈良 | Nara | 宮崎 | Miyazaki |
| 神奈川 | Kanagawa | 兵庫 | Hyogo | 鹿児島 | Kagoshima |
| 新潟 | Niigata | 鳥取 | Tottori | 沖縄 | Okinawa |
| 富山 | Toyama | 岡山 | Okayama | | |

上を隠して練習しよう！

| | | | | | |
|---|---|---|---|---|---|
| 北海道 | | 石川 | | 島根 | |
| 青森 | | 福井 | | 広島 | |
| 岩手 | | 山梨 | | 山口 | |
| 秋田 | | 長野 | | 香川 | |
| 宮城 | | 岐阜 | | 徳島 | |
| 山形 | | 静岡 | | 愛媛 | |
| 福島 | | 愛知 | | 高知 | |
| 茨城 | | 三重 | | 福岡 | |
| 栃木 | | 和歌山 | | 佐賀 | |
| 群馬 | | 滋賀 | | 長崎 | |
| 千葉 | | 京都 | | 熊本 | |
| 埼玉 | | 大阪 | | 大分 | |
| 東京 | | 奈良 | | 宮崎 | |
| 神奈川 | | 兵庫 | | 鹿児島 | |
| 新潟 | | 鳥取 | | 沖縄 | |
| 富山 | | 岡山 | | | |

# 1章 ‖‖ 名詞と冠詞

●この章で用いられる単語を覚えよう。

my　[mái / マイ]　代　私の

your　[júər / ユァ]　代　あなたの

the　[ðə / ザ]　冠　その

dog　[dɔ́(:)g / ドッグ]　名　犬

cat　[kǽt / キャットゥ]　名　猫

cap　[kǽp / キャップ]　名　帽子

bag　[bǽg / バッグ]　名　カバン

box　[báks / バックス]　名　箱

boy　[bɔ́i / ボーイ]　名　少年

girl　[gə́:rl / ガーゥ]　名　少女

child　[tʃáild / チャイルドゥ]　名　子供

friend　[frénd / フレンドゥ]　名　友達

piano　[piǽnou / ピアノ]　名　ピアノ

apple　[ǽpl / アップォゥ]　名　リンゴ

orange　[ɔ́(:)rindʒ / オーリンジ]　名　オレンジ

bike　[báik / バイク]　名　自転車

bus　[bʌ́s / バス]　名　バス

book　[búk / ブック]　名　本

dictionary　[díkʃənèri / ディクシャナリィ]　名　辞書

dish　[díʃ / ディッシュ]　名　皿, 料理

egg　[ég / エッグ]　名　卵

milk　[mílk / ミルク]　名　牛乳

ship　[ʃíp / シップ]　名　船

man　[mǽn / メァン]　名　(大人の)男性

woman　[wúmən / ウーマン]　名　(大人の)女性

soccer　[sákər / サッカー]　名　サッカー

English　[íŋgliʃ / イングリシュ]　名 / 形　英語(の)

Japan　[dʒəpǽn / ジャペーン]　名　日本

Japanese　[dʒæpəní:z / ジャペニーズ]　名 / 形　日本人(の), 日本語(の), 日本の

China　[tʃáinə / チャイナ]　名　中国

Chinese　[tʃainí:z / チャイニーズ]　名 / 形　中国人(の), 中国語(の), 中国の

America　[əmérikə / アメリカ]　名　アメリカ

American　[əmérikən / アメリカン]　名 / 形　アメリカ人(の), アメリカの

tomato　[təméitou / トメイトゥ]　名　トマト

potato　[pətéitou / ポテイトゥ]　名　じゃがいも

city　[síti / スィティ]　名　街, 都市

watch　[wátʃ / ワッチ]　名　腕時計

knife　[náif / ナイフ]　名　ナイフ

video　[vídiòu / ヴィディオゥ]　名　映像

radio　[réidiou / レイディオゥ]　名　ラジオ

zoo　[zú: / ズー]　名　動物園

leaf　[lí:f / リーフ]　名　葉

sun　[sʌ́n / サン]　名　太陽

earth　[ə́:rθ / アース]　名　地球

place　[pléis / プレイス]　名　場所

life　[láif / ライフ]　名　命, 生活

beef　[bí:f / ビーフ]　名　牛肉

●1～12までの英単語を書けるようにしよう。

| 1 | ワン<br>one [wʌ́n] | 2 | トゥー<br>two [tú:] | 3 | スリー<br>three [θríː] | 4 | フォー<br>four [fɔ́:r] |
|---|---|---|---|---|---|---|---|
| 5 | ファイヴ<br>five [fáiv] | 6 | シックス<br>six [síks] | 7 | セヴン<br>seven [sévn] | 8 | エイトゥ<br>eight [éit] |
| 9 | ナイン<br>nine [náin] | 10 | テン<br>ten [tén] | 11 | イレヴン<br>eleven [ilévn] | 12 | トゥウェルヴ<br>twelve [twélv] |

| 1 | | 2 | | 3 | | 4 | |
|---|---|---|---|---|---|---|---|
| 5 | | 6 | | 7 | | 8 | |
| 9 | | 10 | | 11 | | 12 | |

●左ページを隠して読みと意味を確認しよう。

| | |
|---|---|
| ☐ my | ☐ soccer |
| ☐ your | ☐ English |
| ☐ the | ☐ Japan |
| ☐ dog | ☐ Japanese |
| ☐ cat | ☐ China |
| ☐ cap | ☐ Chinese |
| ☐ bag | ☐ America |
| ☐ box | ☐ American |
| ☐ boy | ☐ tomato |
| ☐ girl | ☐ potato |
| ☐ child | ☐ city |
| ☐ friend | ☐ watch |
| ☐ piano | ☐ knife |
| ☐ apple | ☐ video |
| ☐ orange | ☐ radio |
| ☐ bike | ☐ zoo |
| ☐ bus | ☐ leaf |
| ☐ book | ☐ sun |
| ☐ dictionary | ☐ earth |
| ☐ dish | ☐ place |
| ☐ egg | ☐ life |
| ☐ milk | ☐ beef |
| ☐ ship | |
| ☐ man | |
| ☐ woman | |

●1～12のスペルをテストしよう。

| 1 | | 2 | | 3 | | 4 | |
|---|---|---|---|---|---|---|---|
| 5 | | 6 | | 7 | | 8 | |
| 9 | | 10 | | 11 | | 12 | |

| 1 | | 2 | | 3 | | 4 | |
|---|---|---|---|---|---|---|---|
| 5 | | 6 | | 7 | | 8 | |
| 9 | | 10 | | 11 | | 12 | |

| 1 | | 2 | | 3 | | 4 | |
|---|---|---|---|---|---|---|---|
| 5 | | 6 | | 7 | | 8 | |
| 9 | | 10 | | 11 | | 12 | |

## ●名詞とは

次の例のように，人，もの，場所，事柄などの名称を表す単語を名詞という。

> 例　私，友達，犬，本，水，東京，公園，夏，仕事

特に「私」「あなた」「彼」「彼女」「これ」「それ」「あれ」など，何かの名称の代わりに用いられる名詞を代名詞，人名，地名，国名，山や川の名前など，特有の名称を表す名詞を固有名詞という。

英語では固有名詞や国名から派生する語の頭文字を大文字で表す。

固有名詞：　例　日本：Japan　　東京：Tokyo　　トム：Tom

国名から派生する語：　例　日本語：Japanese　英語：English　中国語：Chinese

## ●可算名詞と不可算名詞

英語では「1つ」，「2つ」…，「1人」，「2人」…のように数えられる名詞を可算名詞といい，数えられない名詞を不可算名詞という。重さや体積などの量で扱うものや，固有名詞，教科やスポーツの名称などが不可算名詞になる。

可算名詞：友達，鉛筆，りんご，犬，車，本…

不可算名詞：水，牛乳，牛肉，お金，東京，英語，私，彼，サッカー…

## ●母音と子音

「ア」「イ」「ウ」「エ」「オ」の音を母音といい，それ以外の音を子音という。英語では主に a,i,u,e,o を読むときの音が母音になる。英語の母音と子音については p5 を参照すること。

## ●冠詞とは

名詞の前に置く「a」，「an」，「the」を冠詞という。

※the [ðə]は舌を上下の歯で軽く挟みながら「ザ」と発音する。

## ●「a」や「an」の意味と使い方

a や an は「(ある) 1つの」「(ある) 1人の」という意味で，可算名詞の前に置かれる。

※母音 (a,i,u,e,o の音)で始まる名詞は「an」　それ以外は「a」を用いる。

例1　an orange　1つのオレンジ

例2　a book　一冊の本

例3　an English book　一冊の英語の本

!注意　× a milk（牛乳）→ 不可算名詞の前には使えない

## ●the の意味と使い方

the は会話，話題の中で特定される名詞や，「地球」「太陽」「ナイル川」のように多くの人が常識的に知っていて，世の中に1つしか存在しないようなものを表す名詞の前につける。the は一般に「その」と訳されるが，わかりきっている場合は訳されないこともある。

| その本 | the book |
|---|---|
| その英語の本 | the English book |
| 地球 | the earth |
| 太陽 | the sun |
| ナイル川 | the Nile River |

なお，母音(a,i,u,e,o の音)で始まる名詞の前につく the は[ði]（ズィ）と発音が変わる。

[ði]：舌を上下の歯で軽く挟みながら「ズィ」と発音

🎧 次の英単語を練習しなさい。

① a book（1冊の本）　　　　　② an orange（1つのオレンジ）

③ a cat（1匹の猫）　　　　　　④ an apple（1つのリンゴ）

⑤ the dog（その犬）　　　　　　⑥ the earth（地球）

⑦ the sun（太陽）　　　　　　　⑧ the egg（その卵）

⑨ my friend（私の友達）　　　　⑩ your dictionary（あなたの辞書）

**1** 名詞である言葉を記号ですべて選びなさい。

　ア．辞書　　　イ．ゆっくり　　ウ．理科　　　エ．楽しい　　　オ．人々
　カ．速く　　　キ．日本　　　　ク．歩く　　　ケ．徒歩　　　　コ．図書館

　（　　　　　　　　　　　　　　　　　　　　　　　　　　　）

**2** 次のうち，代名詞と固有名詞をそれぞれ記号ですべて選びなさい。

　ア．猫　　　　イ．あれ　　　　ウ．富士山　　エ．ドイツ　　　オ．彼ら
　カ．私　　　　キ．鉛筆　　　　ク．美しい　　ケ．京都　　　　コ．趣味

代名詞：（　　　　　　　　　　　）　固有名詞：（　　　　　　　　　　　　　　）

**3** 英単語で，主に a,i,u,e,o を発音するときの音を何というか。　　（　　　　　　　）

**4** 英単語で，主に a,i,u,e,o 以外を発音するときの音を何というか。　（　　　　　　　）

**5** 次の意味の英単語が可算名詞なら「可」，不可算名詞なら「不」と記入しなさい。

　① 塩（　　　）② 自転車（　　　　）③ 野球（　　　　）④ 牛乳（　　　　）⑤ 鳥（　　　　）

**6** 次の（　　　　）内の単語のうち，正しい方を選びなさい。

　ア．（ a, an ）book　　　イ．（ a, an ）orange　　　ウ．（ a, an ）apple　　　エ．（ a, an ）dog

**7** 「ある1冊の英語の本」という意味の語句として正しいものを記号で選びなさい。（　　　　）

　ア．a English book　　イ．an English book　　ウ．English a book　　エ．English an book

**8** the は日本語でどのように訳されることが多いか。（　　　　　　　　）

**9** 次の the の発音で他と異なるものを1つ選びなさい。（　　　　　）

　ア．the cat　　　イ．the dog　　　ウ．the sun　　　エ．the bag　　　オ．the egg

**●単数と複数**

　ものや人の個数，人数が1つ，1人であることを**単数**といい，2個，2人以上であることを**複数**という。英語の可算名詞には**単数形**と**複数形**があり，必ず区別して用いなければいけない。

| 可算名詞 | 単数形 | 複数形 |
|---|---|---|
| 本 | ブック<br>book | ブックス<br>books |
| オレンジ | オーレンジ<br>orange | オーレンジズ<br>oranges |

※名詞の複数形は語尾に「s」や「es」をつけて表すことが多い。

**●複数形の作り方**

◇**多く場合，語尾にsをつける**

例1　a dog （1匹の犬） → dogs （2匹以上の不特定の犬），the dogs （その2匹以上の犬）

例2　a book （1冊の本） → five books （5冊の不特定の本），the five books （その5冊の本）

◇**語尾が s,sh,ch,x,z のときは es をつける**

バス<br>bus （バス） → バスイズ<br>buses　　　　ウォッチ<br>watch （腕時計） → ウォッチイズ<br>watches

ディッシュ<br>dish （皿，料理） → ディッシュイズ<br>dishes　　　　ボックス<br>box （箱） → ボックスイズ<br>boxes

◇**名詞の語尾が子音+y のときは y を i に変えて es をつける**

スィティ<br>city （都市，街） → スィティズ<br>cities　　　　ディクショナリィ<br>dictionary （辞書） → ディクショナリズ<br>dictionaries

!注意　**語尾が母音+y のときは単にs をつける**

ボーイ<br>a boy （一人の少年） → ボーイズ<br>boys （少年達）　× boies

ディ<br>a day [déi] （1日） → トゥー デイズ<br>two days （2日）　× two daies

day の語尾は「母音+y」なのでsをつけるだけ

◇**語尾が f, fe の場合は f, fe を v に変えて es をつける**

リーフ<br>leaf （葉） → リーヴズ<br>leaves　　knife ナイフ（ナイフ） → ナイヴズ<br>knives　　ライフ<br>life （命，生活） → ライヴズ<br>lives

比較的新しく英語に加わった語の場合は単にsをつける （一つひとつ覚えるしかない）

ルーフ<br>roof [rú:f] （屋根） → ルーフス<br>roofs

◇**名詞の語尾が子音+o のときは es をつける**

トメイトウ<br>tomato （トマト） → トメイトウズ<br>tomatoes　　　ポテイトウ<br>potato （じゃがいも） → ポテイトウズ<br>potatoes

!注意　**語尾が母音+o のときはs をつける**

レイディオウ<br>radio （ラジオ） → レイディオウズ<br>radios　　ヴィディオウ<br>video （映像） → ヴィディオウズ<br>videos　　ズー<br>zoo （動物園） → ズーズ<br>zoos

比較的新しく英語に加わった語や省略語の場合にも単にsをつける（一つひとつ覚えるしかない）

ピアノ<br>piano （ピアノ／pianoforteの略） → ピアノズ<br>pianos

フォウトウ<br>photo [fóutou] （写真／photographの略） → フォウトウズ<br>photos

## ●複数形の s/es の発音

◇語尾の音が k(ク)，p(プ)，f(フ)のときは声に出さず息だけを出して〔s／ス〕と発音

 books（本）  bikes（自転車）  ships（船）  caps（帽子）  roofs（屋根）

◇語尾が s,sh,ch,x で es がつくときは〔iz／イズ〕と発音 bus → buses

◇語尾が ce で s がつくときも〔iz／イズ〕と発音 place [pléis]（場所）→ places

◇語尾が ves になるときは〔vz／ヴズ〕と発音 knife → knives

◇語尾が ds のときは舌を下の歯に軽くつけて「ズ」と発音 friend → friends

◇語尾が ts, tes, ths のときは，声に出さず息だけを出して〔ts／ツ〕と発音

 cat → cats  plate [pléit]（皿，料理）→ plates  month [mʌ́nθ]（[暦の]月）→ months

◇それ以外の s はすべて〔z／ズ〕と発音 bag → bags girl → girls

**10**　次の名詞の意味と複数形を書きなさい。

| 名詞 | 意味 | 複数形 |
|---|---|---|
| ① book | | |
| ② orange | | |
| ③ dog | | |
| ④ cat | | |
| ⑤ bus | | |
| ⑥ city | | |
| ⑦ boy | | |
| ⑧ girl | | |
| ⑨ knife | | |
| ⑩ friend | | |
| ⑪ tomato | | |
| ⑫ bike | | |
| ⑬ video | | |
| ⑭ watch | | |
| ⑮ box | | |
| ⑯ cap | | |
| ⑰ leaf | | |

1章

## ●不規則な複数形

次のように複数形が不規則に変化する名詞もあり1つひとつ覚えるしかない。

| 意味 | 単数形 | 複数形 |
|---|---|---|
| 子供 | child [tʃáild]（チャイルドゥ） | children [tʃíldrən]（チルドゥレン） |
| （大人の）男性 | man [mǽn]（マン） | men [mén]（メン） |
| （大人の）女性 | woman [wúmən]（ウーマン） | women [wímin]（ウィミン） ※発音注意 |
| 足 | foot [fút]（フットゥ） | feet [fíːt]（フィートゥ） |
| 歯 | tooth [tuθ]（トゥース） | teeth [tíːθ]（ティース） |
| ねずみ | mouse [máus]（マウス） | mice [máis]（マイス） |

◆上の単語を書いて練習しよう。

| 意味 | 単数形 | 複数形 |
|---|---|---|
| 子供 | | |
| （大人の）男性 | | |
| （大人の）女性 | | |
| 足 | | |
| 歯 | | |
| ねずみ | | |

## ●冠詞の使い分け

my（私の）や your（あなたの）は代名詞の所有格といい，冠詞（aやthe）と一緒に用いることができない。このことに注意して冠詞の使い方を理解しよう。

| the book | その本（単数） | 会話，話題の中で特定されている1冊の本 |
|---|---|---|
| the books | その本（複数） | 会話，話題の中で特定されている複数の本 |
| a book | （ある）1冊の本 | 会話，話題の中で特定されていない，または特定する必要がない1冊の本 |
| books | （ある複数の）本 | 会話，話題の中で特定されていない，または特定する必要がない複数の本，本全般を表す |
| my book | 私の本（単数） | s がついていないので本は単数を表す |
| my books | 私の本（複数） | s がついているので本は複数を表す |
| a books | × | 単数と複数を同時に表すことはできない！ |
| book | △ | 特別な場合を除いて，可算名詞にaやthe，またはsをつけずに用いることはできない！ |
| a the book my a book | × | a, an, the, my, your など，名詞の前に置く語は2つ以上を同時に用いることはできない！ |
| a Tokyo | × | 固有名詞や代名詞には冠詞をつけない！ |
| beef | 牛肉 | 一般的な牛肉，牛肉全般を表す |
| the beef | その牛肉 | 会話，話題の中で特定されている牛肉 |
| a beef | × | 通常不可算名詞にaやanをつけることはできない |

# ★章末問題★

**11** 文中の空欄に入る文法用語を答えなさい。また表中に入る英単語を答えなさい。

「私」「友達」「犬」「机」「公園」「時間」など，人，もの，場所，事柄などの名称を表す単語を①（　　　）といい，特に「私」「あなた」「彼」「彼女」「これ」「それ」「あれ」など，何かの名称の代わりに用いられる（ ① ）を②（　　　），人名，地名，国名，山や川の名前など，特有の名称を表す（ ① ）を③（　　　）という。

また，英語では「1つ」，「2つ」…，「1人」，「2人」…のように数を数えられる（ ① ）を④（　　　）といい，それが「1つ」，「1人」である場合は⑤（　　　）形，「2つ以上」「2人以上」である場合は⑥（　　　）形にして用いる必要がある。

① (　　　　　　　　)　② (　　　　　　　　)　③ (　　　　　　　　)

④ (　　　　　　　　)　⑤ (　　　　　　　　)　⑥ (　　　　　　　　)

| （ ⑤ ）形 | （ ⑥ ）形 | （ ⑤ ）形の意味 |
|---|---|---|
| mouse | | |
| dictionary | | |
| potato | | |
| life | | |
| dish | | |
| woman | | |
| man | | |
| foot | | |
| child | | |
| tooth | | |

| 1 | | 2 | | 3 | | 4 | |
|---|---|---|---|---|---|---|---|
| 5 | | 6 | | 7 | | 8 | |
| 9 | | 10 | | 11 | | 12 | |

**12** 語群の単語をいくつか用いて日本語を英語に直しなさい。ただし，語群中の単語の形は変えないこと。

語群〔 a, an, the, my, your, bike, friends, egg, bag, beef 〕

(1) 1台のある自転車：[　　　　　　　　]　(2) あなたの友達：[　　　　　　　　]

(3) 私のかばん：[　　　　　　　　]　(4) 牛肉全般：[　　　　　　　　]

(5) その卵：[　　　　　　　　]　(6) ある1つの卵：[　　　　　　　　]

# 2章 ‖‖‖ be 動詞 I

●この章で用いられる単語を覚えよう。

school ［skú:l / スクール］ 名 学校

junior high school ［dʒú:njər hái skú:l / ジュニアハイ スクール］ 名 中学校

student ［stú:dnt / ステューデントゥ］ 名 学生, 生徒

sister ［sístər / シスタ］ 名 姉妹

name ［néim / ネイム］ 名 名前

too ［tú: / トゥー］ 副 ～もまた

good ［gúd / グッドゥ］ 形 良い, 素晴らしい

first ［fə́:rst / ファーストゥ］ 形 第一の, 一番目の

nice ［náis / ナイス］ 形 良い

meet ［mí:t / ミートゥ］ 動 ～に会う, 会う

nice to meet you ［náis tú: mí:t jú: / ナイス トゥー ミートゥ ユー］ 初めまして

player ［pléiər / プレイヤ(ア)］ 名 選手, プレーヤー

new ［njú / ニュー］ 形 新しい

English ［íŋgliʃ / イングリシュ］ 名 / 形 英語(の)

teacher ［tí:tʃər / ティーチャ(ア)］ 名 先生, 教師

family ［fǽməli / ファミリィ］ 名 家族

busy ［bízi / ビズィー］ 形 忙しい

doctor ［dáktər / ダクタァ］ 名 医者

bad ［bǽd / バッドゥ］ 形 悪い

brother ［brʌ́ðər / ブラザ(ア)］ 名 兄弟

high school ［hái skú:l / ハイ スクール］ 名 高校

yes ［jés / イェス］ 名 / 副 イエスと言う返事, はい

no ［nóu / ノゥ］ 名 / 副 ノーという返事, いいえ

right ［ráit / ライトゥ］ 形 正しい

wrong ［rɔ́ŋ / ロング］ 形 間違った

Ms. ［míz / ミズ］ 名 ～さん（女性につける）

●左ページを隠して読みと意味を確認しよう。

- □ school
- □ junior high school
- □ student
- □ sister
- □ name
- □ too
- □ good
- □ first
- □ nice
- □ meet
- □ nice to meet you
- □ player
- □ new

- □ English
- □ teacher
- □ family
- □ busy
- □ doctor
- □ bad
- □ brother
- □ high school
- □ yes
- □ no
- □ right
- □ wrong
- □ Ms.

次のように人や物の代わりに使われるような語を**代名詞**という。

| 代名詞 | 単数・複数 | 意味 |
|---|---|---|
| I [ ái / アイ ] | 単数 | 私は |
| we [ wíː / ウィ ] | 複数 | 私達は |
| you [ júː / ユ– ] | 単複同形 | あなたは，あなた達は |
| he [ híː / ヒ– ] | 単数 | 彼は |
| she [ ʃíː / シ– ] | 単数 | 彼女は |
| it [ ít / イットゥ ] | 単数 | それは |
| they [ ðéi / ゼイ ] | 複数 | 彼らは，彼女らは，それらは |

●上記を隠して意味をテストしよう。

| I | ( ) | | |
|---|---|---|---|
| we | ( ) | | |
| you | ( ), ( ) | | |
| he | ( ) | | |
| she | ( ) | | |
| it | ( ) | | |
| they | ( ), ( ), ( ) | | |

2章

### ●名詞と主語

　文中の「…は」「…が」「…も」の「…」に当たる人やもの，動物，事柄を**主語**といい，主語を表している語や主語がする動作を**述語**という。

　彼は　学生です。
　　↓　　↓
　　主語　述語

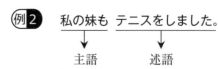　私の妹も　テニスをしました。
　　↓　　　　↓
　　主語　　　述語

### ●英文のルール

　文頭の単語の頭文字は**大文字**で表し，文末はピリオド「．」をつける。疑問文の場合はピリオドの代わりに**クエスチョンマーク**「?」を用いる。

### ●be動詞とは

　be動詞には is, am, are があり「イコール」の意味がある。主語＝述語 の関係にある文では，be動詞が用いられる。このとき主語によって右の表のようにbe動詞を使い分ける。

　be動詞が用いられる文の語順は，

　（主語）→（be動詞）→（述語） となる。

| 主語 | 用いるbe動詞 |
|---|---|
| I (私) | am |
| You (あなた) | are |
| I, You 以外の単数名詞<br>不可算名詞 | is |
| 複数名詞 | are |

※I am は I'm [áim / アイム]，You are は You're [júər / ユア]と**短縮した形**で用いることもできる。

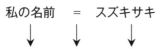　私はトムです。
　　私　＝　トム
　　↓　↓　↓
　　I　am　Tom.
　＝ I'm Tom.

例2　あなたは学生です。
　　あなた　＝　学生
　　↓　　　↓　↓
　　You　are　a student.
　＝ You're a student.

例3　私の名前はスズキサキです。
　　私の名前　＝　スズキサキ
　　↓　　　↓　　↓
　　My name　is　Suzuki Saki.

※欧米では Saki Suzuki のように名→姓の順に言うが，
　母国の風習に合わせて姓→名の順に言っても問題ない。

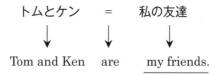

例4　トムとケンは私の友達です。
　　トムとケン　＝　私の友達
　　↓　　　↓　　↓
　　Tom and Ken　are　my friends.
　　　　　　　　　　主語が複数なので
　　　　　　　　　　述語も複数にする！

---

**例題**　正しい英文になるように（　）内のbe動詞を選択しなさい。

(1) Ken ( is, am, are ) a student.　　(2) I ( is, am, are ) a student.

(3) You ( is, am, are ) a student.　　(4) We ( is, am, are ) students.

(5) Ken and I ( is, am, are ) students.

【答】　(1) is　(2) am　(3) are　(4) are　(5) are

🎧 次の英文の読み書きの練習，及びリスニングの練習をしなさい。

**1** I am a student.　私は学生です。

**2** We are students, too.　私達も学生です。

**3** You are my good friend.　あなたは私の良い友達です。

**4** My first name is Saki.　私の名はサキです。

**5** Tom and I are junior high school students.　トムと私は中学生です。

**6** I'm Lisa. Nice to meet you.　私はリサです。はじめまして。

**7** You're a good player.　あなたは良い選手です。

**8** Ms. Sato is an English teacher.　佐藤先生は英語の先生です。

**9** Tsuchiya is my family name.　土屋は私の名字です。

**10** They are my friends.　彼らは私の友達です。

**11** Mr. Suzuki is busy, too.　鈴木先生も忙しいです。

**12** It is my bag.　それは私のかばんです。

## ●否定文の作り方

be 動詞の後に not を置くと「〜ではない」,「〜ではありません」という文になる。このように not が入る文を**否定文**といい,「not」が入らない文を**肯定文**という。

肯定文(1)　I am a doctor.　私は医者です。
否定文(1)　I am not a doctor.　私は医者ではありません。
肯定文(2)　You are a student.　あなたは学生です。
否定文(2)　You are not a student.　あなたは学生ではありません。
肯定文(3)　He is Tom.　彼はトムです。
否定文(3)　He is not Tom.　彼はトムではありません。

## ●短縮形

右表のように特定の語句は短縮された形で用いられることもある。

例1　私は医者です。
　　I'm a doctor.
例2　彼女は学生ではありません。
　　She isn't a student.
例3　それは私のかばんです。
　　It's my bag.
例4　あなたは学生ではありません。
　　You aren't a student.
　　(You're not a student.)

| 短縮される語句 | 短縮形 |
|---|---|
| is not | isn't [ íznt / イズントゥ ] |
| I am | I'm [ áim / アイム ] |
| are not | aren't [ á:nt / アーントゥ ] |
| you are | you're [ júər / ユア ] |
| he is | he's [ hi:z / ヒーズ ] |
| she is | she's [ ʃi:z / シーズ ] |
| we are | we're [ wí(:)ər / ウィア ] |
| it is | it's [ its / イッツ ] |
| they are | they're [ ðéər / ゼイア ] |

## ●疑問文の作り方

相手に尋ねる文を**疑問文**という。be 動詞を含む疑問文の場合は次のように主語と be 動詞の順序を入れ換えて表し,文末はイントネーションを上げて読む。
疑問文に対する答え方は,主語に対応する代名詞と be 動詞を用いる。(例文参照)

単数のもの→it　　単数の人→I, you, he, she, we　　複数の人やもの→they

例1　You are a student.　あなたは学生です。

　　Are you a student? ／ あなたは学生ですか？
　　Yes, I am.　はい,そうです。／ No, I'm not.　いいえ,違います。

例2　Mike is your friend.　マイクはあなたの友達です。

　　Is Mike your friend? ／ マイクはあなたの友達ですか？
　　Yes, he is.　はい,そうです。／ No, he isn't.　いいえ,違います。

例3　I am right.　私は正しいです。

　　Am I right? ／ 私は正しいですか？
　　Yes, you are.　はい,正しいです。／ No, you aren't.　いいえ,正しくありません。

🎧 次の英文の読み書きの練習，及びリスニングの練習をしなさい。

**13** I'm not a doctor.　私は医者ではありません。

**14** You are not a bad player.　あなたは悪い選手ではありません。

**15** Kate is not my sister.　ケイトは私の姉ではありません。

**16** He isn't my brother.　彼は私の兄ではありません。

**17** We aren't high school students.　私達は高校生ではありません。

**18** Are you a doctor?　Yes, I am.　あなたは医者ですか？　はい，そうです。

**19** Are you students, too?　No, we aren't.　あなた達も学生ですか？　いいえ，違います。

**20** Is Andy your friend?　No, he isn't.　アンディーはあなたの友達ですか？　いいえ，違います。

**21** Are Andy and Kate your friends?　アンディーとケイトはあなたの友達ですか？
　　Yes, they are.　　　　　　　　　　　はい，そうです。

**22** Is she your new teacher?　Yes, she is.　彼女があなたの新しい先生ですか？　はい，そうです。

**23** Am I right?　Yes, you are.　私は正しいですか？　はい，正しいです。

**24** Am I wrong?　No, you aren't.　私は間違っていますか？　いいえ，間違っていません。

● ★ 章 末 問 題 A ★ ●

日本文に合うように英単語を並べ替えなさい。

**1** 私は学生です。　student am I a
---

**2** 私達も学生です。　are students too we
---

**3** あなたは私の良い友達です。　good are friend you my
---

**4** 私の名はサキです。　Saki first my is name
---

**5** トムと私は中学生です。　Tom I school are junior students and high
---

**6** 私はリサです。はじめまして。　meet Lisa to I'm nice you
---

**7** あなたは良い選手です。　a player you're good
---

**8** 佐藤先生は英語の先生です。　Sato Ms teacher an is English
---

**9** 土屋は私の名字です。　my is Tsuchiya name family
---

**10** 彼らは私の友達です。　friends they are my
---

**11** 鈴木先生も忙しいです。　too Mr is Suzuki busy
---

**12** それは私のかばんです。　bag it is my
---

**13** 私は医者ではありません。　not I'm doctor a

**14** あなたは悪い選手ではありません。　player not you a are bad

**15** ケイトは私の姉ではありません。　is sister Kate not my

**16** 彼は私の兄ではありません。　isn't he brother my

**17** 私達は高校生ではありません。　high students we school aren't

**18** あなたは医者ですか？　はい，そうです。　a am are you yes I doctor

**19** あなた達も学生ですか？　いいえ，違います。　are aren't we you students too no

**20** アンディーはあなたの友達ですか？　いいえ，違います。　is isn't no your he Andy friend

**21** アンディーとケイトはあなたの友達ですか？　はい，そうです。
are are and your Andy Kate yes friends they

**22** 彼女があなたの新しい先生ですか？　はい，そうです。　yes is is she she your teacher new

**23** 私は正しいですか？　はい，正しいです。　right I yes are am you

**24** 私は間違っていますか？　いいえ，間違っていません。　no you aren't am I wrong

## ★ 章 末 問 題 B ★

与えられた英単語をすべて用いて日本文を英文に直しなさい。

**1** 私は学生です。　student I

_____

_____

**2** 私達も学生です。　too we

_____

_____

**3** あなたは私の良い友達です。　good friend

_____

_____

**4** 私の名はサキです。　Saki first name

_____

_____

**5** トムと私は中学生です。　Tom school junior and high

_____

_____

**6** 私はリサです。はじめまして。　meet Lisa to I'm nice

_____

_____

**7** あなたは良い選手です。　player you're good

_____

_____

**8** 佐藤先生は英語の先生です。　Sato Ms teacher English

_____

_____

**9** 土屋は私の名字です。　Tsuchiya name family

_____

_____

**10** 彼らは私の友達です。　friends they

_____

_____

**11** 鈴木先生も忙しいです。　too Mr Suzuki busy

_____

_____

**12** それは私のかばんです。　bag it

_____

_____

**13** 私は医者ではありません。　I'm doctor

**14** あなたは悪い選手ではありません。　player not you bad

**15** ケイトは私の姉ではありません。　sister Kate not

**16** 彼は私の兄ではありません。　isn't he brother

**17** 私達は高校生ではありません。　high we school aren't

**18** あなたは医者ですか？　はい，そうです。　you yes doctor

**19** あなた達も学生ですか？　いいえ，違います。　aren't too no

**20** アンディーはあなたの友達ですか？　いいえ，違います。　no your he Andy

**21** アンディーとケイトはあなたの友達ですか？　はい，そうです。
and your Andy Kate yes they

**22** 彼女があなたの新しい先生ですか？　はい，そうです。　yes she she your teacher new

**23** 私は正しいですか？　はい，正しいです。　right I yes

**24** 私は間違っていますか？　いいえ，間違っていません。　no aren't I wrong

## 3章 ||| be 動詞Ⅱ

●この章で用いられる単語を覚えよう。

good　[ gúd / グッドゥ ]　形　良い，素晴らしい

old　[ óuld / オゥルドゥ ]　形　古い，年をとった

new　[ njú / ニュー ]　形　新しい

car　[ kár / カー ]　名　(四輪の)自動車，乗用車

I　[ ái / アイ ]　代　私は

you　[ jú: / ユー ]　代　あなたは，あなた達は

my　[ mái / マイ ]　代　私の

our　[ áuər / アゥア ]　代　私達の

your　[ júər / ユア ]　代　あなた(達)の

his　[ híz / ヒズ ]　代　彼の

her　[ hə́:r / ハー ]　代　彼女の

not　[ nɑt / ナトゥ ]　副　～でない，～しない

student　[ stú:dnt / ステューデントゥ ]　名　学生，生徒

bike　[ báik / バイク ]　名　自転車

tree　[ trí: / ツリー ]　名　木

book　[ búk / ブック ]　名　本

notebook　[ nóutbùk / ノートブック ]　名　ノート

textbook　[ téks(t)bùk / テクストゥブック ]

name　[ néim / ネイム ]　名　名前

please　[ plí:z / プリーズ ]　副　ぜひ，どうか

radio　[ réidiou / レイディオゥ ]　名　ラジオ

stamp　[ stǽmp / スタンプ ]　名　切手，ゴム印

building　[ bíldiŋ / ビルディング ]　名　ビル，建物

shrine　[ ʃráin / シュライン ]　名　神社，聖堂

home shrine　[ hóum ʃráin / ホーム シュライン ]　名　神棚

man　[ mǽn / メァン ]　名　(大人の)男性

people　[ pí:pəl / ピーポゥ ]　名　人達，人々

| 家族 | 単数・複数 | 意味 |
|---|---|---|
| father　[ fá:ðər / ファーザー ] | 単数 | 父 |
| mother　[ mʌ́ðər / マザー ] | 単数 | 母 |
| brother　[ brʌ́ðər / ブラザー ] | 単数 | 兄，弟 |
| sister　[ sístər / シスター ] | 単数 | 姉，妹 |
| grandfather　[ grǽndfà:ðər / グランドゥファーザー ] | 単数 | 祖父 |
| grandmother　[ grǽndmʌ̀ðər / グランドゥマザー ] | 単数 | 祖母 |

●左ページを隠して読みと意味を確認しよう。

| | |
|---|---|
| ☐ good | ☐ tree |
| ☐ old | ☐ book |
| ☐ new | ☐ notebook |
| ☐ car | ☐ textbook |
| ☐ I | ☐ name |
| ☐ you | ☐ please |
| ☐ my | ☐ radio |
| ☐ our | ☐ stamp |
| ☐ your | ☐ building |
| ☐ his | ☐ shrine |
| ☐ her | ☐ home shrine |
| ☐ not | ☐ man |
| ☐ student | ☐ people |
| ☐ bike | |

| 家族 | スペルをテストしよう。間違えたら何度も練習すること。 |
|---|---|
| 父 | |
| 母 | |
| 兄，弟 | |
| 姉，妹 | |
| 祖父 | |
| 祖母 | |

## ●形容詞を含む名詞句の語順

「good（よい）」「new（新しい）」「old（古い，昔からの)」のように名詞を修飾する（詳しくする）単語を形容詞という。形容詞を含む語句の語順は右のようになるので注意しよう。

| 良い選手 | a good player |
|---|---|
| その新しい自転車 | the new bike |
| 私の昔からの友達 | my old friend |

## ●名詞の後の「's」

名詞の後の「's」（ [z/ズ]と発音 ）は「～の」という意味を表し，主に所有物（持ち物）を表す。

| Ken's bike | ケンの自転車 |
|---|---|
| Lisa's bag | リサのかばん |
| my father's car | 私の父の車 |

## ●名詞は並べると説明

英語では右のように名詞を並べて説明することができ，「～の」，「～である」という意味の語句になる。

| her sister, Emily | 彼女の妹のエミリー |
|---|---|
| my brother, Ken | 私の兄のケン |
| his father, Jim | 彼のお父さんのジム |
| your mother, Susan | あなたのお母さんのスーザン |

## ●様々な代名詞

| 単数形代名詞 | 意味 | 複数形代名詞 | 意味 |
|---|---|---|---|
| this [ ðís / ディス ] | これは(こちらは)，この | these [ ðíːz / ズィーズ ] | これらは，これらの |
| that [ ðæt / ザットゥ ] | あれは(あちらは)，あの　それは(そちらは)，その | those [ ðóuz / ゾゥズ ] | あれらは，あれらの |
| it [ ít / イットゥ ] | それは | | それらは，彼らは，彼女らは |
| he [ híː / ヒー ] | 彼は | they [ ðéi / ゼイ ] | |
| she [ ʃíː / シー ] | 彼女は | | |

上記も代名詞であり，英語の場合は指し示す語が単数か複数かではっきり使い分けられる。

◆上の表を隠して読みと意味が言えるか確認してみよう。

| 単数形代名詞 | 意味 | 複数形代名詞 | 意味 |
|---|---|---|---|
| this | | these | |
| that | | those | |
| it | | | |
| he | | they | |
| she | | | |

## ●主格と所有格

主語として用いられる名詞の形を主格，持ち物やものの一部を表す名詞の形を所有格という。
名詞や固有名詞を所有格にする場合は語尾に「's」をつける。この発音は名詞を複数形にするときにつけるsの発音と同様に，[ z / ズ ] や [ s / ス ]，[ iz / イズ ]となる。

| 主格 | | 所有格 | | 主格 | | 所有格 | |
|---|---|---|---|---|---|---|---|
| I | 私は | my | 私の | this | これは | this | この |
| we | 私達は | our | 私達の | that | あれは | that | あの |
| you | あなた(達)は | your | あなた(達)の | these | これらは | these | これらの |
| he | 彼は | his | 彼の | those | あれらは | those | あれらの |
| she | 彼女は | her | 彼女の | Tom | トムは | Tom's | トムの |

例1　his friend　彼の友達　　　例2　that book　あの本
例3　this dog's name　この犬の名前　　　例4　my father's car　私の父の車

◆上の表を隠して所有格が言えるか確認しよう。

| 主格 | 所有格 | 主格 | 所有格 |
|---|---|---|---|
| I | | this | |
| we | | that | |
| you | | these | |
| he | | those | |
| she | | Tom | |

🎧 次の英文の読み書きの練習，及びリスニングの練習をしなさい。

**1** This is an orange.　これはオレンジです。

**2** These are oranges, too.　これらもオレンジです。

**3** That is not my father's car.　あれは私の父の車ではありません。

**4** Those are apple trees.　あれらはリンゴの木です。

**5** This boy is my brother, Ken.　この少年は私の弟のケンです。

**6** That girl is my sister, Emily.　あの少女は私の妹のエミリーです。

**7** Is that Tom's bag?　Yes, it is.　あれはトムのカバンですか？　はい，そうです。

**8** Is this your mother?　Yes, it is.　こちらはあなたのお母さんですか？　はい，そうです。

**9** This isn't her notebook.　これは彼女のノートではありません。

**10** Are these your books?　No, they aren't.　これらはあなたの本ですか？　いいえ，違います。

**11** Are those people his friends?　Yes, they are.　あれらの人達は彼の友達ですか？　はい，そうです。

**12** Those girls are Mary and Jane.　あれらの女の子はメアリーとジェーンです。

**13** Is that boy your brother?　あの少年はあなたのお兄さんですか？
　　No, he isn't.　　　　　　　いいえ，違います。

### ●疑問詞+be 動詞

　疑問詞の what [ hwʌ́t / ワットゥ ] は「何」，who [ hú: / フー ] は「誰」を表し，文頭に置かれ，次のような語順で用いられる。なお，疑問詞で始まる疑問文の文末はイントネーションを下げて読むことに注意しよう。

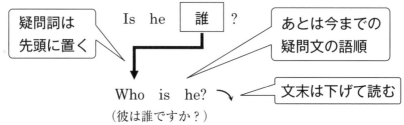

!Point　文のパターンで覚えよう！

| What is　単数名詞?<br>What are　複数名詞? | …は何ですか？ |
| --- | --- |
| Who is　単数名詞?<br>Who are　複数名詞? | …は誰ですか？ |

|  | 短縮形 |
| --- | --- |
| What is | What's [ hwʌ́ts / ワッツ ] |
| Who is | Who's [ hú:z / フーズ ] |

例1　What is this?　これは何ですか？

例2　What are these?　これらは何ですか？

例3　Who is he?　彼は誰ですか？

例4　Who are those?　あれらは誰ですか？

例5　Who are you?　あなたは誰ですか？

例6　Who is it?　どちら様ですか？（ドア越しなどで相手の顔が見えないとき）

### ●あなたは誰？の使い分け

① Who are you?　誰？／あなた誰？／君は？／誰だ！

② What is your name, please?　お名前は何と言いますか？／どちら様ですか？

③ Who is it?　どちら様ですか？

④ Who is this (, please )?　（電話などで）どちら様ですか？／誰ですか？

①：直接対面している相手に使われ，直接的な表現。丁寧な表現とは言えない。

②：名前を直接尋ねる表現で，ビジネスでも使える丁寧な表現。

③：ドアの向こうなどで相手の姿が見えない場合に使われる。

④：電話やメールで相手が誰かわからないときに使われる。

🎧 次の英文の読み書きの練習，及びリスニングの練習をしなさい。

**14** What is this?　It is a radio.　これは何ですか？　それはラジオです。

**15** What are these?　They are stamps.　これらは何ですか？　それらは切手です。

**16** What is that building?　It's a shrine.　あの建物は何ですか？　それは神社です。

**17** What's that?　It's a home shrine.　あれは何ですか？　それは神棚です。

**18** What is your name, please?　あなたの名前は何ですか？ (どちら様ですか？)

**19** Who is she?　　　　　　　彼女は誰ですか？
　　 She is Emily's mother, Cathy.　彼女はエミリーのお母さんのキャシーです。

**20** What are those?　They are textbooks.　それらは何ですか？　それらは教科書です。

**21** Who is that man?　He is my grandfather.　あの男の人は誰ですか？　彼は私の祖父です。

**22** Who are you?　I'm a student of this school.　あなたは誰ですか？　私はこの学校の生徒です。

**23** Who is it?　It's Mike.　どちら様ですか？　マイクです。

**24** What is her family name?　彼女の名字は何ですか?

**25** Who is that woman?　She is my mother.　あの女性は誰ですか？　彼女は私の母です。

**26** Who are they?　They are my friends.　彼らは誰ですか？　彼らは私の友達です。

## ● ★ 章 末 問 題 Ⓐ ★ ●

日本文に合うように英単語を並べ替えなさい。

**1** これはオレンジです。　an is this orange

_____

**2** これらもオレンジです。　are too oranges these

_____

**3** あれは私の父の車ではありません。　not is car that my father's

_____

**4** あれらはリンゴの木です。　apple those trees are

_____

**5** この少年は私の弟のケンです。　my boy Ken this is brother

_____

**6** あの少女は私の妹のエミリーです。　my is that sister girl Emily

_____

**7** あれはトムのカバンですか？　はい，そうです。　is is it bag that Tom's yes

_____

**8** こちらはあなたのお母さんですか？　はい，そうです。　is is it yes this your mother

_____

**9** これは彼女のノートではありません。　this notebook her isn't

_____

**10** これらはあなたの本ですか？　いいえ，違います。　no are these your they books aren't

_____

**11** あれらの人達は彼の友達ですか？　はい，そうです。　are are his yes they those friends people

_____

**12** あれらの女の子はメアリーとジェーンです。　and are girls those Mary Jane

_____

**13** あの少年はあなたのお兄さんですか？　いいえ，違います。
　is isn't he no that your brother boy

_____

**14** これは何ですか？　それはラジオです。　is is a it this what radio

---

**15** これらは何ですか？　それらは切手です。　are are stamps these what they

---

**16** あの建物は何ですか？　それは神社です。　a is it's shrine that what building

---

**17** あれは何ですか？　それは神棚です。　a that it's shrine what's home

**18** あなたの名前は何ですか？　is please your name what

---

**19** 彼女は誰ですか？　彼女はエミリーのお母さんのキャシーです。
is is she she who mother Cathy Emily's

---

**20** それらは何ですか？　それらは教科書です。　are are those they what textbooks

---

**21** あの男の人は誰ですか？　彼は私の祖父です。　is is my that man who he grandfather

---

**22** あなたは誰ですか？　私はこの学校の生徒です。　a of are you who I'm school this student

---

**23** どちら様ですか？　マイクです。　is who Mike it it's

---

**24** 彼女の名字は何ですか？　is family name what her

---

**25** あの女性は誰ですか？　彼女は私の母です。　is is my she that woman mother who

---

**26** 彼らは誰ですか？　彼らは私の友達です。　they they are are my who friends

## ★ 章 末 問 題 B ★

与えられた英単語をすべて用いて日本文を英文に直しなさい。

**1** これはオレンジです。　this orange

**2** これらもオレンジです。　too oranges these

**3** あれは私の父の車ではありません。　car that my father's

**4** あれらはリンゴの木です。　apple those trees

**5** この少年は私の弟のケンです。　my boy Ken this brother

**6** あの少女は私の妹のエミリーです。　my sister girl Emily

**7** あれはトムのカバンですか？　はい，そうです。　it bag that Tom's

**8** こちらはあなたのお母さんですか？　はい，そうです。　it this your mother

**9** これは彼女のノートではありません。　notebook her isn't

**10** これらはあなたの本ですか？　いいえ，違います。　these your they

**11** あれらの人達は彼の友達ですか？　はい，そうです。　his those friends people

**12** あれらの女の子はメアリーとジェーンです。　girls those Mary Jane

**13** あの少年はあなたのお兄さんですか？　いいえ，違います。　he that your brother boy

**14** これは何ですか？　それはラジオです。　this what radio

**15** これらは何ですか？　それらは切手です。　stamps these what they

**16** あの建物は何ですか？　それは神社です。　shrine that what building

**17** あれは何ですか？　それは神棚です。　that shrine what's home

**18** あなたの名前は何ですか？　please your name what

**19** 彼女は誰ですか？　彼女はエミリーのお母さんのキャシーです。
she she who mother Cathy Emily's

**20** それらは何ですか？　それらは教科書です。　those what textbooks

**21** あの男の人は誰ですか？　彼は私の祖父です。　my that man who he grandfather

**22** あなたは誰ですか？　私はこの学校の生徒です。　a of you who I'm school this student

**23** どちら様ですか？　マイクです。　who Mike it it's

**24** 彼女の名字は何ですか?　family name her

**25** あの女性は誰ですか？　彼女は私の母です。　my she that woman mother who

**26** 彼らは誰ですか？　彼らは私の友達です。　they they my

## 4章 ‖‖‖ 一般動詞 I

●この章で用いられる単語を覚えよう。

play　［pléi／プレイ］動　～をする，演奏する

like　［láik／ライク］動　～が好き

eat　［íːt／イートゥ］動　～を食べる

clean　［klíːn／クリーン］動　～を掃除する

speak　［spíːk／スピーク］動　～を話す

want　［wɔ́nt／ウォントゥ］動　～を欲しがっている

talk　［tɔ́ːk／トーク］動　話す，会話する

talk with　［tɔ́ːk wíð／トーク ウィズ］～と(一緒に)話す

look　［lúk／ルック］動　～に見える，～に似ている

have　［hǽv／ハヴ］動　～を持っている，～を食べる

know　［nóu／ノウ］動　～を知っている

study　［stʌ́di／スタディ］動　～を勉強する

use　［júːz／ユーズ］動　～を使う，利用する

enjoy　［indʒɔ́i／インジョイ］動　～を楽しむ

do　［dúː／ドゥー］動　～をする

understand　［ʌ̀ndərstǽnd／アンダースタンドゥ］動　～を理解している

tennis　［ténəs／テニス］名　テニス

math　［mǽθ／マス］名　数学，計算

every　［évri／エヴリ］形　あらゆる，毎～

day　［déi／デイ］名　日，日中

often　［ɔ́fən／オファン］副　しばしば，ちょくちょく

sometimes　［sʌ́mtàimz／サムタイムズ］副　時々，時には

really　［ríːəli／リアリィ］副　実際には，本当に

happy　［hǽpi／ハッピー］形　幸福な，幸せそうな

today　［tədéi／トゥデイ］名　今日，本日

our　［áuər／アウア］代　私達の

park　［párk／パーク］名　公園

little　［lítl／リトゥル］形／副　小さい，少ししか～ない

a little　［ə lítl／ア リトゥル］わずかに

Internet　［íntərnèt／インタネトゥ］名　インターネット

lot　［lát／ラトゥ］副　大いに，かなり

a lot　［ə lát／ア ラトゥ］たくさん，とても

some　［sʌ́m／サム］形　いくらかの，いくつかの

question　［kwéstʃən／クウェスチョン］名　質問，疑問

idea　［aidíːə／アイデア］名　考え，アイディア

not　［nát／ナトゥ］副　～でない，～しない

or　［ɔ́ːr／オァ］接　～か，ないし～

what　［hwát／ホワットゥ］代　何

who　［húː／フー］代　誰

any　［éni／エニィ］形　どの，あらゆる

not ~ any　［nát éni／ナトゥ エニィ］一つも～ない

classroom　［klǽsrùːm／クラスルーム］名　教室

breakfast　［brékfəst／ブレックファストゥ］名　朝食

morning　［mɔ́rniŋ／モーニング］名　朝，午前

time　［táim／タイム］名　時間，時

class　［klǽs／クラス］名　授業，クラス

after class　［ǽftər klǽs／アフター クラス］授業後に

only　［óunli／オウンリィ］副／形　ただ～だけ，唯一の

tea　［tíː／ティー］名　茶，茶葉

coffee　［kɔ́ːfi／コーフィー］名　コーヒー

sport　［spɔ́rt／スポートゥ］名　スポーツ

weekend　［wíːkènd／ウィークエンドゥ］名　週末

on the weekends　［ɔn ðə wìːkéndz／オン ザ ウィーケンズ］(普段の)週末に

●左ページを隠して読みと意味を確認しよう。

| | |
|---|---|
| ☐ play | ☐ park |
| ☐ like | ☐ little |
| ☐ eat | ☐ a little |
| ☐ clean | ☐ Internet |
| ☐ speak | ☐ lot |
| ☐ want | ☐ a lot |
| ☐ talk | ☐ some |
| ☐ talk with | ☐ question |
| ☐ look | ☐ idea |
| ☐ have | ☐ not |
| ☐ know | ☐ or |
| ☐ study | ☐ what |
| ☐ use | ☐ who |
| ☐ enjoy | ☐ any |
| ☐ do | ☐ not ~ any |
| ☐ understand | ☐ classroom |
| ☐ tennis | ☐ breakfast |
| ☐ math | ☐ morning |
| ☐ every | ☐ time |
| ☐ day | ☐ class |
| ☐ often | ☐ after class |
| ☐ sometimes | ☐ only |
| ☐ really | ☐ tea |
| ☐ happy | ☐ coffee |
| ☐ today | ☐ sport |
| ☐ our | ☐ weekend |
| | ☐ on the weekends |

4章

4章

## ●一般動詞とは

「食べる」「話す」「使う」のように動作を表し，終止形がウ段で終わる言葉を英語では**一般動詞**と呼んでいる。まずは基本的な一般動詞を暗記しよう。

◇**基本的な一般動詞**

| プレイ<br>play | （スポーツやゲームなど）をする，（楽器）を演奏する，遊ぶ，～を演じる | | |
|---|---|---|---|
| ライク<br>like | ～が好き（～を好んでいる） | ハヴ<br>have | ～を持っている，～を食べる |
| イートゥ<br>eat | ～を食べる | ノゥ<br>know | ～を知っている |
| クリーン<br>clean | ～を掃除する | スタディ<br>study | ～を勉強する |
| スピーク<br>speak | ～を話す | ユーズ<br>use | ～を使う |
| ウォントゥ<br>want | ～を欲しがっている | インジョイ<br>enjoy | ～を楽しむ |
| トーク<br>talk | 会話する | do | ～をする |
| ルック<br>look | ～に見える，～に似ている | アンダースタンドゥ<br>understand | ～を理解している |

◆上の表を隠して一般動詞の読みと意味を確認しよう。

| play | | | |
|---|---|---|---|
| like | | have | |
| eat | | know | |
| clean | | study | |
| speak | | use | |
| want | | enjoy | |
| talk | | do | |
| look | | understand | |

◇**一般動詞が入る英文の語順**

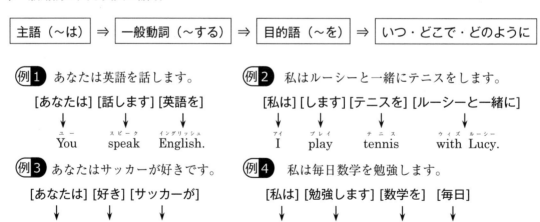

| 主語（～は） | ⇒ | 一般動詞（～する） | ⇒ | 目的語（～を） | ⇒ | いつ・どこで・どのように |

例1　あなたは英語を話します。

[あなたは] [話します] [英語を]
↓　　　↓　　　↓
ユー　　スピーク　イングリッシュ
You　　speak　　English.

例2　私はルーシーと一緒にテニスをします。

[私は] [します] [テニスを] [ルーシーと一緒に]
↓　　↓　　　↓　　　　↓
アイ　プレイ　テニス　ウィズ ルーシー
I　　play　　tennis　with Lucy.

例3　あなたはサッカーが好きです。

[あなたは] [好き] [サッカーが]
↓　　　↓　　↓
ユー　ライク　サッカー
You　like　soccer.

例4　私は毎日数学を勉強します。

[私は] [勉強します] [数学を] [毎日]
↓　　↓　　　↓　　　↓
アイ　スタディ　マス　エブリィ デイ
I　　study　　math　every day.

!注意　often（しばしば），sometimes（時々），really（本当に）などのように**一般動詞の直前**に置かれることが多い語もある。

🎧 次の英文の読み書きの練習，及びリスニングの練習をしなさい。

**1** I have a bike.　私は自転車を一台持っています。

**2** I speak Japanese.　私は日本語を話します。

**3** I know his brother Jim.　私は彼のお兄さんのジムと知り合いです。

**4** You look happy today.　あなたは今日うれしそうですね。

**5** We often play soccer in the park.　私達は公園でよくサッカーをします。

**6** I speak a little English.　私は英語を少しだけ話します。

**7** I use the Internet a lot.　私はインターネットをよく使います。

**8** I have two dogs.　私は2匹犬を飼っています。

**9** I have some questions.　私はいくつか質問があります。

**10** You really like it.　あなたは本当にそれが好きですね。

**11** I often talk with Lucy.　私はルーシーとよく話します。

**12** I sometimes enjoy tennis with Jane.　私はジェーンと時々テニスを楽しみます。

**13** I have no idea.　私は何も思いつきません。（私は考えを何も持っていない）

## ●否定文の作り方

一般動詞が入る文では，主語と一般動詞の間にdon't (do not)を入れれば否定文になる。

※be動詞が入る文では，be動詞の後にnotをつける。

肯定文　あなたは日本語を話します。　You speak Japanese.

否定文　あなたは日本語を話しません。　You don't speak Japanese.

## ●疑問文の作り方

一般動詞が入る文では，文頭にDoをつければ疑問文になる。

※be動詞が入る文では，主語とbe動詞をひっくり返す。

肯定文　あなたは英語を話します。　You speak English. ↘

疑問文　あなたは英語を話しますか？　Do you speak English? ↗上げて読む

◇答え方

　　Yes, I do. はい，話します。／ No, I don't. いいえ，話しません。

例　Do you have a bike?　あなた達は自転車を持っていますか？

　　Yes, we do. はい，持っています。／ No, we don't. いいえ，持っていません。

## ●or が入る疑問文

orは「それとも」という意味がある。orの前では上げて読み，文末は下げて読む。

例　Do you like tennis ↗ or soccer? ↘

　　あなたはテニスが好きですか，それともサッカーが好きですか？

## ●What で始まる文

What（何？）Who（誰？）などの疑問詞は必ず文の先頭に来る。そのあとは今まで通りの疑問文の語順になる。なお，疑問詞で始まる疑問文の文末はイントネーションを下げて読むことに注意しよう。

例1　あなたは手に何を持っていますか？

Do you have │…を│ in your hand ?

↓

What do you have in your hand? ↘
（何を）

例2　あなたは何が好きですか？

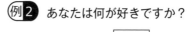

Do you like │…が│ ?

↓

What do you like? ↘
（何が）

## ●no と not…any

noは「ゼロの」，not〜anyは「まったく〜ない」「何も〜ない」という意味があり，次のように書き換えができることがある。

例　私は何も思いつきません。　I have no idea　＝　I don't have any idea.

🎧 次の英文の読み書きの練習，及びリスニングの練習をしなさい。

**14** You don't understand.　あなたはわかっていません。

**15** I don't have any idea.　私は何も思いつきません。

**16** I don't really like math.　私は数学があまり好きではありません。

**17** We don't clean our classroom.　私達は私達の教室を掃除しません。

**18** Do you study English every day?　あなたは毎日英語を勉強しますか？
Yes, I do.　　　　　　　　　　　　はい，します。

**19** Do you eat breakfast every morning?　あなたは毎朝朝食を食べますか？
No, I don't.　　　　　　　　　　　　　いいえ，食べません。

**20** Do you have time after class?　Yes, I do.　授業後時間ありますか？　はい，あります。

**21** Do you speak Japanese?　あなたは日本語を話しますか？
No, I speak only English.　いいえ，私は英語しか話しません。

**22** Do you have any questions?　あなたは何か質問がありますか？

**23** Do you like tea or coffee?　あなたはお茶が好きですか？　それともコーヒーが好きですか？

**24** Do you play any sports?　スポーツは何かしますか？

**25** What do you want?　あなたは何がほしいですか？
I want a bike.　私は自転車が1台ほしいです。

**26** What do you do on the weekends?　あなたは週末は何をしていますか？

● ★ 章 末 問 題 Ⓐ ★ ○

日本文に合うように英単語を並べ替えなさい。

**1** 私は自転車を一台持っています。  a have I bike

---

**2** 私は日本語を話します。  I Japanese speak

---

**3** 私は彼のお兄さんのジムと知り合いです。  Jim I brother know his

---

**4** あなたは今日うれしそうですね。  today you happy look

---

**5** 私達は公園でよくサッカーをします。  in we play often park soccer the

---

**6** 私は英語を少しだけ話します。  little I English speak a

---

**7** 私はインターネットをよく使います。  a Internet I the use lot

---

**8** 私は2匹犬を飼っています。  I dogs two have

---

**9** 私はいくつか質問があります。  some have I questions

---

**10** あなたは本当にそれが好きですね。  really you it like

---

**11** 私はルーシーとよく話します。  Lucy talk I often with

---

**12** 私はジェーンと時々テニスを楽しみます。  I with sometimes tennis Jane enjoy

---

**13** 私は何も思いつきません。  idea I no have

---

**14** あなたはわかっていません。  don't you understand

---

**15** 私は何も思いつきません。  idea I any have don't

---

**16** 私は数学があまり好きではありません。  I math really don't like

---

**17** 私達は私達の教室を掃除しません。  our clean don't classroom we

---

**18** あなたは毎日英語を勉強しますか？  はい，します。
do do I you study every day yes English

---

**19** あなたは毎朝朝食を食べますか？  いいえ，食べません。
do don't every I you eat morning no breakfast

---

**20** 授業後時間ありますか？  はい，あります。  do do you I time have class after yes

---

**21** あなたは日本語を話しますか？ いいえ，私は英語しか話しません。
no do I you only speak speak English Japanese

---

**22** あなたは何か質問がありますか？  you have do questions any

---

**23** あなたはお茶が好きですか？  それともコーヒーが好きですか？  like you do coffee tea or

---

**24** スポーツは何かしますか？  you do play sports any

---

**25** あなたは何がほしいですか？  私は自転車が1台ほしいです。
do I a you what want want bike

---

**26** あなたは週末は何をしていますか？  the do do on you what weekends

## ★ 章 末 問 題 Ⓑ ★

与えられた英単語をすべて用いて日本文を英文に直しなさい。

**1** 私は自転車を一台持っています。　have bike

**2** 私は日本語を話します。　Japanese speak

**3** 私は彼のお兄さんのジムと知り合いです。　Jim brother know his

**4** あなたは今日うれしそうですね。　today happy look

**5** 私達は公園でよくサッカーをします。　in play often park soccer the

**6** 私は英語を少しだけ話します。　a English little speak

**7** 私はインターネットをよく使います。　a Internet the use lot

**8** 私は2匹犬を飼っています。　dogs two have

**9** 私はいくつか質問があります。　some have questions

**10** あなたは本当にそれが好きですね。　really it like

**11** 私はルーシーとよく話します。　Lucy talk often with

**12** 私はジェーンと時々テニスを楽しみます。　with sometimes tennis Jane enjoy

**13** 私は何も思いつきません。　idea no have

**14** あなたはわかっていません。　understand

**15** 私は何も思いつきません。　idea any have

**16** 私は数学があまり好きではありません。　math really like

**17** 私達は私達の教室を掃除しません。　our clean classroom

**18** あなたは毎日英語を勉強しますか？　はい，します。　study every day yes English

**19** あなたは毎朝朝食を食べますか？　いいえ，食べません。　every eat morning no breakfast

**20** 授業後時間ありますか？　はい，あります。　time have class after yes

**21** あなたは日本語を話しますか？　いいえ，私は英語しか話しません。
only speak speak English Japanese

**22** あなたは何か質問がありますか？　have questions any

**23** あなたはお茶が好きですか？　それともコーヒーが好きですか？　like coffee tea or

**24** スポーツは何かしますか？　play sports any

**25** あなたは何がほしいですか？　私は自転車が1台ほしいです。　what want want bike

**26** あなたは週末は何をしていますか？　the on what weekends

4章

# 5章 一般動詞Ⅱ

●この章で用いられる単語を覚えよう。

play　[ pléi / プレイ ]　動　～をする，～を演奏する

like　[ láik / ライク ]　動　～が好き(～を望んでいる)

have　[ hǽv / ハヴ ]　動　～を持っている，～を食べる

do　[ dú: / ドゥー ]　動　～をする

say　[ séi / セイ ]　動　言う

pass　[ pǽs / パス ]　動　通る

wash　[ wɔ́ʃ / ウォッシュ ]　動　洗う，洗たくする

watch　[ wɔ́tʃ / ウォッチ ]　動　見る

teach　[ tí:tʃ / ティーチ ]　動　～を教える

go　[ góu / ゴウ ]　動　前方に進む，行く

study　[ stʌ́di / スタディ ]　動　～を勉強する

cry　[ krái / クライ ]　動　泣く

try　[ trái / トライ ]　動　試す

stay　[ stéi / ステイ ]　動　ある状態が継続する，～のままでいる

enjoy　[ indʒɔ́i / インジョイ ]　動　～を楽しむ

live　[ lív / リヴ ]　動　住む

live in [ lív in / リヴ イン ]　～に住む

get　[ gét / ゲトゥ ]　動　～に至る

get up　[ gét ʌ́p / ゲトゥ アプ ]　起き上がる，起床する

eat　[ í:t / イートゥ ]　動　～を食べる

children　[ tʃíldrən / チルドゥレン ]　名　子ども達　child の複数形

raw　[ rɔ́: / ロー ]　形　生の，加工していない

fish　[ fíʃ / フィッシュ ]　名　魚

train　[ tréin / トゥレイン ]　名　電車，列車，汽車

by train　[ bái tréin / バイ トゥレイン ]　電車で

computer　[ kəmpjútər / コンピュータァ ]　名　コンピューター

drive　[ dráiv / ドライヴ ]　動　運転する

racket　[ rǽkət / ラケットゥ ]　名　ラケット

bed　[ béd / ベッドゥ ]　名　ベッド，寝台

go to bed　[ góu tú: béd / ゴウ トゥー ベッドゥ ]　寝る

eleven　[ ilévn / イレヴン ]　名　11

at eleven　[ ət ilévn / アットゥ イレヴン ]　11時に

seven　[ sévn / セヴン ]　名　7

at seven　[ ət sévn / アットゥ セヴン ]　7時に

every　[ évri / エヴリ ]　形　あらゆる，毎～

morning　[ mɔ́rniŋ / モーニング ]　名　朝，午前

often　[ ɔ́fən / オファン ]　副　しばしば，ちょくちょく

baseball　[ béisbɔ̀l / ベイスボール ]　名　野球，ベースボール

game　[ géim / ゲイム ]　名　遊び，ゲーム

TV　[ tí:ví: / ティーヴィー ]　名　テレビ

on TV　[ ɔn tí:ví: / オン ティーヴィー ]　テレビで

Chinese　[ tʃainí:z / チャイニーズ ]　名 / 形　中国人(の)，中国語(の)，中国の

French　[ fréntʃ / フレンチ ]　名 / 形　フランス人(の)，フランス語(の)，フランスの

mall　[ mɔ́:l / モール ]　名　ショッピングモール(センター)

walk　[ wɔ́:k / ウォーク ]　動　歩く，歩行する

walk to　[ wɔ́:k tú: / ウォーク トゥー ]　歩いて行く，徒歩で行く

really　[ rí:əli / リアリィ ]　副　実際には，本当に

read　[ rí:d / リードゥ ]　動　読む，読み取る

comic　[ kámik / カミク ]　名　まんが(本)

want　[ wɔ́nt / ウォントゥ ]　動　～を欲しがっている，～したい(と思う)

shoe　[ ʃú: / シュー ]　名　靴 (通例 shoes)

mean　[ mí:n / ミーン ]　動　～を意味する

●左ページを隠して読みと意味を確認しよう。

| | |
|---|---|
| ☐ play | ☐ drive |
| ☐ like | ☐ racket |
| ☐ have | ☐ bed |
| ☐ do | ☐ go to bed |
| ☐ say | ☐ eleven |
| ☐ pass | ☐ at eleven |
| ☐ wash | ☐ seven |
| ☐ watch | ☐ at seven |
| ☐ teach | ☐ every |
| ☐ go | ☐ morning |
| ☐ study | ☐ often |
| ☐ cry | ☐ baseball |
| ☐ try | ☐ game |
| ☐ stay | ☐ TV |
| ☐ enjoy | ☐ on TV |
| ☐ live | ☐ Chinese |
| ☐ live in | ☐ French |
| ☐ get | ☐ mall |
| ☐ get up | ☐ walk |
| ☐ eat | ☐ walk to |
| ☐ children | ☐ really |
| ☐ raw | ☐ read |
| ☐ fish | ☐ comic |
| ☐ train | ☐ want |
| ☐ by train | ☐ shoe |
| ☐ computer | ☐ mean |

5章

## ●楽器の前の the

　楽器を演奏するとき，ほとんどの場合は楽器の前に the がつけられる。
・ I play the piano. 私はピアノを弾きます。→みんなが知っているピアノという楽器を弾く。
・ I play a piano. 私はとあるピアノを弾きます。→特殊なピアノを弾くように聞こえる。
「ピアノ」と聞くと，誰もが黒い鍵盤楽器を連想する。このように多くの人が共通認識するものに
は the がつく。

## ●人称と一般動詞

　人称とは話し手か聞き手か，それ以外の第3者であるかの区別をいう。人称（にんしょう）は次の3つに分類されている。

| 1人称 | 私(I)，私達(we) |
|---|---|
| 2人称 | あなた(you)，あなた達(you) |
| 3人称 | 1人称，2人称以外のすべての人，もの，動物 |

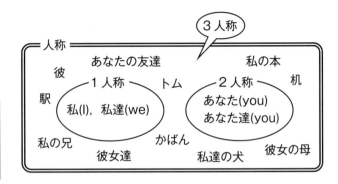

## ●3人称単数

**絶対暗記**

　英語では肯定文において主語が3人称単数であるとき，それに続く一般動詞の語尾に「s」や「es」をつけるルールがある。※単数→1人（1つ）　複数→2人以上(2つ以上)

**例1**　私はテニスをします。→1人称単数
　　　I <u>play</u> tennis.
　　　　　プレイ

**例2**　彼はテニスをします。→3人称単数
　　　He plays tennis.
　　　　　プレイズ

**例3**　私の妹は犬が好きです。→3人称単数
　　　My sister <u>likes</u> dogs.
　　　　　　　　　ライクス

**例4**　ケイトとキャシーは犬が好きです。→3人称複数
　　　Kate and Cathy like dogs.
　　　　　　　　　　　ライク

## ●s，es のつけ方

◇スペルや発音が例外的なもの

have（持っている）→ has（発音は「ハズ」になる）
ハヴ　　　　　　　　ハズ

do（する）→ does（発音が「ダズ」になる）
ドゥ　　　　　ダズ

say（言う）→says（発音が「セズ」になる）
セイ　　　　　セズ

◇語尾が s, sh, ch, x, o の場合は「es」をつける。

pass（通る）→ passes　　wash（洗う）→ washes　　watch（見る）→ watches
パス　　　　　パスイズ　　ウォッシュ　　ウォッシュイズ　　ウォッチ　　　　ウォッチイズ

teach（教える）→ teaches　　do（する）→ does　　go（行く）→ goes
ティーチ　　　　　ティーチイズ　　ドゥ　　　　ダズ　　ゴウ　　　　ゴウズ

◇語尾が「子音＋y」のときはyをiに変えてesをつける（子音は a,i,u,e,o 以外の文字の音）

study（勉強する）→ studies　　cry（泣く）→ cries　　try（試す）→ tries
スタディ　　　　　　スタディーズ　　クライ　　　クライズ　　トライ　　　トライズ

**!注意**　ただし母音(a,i,u,e,o)＋yで終わるものはyをiに変えない。

play（〜をする）→ plays　　stay（滞在する）→ stays　　enjoy（楽しむ）→ enjoys
プレイ　　　　　　プレイズ　　ステイ　　　　　　ステイズ　　インジョイ　　　　インジョイズ

◇上記以外の場合はすべて s をつけるだけ。　　speak（話す）→ speaks
　　　　　　　　　　　　　　　　　　　　　　　　スピーク　　　　スピークス

## ●s，es の発音

発音のルールは名詞の複数形の場合と同じ。詳しくはp13を参照。

**13** 次の語句の人称及び，単数か複数かを答えなさい。

(1) a student　（　　　）人称（ 単・複 ）数　　(2) we　（　　　）人称（ 単・複 ）数

(3) the cat　（　　　）人称（ 単・複 ）数　　(4) those boys　（　　　）人称（ 単・複 ）数

(5) I　（　　　）人称（ 単・複 ）数　　(6) he　（　　　）人称（ 単・複 ）数

(7) they　（　　　）人称（ 単・複 ）数　　(8) my father　（　　　）人称（ 単・複 ）数

(9) your sisters　（　　　）人称（ 単・複 ）数　(10) our teacher　（　　　）人称（ 単・複 ）数

(11) it　（　　　）人称（ 単・複 ）数　　(12) your bag　（　　　）人称（ 単・複 ）数

**14** 次の文中の下線部の人称及び，単数か複数かを答えなさい。

(1) Are <u>you</u> a student?　（　　　）人称（ 単・複 ）数

(2) Are <u>you</u> doctors?　（　　　）人称（ 単・複 ）数

**15** 肯定文の主語が 3 人称単数であるとき，次の動詞はどのような形で用いられるか。ただしすべて現在についての習慣を表すものとする。

| ① | like | | ② | have | |
|---|------|---|---|------|---|
| ③ | watch | | ④ | do | |
| ⑤ | live | | ⑥ | eat | |
| ⑦ | study | | ⑧ | play | |
| ⑨ | say | | ⑩ | go | |
| ⑪ | try | | ⑫ | enjoy | |
| ⑬ | get up | | ⑭ | clean | |

**16** ①～⑤の空欄に「play」を，⑥～⑩の空欄に「go」を適切な形に変えて埋めなさい。ただしすべて現在についての習慣を表すものとする。

① We (　　　　　) soccer.　　⑥ Andy (　　　　　) to school.

② He (　　　　　) soccer.　　⑦ Andy and Bill (　　　　　) to school.

③ You (　　　　　) soccer.　　⑧ My brother (　　　　　) to school.

④ They (　　　　　) soccer.　　⑨ My brothers (　　　　　) to school.

⑤ She (　　　　　) soccer.　　⑩ The children (　　　　　) to school.

## ●否定文と疑問文

### ●主語が3人称単数のときの否定文

◇主語が3人称単数のとき，don't はdoesn't（ダズントゥ）に変わり，原形動詞（もとの形）が続く。

例1
I    don't    enjoy（インジョイ）  soccer（サッカー）.    私はサッカーを楽しみません。
↓           ↓         ↓
He  doesn't（ダズントゥ）  enjoy  soccer.    彼はサッカーを楽しみません。

例2
You        don't    have    a car.    あなたは車を持っていません。
↓           ↓       ↓        ↓
My mother  doesn't  have    a car.    私の母は車を持っていません。

◇主語が3人称単数でないときは，don't はそのままになる。

例3
彼らはサッカーを楽しみません。→3人称複数

They don't enjoy soccer.

例4
私達はサッカーを楽しみません。→1人称複数

We don't enjoy soccer.

### ●主語が3人称単数のときの疑問文

◇主語が3人称単数のとき，Do はDoes（ダズ）に変わり，原形動詞（もとの形）が続く。

例1
Do   you   play   tennis?    あなたはテニスをしますか？
↓    ↓     ↓       ↓
Does  he   play   tennis?    彼はテニスをしますか？

例2
Do        you      speak  English?    あなたは英語を話しますか？
↓          ↓        ↓       ↓
Does  your father（ファーザー）  speak  English?    あなたのお父さんは英語を話しますか？

◇答え方も Do を Does に変えればよい。

例3
Do you speak Japanese（ジャパニーズ）?    あなた（達）は日本語を話しますか？
Yes, I do. (Yes, we do.)  はい，話します。  ※you が複数（あなた達）のときはカッコ内
No, I don't. (No, we don't.)  いいえ，話しません。

例4
Does he speak Japanese?    彼は日本語を話しますか？
Yes, he does.  はい，話します。/  No, he doesn't（ダズントゥ）.  いいえ，話しません。

◇主語が3人称単数でないときは，Do はそのままになる。

例5
あなた達は英語を話しますか。いいえ，話しません。→2人称複数

Do   you   speak   English?   No, we don't.

例6
トムとケンは英語を話しますか？ はい，話します。→3人称複数

Do  Tom and Ken  speak   English?   Yes, they do.

### ●What で始まる文

例1
What does he study?    彼は何を勉強していますか？

例2
What do they study?    彼らは何を勉強していますか？

**17** 英文が日本文に合うように英文中の空欄を埋めなさい。ただし動詞は語群から選び，必要があれば適切な形に変えて用いること。

語群：〔 do, live, go, play, have, like, drive, eat, study, speak 〕

(1) 私の父はテニスをしません。　My father (　　　　　) (　　　　　) tennis.

(2) 彼らは生魚を食べません。　They (　　　　　) (　　　　　) raw fish.

(3) アリスは東京には住んでいません。　Alice (　　　　　) (　　　　　) in Tokyo.

(4) アリスとサラは東京に住んでいません。

　Alice and Sarah (　　　　　) (　　　　　) in Tokyo.

(5) あなた達は学校に通っていますか？　はい，通っています。

　(　　　　　) you (　　　　　) to school?　Yes, (　　　　　) (　　　　　).

(6) ケンは車を持っていますか？　いいえ，持っていません。

　(　　　　　) Ken (　　　　　) a car?　No, (　　　　　) (　　　　　).

(7) あなたのお姉さんも猫が好きですか？　はい，好きです。

　(　　　　　) your sister (　　　　　) cats, too?　Yes, (　　　　　) (　　　　　).

(8) あなたも運転しますか？　いいえ，しません。

　(　　　　　) you (　　　　　), too?　No, (　　　　　) (　　　　　).

(9) 子供達は英語を話しますか？

　(　　　　　) the children (　　　　　) English?　Yes, (　　　　　) (　　　　　).

(10) ケンは週末は何をしていますか？　What (　　　　　) Ken (　　　　　) on the weekends?

(11) 彼らは週末は何をしていますか？　What (　　　　　) they (　　　　　) on the weekends?

(12) 彼はその学校で何を勉強していますか？　彼は科学を勉強しています。

　What (　　　　　) he (　　　　　) in the school?　He (　　　　　) science.

**18** 次の日本文を英文に直しなさい。

　①トム（Tom）は日本語（Japanese）を話します。　②トムは日本語を話しません。
　③トムは日本語を話しますか？　はい，話します。

① ..........................................................................................................................

② ..........................................................................................................................

③ ..........................................................................................................................

🎧 次の英文の読み書きの練習，及びリスニングの練習をしなさい。

**1** She has a racket.　彼女はラケットを（1つ）持っています。

**2** We have a racket, too.　私達もラケットを（1つずつ）持っています。

**3** He goes to school by train.　彼は電車で学校に行きます。

**4** I go to bed at eleven.　私は11時に寝ます。

**5** Ken studies English every day.　ケンは毎日英語を勉強しています。

**6** Andy and Bill study Japanese.　アンディーとビルは日本語を勉強しています。

**7** Jim gets up at seven every morning.　ジムは毎朝7時に起きます。

**8** My father often watches baseball games on TV.　私の父はよくテレビで野球の試合を見ます。

**9** My mother doesn't drive a car.　私の母は車を運転しません。

**10** He doesn't like dogs.　彼は犬が好きではありません。

**11** They don't eat raw fish.　彼らは生魚を食べません。

**12** Do you clean your classroom?　あなた達は自分達の教室を掃除しますか？
No, we don't.　　　　　　　　　　いいえ，しません。

**13** Does he speak Chinese?　No, he doesn't.　彼は中国語を話しますか？　いいえ，話しません。

**14** Does Kate live in Kyoto?　ケイトは京都に住んでいるのですか？
　　Yes, she does.　　　　　はい，そうです。

---

**15** Do they speak French?　彼らはフランス語を話しますか？
　　No, they don't.　　　　いいえ，話しません。

---

**16** Does this bus go to the mall?　このバスはショッピングモールに行きますか？
　　Yes, it does.　　　　　はい，行きます。

---

**17** Does Tom walk to school?　トムは歩いて学校に行きますか？
　　No, he goes by bike.　　いいえ，自転車で行きます。

**18** Helen doesn't play the piano.　ヘレンはピアノを弾きません。

---

**19** Helen and Alice don't play the piano.　ヘレンとアリスはピアノを弾きません。

---

**20** Do Mark and Jack like soccer?　マークとジャックはサッカーが好きですか？
　　Yes, they do.　　　　　はい，好きです。

---

**21** She really reads comics a lot.　彼女は本当によくマンガを読みます。

---

**22** What does Peter want?　ピーターは何を欲しがっていますか？
　　He wants soccer shoes.　彼はサッカーシューズを欲しがっています。

---

**23** What do the children want?　子供たちは何を欲しがっていますか？
　　They want a computer.　（彼らは）パソコンを欲しがっています。

---

**24** What does this mean?　これはどういう意味ですか？

● ★ 章 末 問 題 Ⓐ ★ ●

日本文に合うように英単語を並べ替えなさい。

**1** 彼女はラケットを（1つ）持っています。　a she racket has

**2** 私達もラケットを（1つずつ）持っています。　a we too racket have

**3** 彼は電車で学校に行きます。　goes he to by school train

**4** 私は11時に寝ます。　at to bed go I eleven

**5** ケンは毎日英語を勉強しています。　every Ken English studies day

**6** アンディーとビルは日本語を勉強しています。　study Andy Bill Japanese and

**7** ジムは毎朝7時に起きます。　Jim morning up at seven every gets

**8** 私の父はよくテレビで野球の試合を見ます。　watches my often father games baseball on TV

**9** 私の母は車を運転しません。　doesn't my a car mother drive

**10** 彼は犬が好きではありません。　like doesn't dogs he

**11** 彼らは生魚を食べません。　raw don't they eat fish

**12** あなた達は自分達の教室を掃除しますか？　いいえ，しません。
　　don't do we you clean no classroom your

**13** 彼は中国語を話しますか？　いいえ，話しません。does doesn't no he he Chinese speak

**14** ケイトは京都に住んでいるのですか？　はい，そうです。 does does she Kate Kyoto in live yes

**15** 彼らはフランス語を話しますか？　いいえ，話しません。 do don't they they French no speak

**16** このバスはショッピングモールに行きますか？　はい，行きます。
does does bus go to the this mall it yes

**17** トムは歩いて学校に行きますか？　いいえ，自転車で行きます。
does walk goes Tom school to no bike he by

**18** ヘレンはピアノを弾きません。 doesn't piano Helen play the

**19** ヘレンとアリスはピアノを弾きません。 don't Helen Alice piano and play the

**20** マークとジャックはサッカーが好きですか？　はい，好きです。
do do Mark Jack soccer like yes and they

**21** 彼女は本当によくマンガを読みます。 a comics lot reads really she

**22** ピーターは何を欲しがっていますか？　Peter does want what
彼はサッカーシューズを欲しがっています。 shoes he soccer wants

**23** 子供たちは何を欲しがっていますか？　do want the what children
パソコンを欲しがっています。 a want computer they

**24** これはどういう意味ですか？　mean what this does

● ★ 章 末 問 題 B ★

　与えられた英単語をすべて用いて日本文を英文に直しなさい。ただし必要があれば**動詞は適切な形に直すこと**。

**1** 彼女はラケットを（1つ）持っています。　she racket have

---

**2** 私達もラケットを（1つずつ）持っています。　too racket have

---

**3** 彼は電車で学校に行きます。　go to by school train

---

**4** 私は11時に寝ます。　at to bed go eleven

---

**5** ケンは毎日英語を勉強しています。　every Ken English study

---

**6** アンディーとビルは日本語を勉強しています。　study Andy Bill Japanese

---

**7** ジムは毎朝7時に起きます。　Jim morning up at seven every get

---

**8** 私の父はよくテレビで野球の試合を見ます。　watch my often father games baseball on

---

**9** 私の母は車を運転しません。　my a car mother drive

---

**10** 彼は犬が好きではありません。　like dogs he

---

**11** 彼らは生魚を食べません。　raw they eat fish

---

**12** あなた達は自分達の教室を掃除しますか？　いいえ，しません。
　　 you clean no classroom your

---

**13** 彼は中国語を話しますか？　いいえ，話しません。no he he Chinese speak

---

**14** ケイトは京都に住んでいるのですか？　はい，そうです。　Kate Kyoto in live yes

---

**15** 彼らはフランス語を話しますか？　いいえ，話しません。　they French no speak

---

**16** このバスはショッピングモールに行きますか？　はい，行きます。
bus go to the this mall it yes

---

**17** トムは歩いて学校に行きますか？　いいえ，自転車で行きます。
does walk go Tom school to no bike by

---

**18** ヘレンはピアノを弾きません。　piano Helen play the

---

**19** ヘレンとアリスはピアノを弾きません。　Helen Alice piano and play the

---

**20** マークとジャックはサッカーが好きですか？　はい，好きです。
Mark Jack soccer like yes and

---

**21** 彼女は本当によくマンガを読みます。　a comics lot read really

---

**22** ピーターは何を欲しがっていますか？　Peter want what
彼はサッカーシューズを欲しがっています。　shoes he soccer want

---

**23** 子供たちは何を欲しがっていますか？　want the what children
パソコンを欲しがっています。　a want computer

---

**24** これはどういう意味ですか？　mean what this

---

# 確認テストⅠ

**19** 与えられた英単語のいくつかを用いて日本文を英文に書き換えなさい。ただし与えられた単語は必要に応じて適切な形に直して用いること。

**(1)** book, this, your

　　ア．これはあなたの本です。　　イ．これはあなたの本ではありません。
　　ウ．これはあなたの本ですか？　いいえ，違います。

ア．

イ．

ウ．

**(2)** teacher, I, you

　　ア．私は教師です。　　　　　　イ．私は教師ではありません。
　　ウ．あなたは教師ですか？　はい，そうです。

ア．

イ．

ウ．

**(3)** breakfast, eat, every morning

　　ア．私は毎朝朝食を食べます。　　　イ．私は毎朝朝食を食べません。
　　ウ．あなたは毎朝朝食を食べますか？　はい，食べます。

ア．

イ．

ウ．

**(4)** those, people, friend, your, our

　　ア．あれらの人達は私達の友達です。　　イ．あれらの人達は私達の友達ではありません。
　　ウ．あれらの人達はあなた達の友達ですか？　はい，そうです。

ア．

イ．

ウ．

(5)  Mary, piano, play

　　ア．メアリーはピアノを弾きます。　　　　イ．メアリーはピアノを弾きません。
　　ウ．メアリーはピアノを弾きますか？　はい，弾きます。

ア．

イ．

ウ．


(6)  Tom, Ken, Japanese, speak, and

　　ア．トムとケンは日本語を話します。　　　　イ．トムとケンは日本語を話しません。
　　ウ．トムとケンは日本語を話しますか？　いいえ，話しません。

ア．

イ．

ウ．


(7)  Kate, Cathy, student

　　ア．ケイトとキャシーは学生です。　　イ．ケイトとキャシーは学生ではありません。
　　ウ．ケイトとキャシーは学生ですか？　いいえ，違います。

ア．

イ．

ウ．


(8)  drive, father, car, my, your

　　ア．私の父は車を運転します。　　イ．私の父は車を運転しません。
　　ウ．あなたのお父さんは車を運転しますか？　はい，します。

ア．

イ．

ウ．

**20** 右下の枠内の語のどれかを適切な形に変えて，日本語に対応する語句を完成させなさい。

(1) 2つの都市：(　　　　　　) (　　　　　　)

(2) 8人の子供達：(　　　　　　) (　　　　　　)

(3) 4つの箱：(　　　　　　) (　　　　　　)

(4) 3カ月：(　　　　　　) (　　　　　　)

| box | city |
|------|-------|
| month | child |

**21** 名詞を表す語句として適切な場合は○，不適切な場合は×を書きなさい。

(1) ア. the pen (　　) 　イ. my pens (　　) 　ウ. a pens (　　) 　エ. a my pen (　　)

(2) ア. a orange (　　) 　イ. a cat (　　) 　ウ. a dog (　　) 　エ. a egg (　　)

(3) ア. the milk (　　) 　イ. the Tokyo (　　) 　ウ. the sun (　　) 　エ. the Japan (　　)

(4) ア. a Tom (　　) 　イ. the Tom (　　) 　ウ. a your pen (　　) 　エ. your the book (　　)

**22** 下線部の発音が他と異なるものを選択しなさい。

(1) ア. caps　　　イ. books　　　ウ. girls　　　エ. bikes　　　　　(　　　)

(2) ア. apples　　イ. dishes　　ウ. watches　　エ. places　　　　(　　　)

(3) ア. the apple　イ. the fish　ウ. the orange　エ. the English book　(　　　)

**23** 空欄の中に適切な be 動詞を入れて，英文を訳しなさい。

(1) That (　　　　) my sister Emily.　────────────────────

(2) That man (　　　　) Jim's father.　────────────────────

(3) This (　　　　) her bag.　────────────────────

(4) This woman (　　　　) his mother.　────────────────────

(5) These (　　　　) our cats.　────────────────────

(6) Those (　　　　) Lisa's family.　────────────────────

(7) These boys (　　　　) my brothers.　────────────────────

(8) Those girls (　　　　) my friends.　────────────────────

(9) (　　　　) he your friend?　────────────────────

(10) What (　　　　) this?　────────────────────

(11) Who (　　　　) those men?　────────────────────

(12) What (　　　　) these?　────────────────────

(13) Who (　　　　) she?　────────────────────

# 24 英文が日本文と合うように空欄を埋めなさい。

(1) 私は学生です。　I (　　　　　　) (　　　　　　　　) student.

(2) 私達も学生です。　We (　　　　　　) (　　　　　　　　), (　　　　　　).

(3) あなたは学生ですか？　いいえ，違います。

　(　　　　　　) (　　　　　　) (　　　　　　) (　　　　　　　　)?

　No, (　　　　　　) (　　　　　　).

(4) あなた達は学生ですか？　はい，そうです。

　(　　　　　　) (　　　　　　　) (　　　　　　　　)?　Yes, (　　　　　　) (　　　　　　　　).

(5) 彼はラケットを1つ持っています。　He (　　　　　　) (　　　　　) racket.

(6) ケイトはラケットを1つも持っていません。

　Kate (　　　　　　) (　　　　　　) any rackets.

(7) 私はラケットを1つも持っていません。　I have (　　　　　　) rackets.

(8) 私は間違っていますか？　いいえ，間違っていません。

　(　　　　　　) (　　　　　　　) wrong?　No, (　　　　　　) (　　　　　　　).

(9) あなたはお茶が好きですか？　それともコーヒーが好きですか？

　(　　　　　　　) you like tea (　　　　　　　) coffee?

(10) 彼女はその料理が好きです。　She (　　　　　) (　　　　　　) dish.

(11) 彼らはフランス語を話しません。

　(　　　　　　) (　　　　　　) (　　　　　　　) French.

(12) あなたは週末は何をしていますか？

　(　　　　　　) (　　　　　　) you (　　　　　　) on the weekends?

(13) ポールは何を欲しがっていますか？　彼はパソコンを欲しがっています。

　(　　　　　　) (　　　　　　) Paul (　　　　　)?

　(　　　　　　) (　　　　　) (　　　　　　) computer.

(14) あれらの女性たちは誰ですか？　彼女たちは看護師です。　※看護師：nurse [ nə́rs / ナース ]

　(　　　　　　) (　　　　　　) (　　　　　　) (　　　　　)?

　(　　　　　　) (　　　　　) nurses.

(15) それはどういう意味ですか？　What (　　　　　) that mean?

# 6章 ||| 命令文と形容詞

●この章で用いられる単語を覚えよう。

come　[ kʌ́m / カム ] 動 来る

speak　[ spíːk / スピーク ] 動 ～を話す

never　[ névər / ネヴァー ] 副 絶対に～ない, 少しも～ない

touch　[ tʌ́tʃ / タッチ ] 動 ～に触る, 触れる

give　[ gív / ギヴ ] 動 手渡す, 与える

give up　[ gív ʌ́p / ギヴ アップ ] あきらめる

open　[ óupən / オウプン ] 動 開ける, 開く

door　[ dɔ́ːr / ドァ ] 名 ドア, 扉

please　[ plíːz / プリーズ ] 副 ぜひ, どうか

let　[ lét / レトゥ ] 動 ～させる

us　[ ʌ́s / アス ] 代 私たちを(に)

let's　[ léts / レッツ ] let us の短縮形 ～しましょう

quiet　[ kwáiət / クワイエットゥ ] 形 静かな

careful　[ kéərfl / ケアフォウ ] 形 注意深い, 気をつける

be　[ bíː / ビー ] 動 ～の状態である

afraid　[ əfréid / アフレイドゥ ] 形 恐れて, 心配して

so　[ sóu / ソー ] 副 すごく, とても

very　[ véri / ヴェリィ ] 副 とても, 非常に

OK / okay　[ òukéi / オウケイ ] 形 うまくいって, 大丈夫で, 体調が良い

fine　[ fáin / ファイン ] 形 良い, 構わない

look　[ lúk / ルック ] 動 見る, ～に見える

look at　[ lúk ət / ルック アットゥ ] ～を見る

close　[ klóuz / クロウズ ] 動 閉じる, 閉まる

window　[ wíndou / ウィンドゥ ] 名 窓

write　[ ráit / ライトゥ ] 動 書く

here　[ híər / ヒア ] 副 ここで(へ・に)

there　[ ðər / ゼア ] 副 そこで, そこに

lunch　[ lʌ́ntʃ / ランチ ] 名 昼食, ランチ

the US　[ ðə júes / ザ ユー エス ] 名 アメリカ合衆国

turn　[ tə́rn / ターン ] 動 回転させる

turn off　[ tə́rn ɔf / ターン オフ ] ～を消す, ～を切る

light　[ láit / ライトゥ ] 名 ライト, 明かり

stand　[ stǽnd / スタンドゥ ] 動 立つ

stand up　[ stǽnd ʌ́p / スタンドゥ アップ ] 立ち上がる

sit　[ sít / スィットゥ ] 動 座る, 腰かける

sit down　[ sít dáun / スィットゥ ダウン ] 座る

watch　[ wɔ́tʃ / ウォッチ ] 動 （注意して）見る

watch out　[ wɔ́tʃ áut / ウォッチ アウトゥ ] 気をつける, 警戒する

show　[ ʃóu / ショー ] 動 見せる

ticket　[ tíkət / ティケトゥ ] 名 切符, チケット

use　[ júːz / ユーズ ] 動 使う, 利用する

inside　[ insáid / インサイドゥ ] 前 ～内部で

building　[ bíldiŋ / ビルディング ] 名 建物

or　[ ɔ́ːr / オァ ] 接 ～か, ないし～

take　[ téik / テイク ] 動 ～を取る, 撮影する

photo　[ fóutou / フォウトゥ ] 名 写真

break　[ bréik / ブレイク ] 名 休み, 休憩

take a little break　[ téik ə lítl bréik / テイク ア リトゥル ブレイク ] 少し休憩する

mind　[ máind / マインドゥ ] 動 ～を嫌だと思う

say　[ séi / セイ ] 動 （声にだして）言う

hello　[ helóu / ヘロウ ] 間 やあ, こんにちは

say hello to　[ séi helóu túː / セイ ヘロウ トゥー ] ～によろしくと伝える

mom　[ mám / マム ] 名 ママ

have a seat　[ həv ə síːt / ハブ ア スィートゥ ] （椅子に）掛ける, 座る

people　[ píːpəl / ピーポゥ ] 名 人達, 人々

sorry　[ sɔ́ri / ソリィ ] 形 すまないと思って, 残念に思って

late　[ léit / レイトゥ ] 形 遅い, 遅れた

reply　[ riplái / リプライ ] 名 返事, 回答

●左ページを隠して読みと意味を確認しよう。

| | |
|---|---|
| ☐ come | ☐ turn |
| ☐ speak | ☐ turn off |
| ☐ never | ☐ light |
| ☐ touch | ☐ stand |
| ☐ give | ☐ stand up |
| ☐ give up | ☐ sit |
| ☐ open | ☐ sit down |
| ☐ door | ☐ watch |
| ☐ please | ☐ watch out |
| ☐ let | ☐ show |
| ☐ us | ☐ ticket |
| ☐ let's | ☐ use |
| ☐ quiet | ☐ inside |
| ☐ careful | ☐ building |
| ☐ be | ☐ or |
| ☐ afraid | ☐ take |
| ☐ so | ☐ photo |
| ☐ very | ☐ break |
| ☐ OK / okay | ☐ take a little break |
| ☐ fine | ☐ mind |
| ☐ look | ☐ say |
| ☐ look at | ☐ hello |
| ☐ close | ☐ say hello to |
| ☐ window | ☐ mom |
| ☐ write | ☐ have a seat |
| ☐ here | ☐ sorry |
| ☐ there | ☐ people |
| ☐ lunch | ☐ late |
| ☐ the US | ☐ reply |

6章

## ●命令文

「～しなさい」「～して下さい」という文を**命令文**といい，英語では**動詞を文頭**にして表現する。

例 You　speak　English.　あなたは英語を話します。
　　↓　　　↓　　　↓
　　×　Speak　English.　英語を話しなさい。

## ●禁止の文

Don't（Do not）＋一般動詞 で始めると，「～してはいけません」と禁止を求める表現になる。

例 You　don't　speak　English.　あなたは英語を話しません。
　　↓　　↓　　↓　　↓
　　×　Don't speak　English.　英語を話してはいけません。（英語を話さないで）

Don't をNeverに変えると「絶対～しないで」と強調される。

例 Never give up.　絶対にあきらめないで。

## ●丁寧な命令文

命令文の**文頭**または**文末**にplease（プリーズ）をつけると，「～してください」と丁寧な命令文になる。ただし必ずしも命令口調が解消されるとは限らないので注意が必要である。

　※文末につけるときは「, please」とカンマをつける。

例1 Please open the door.　＝ Open the door, please.
　　そのドアを開けてください。

例2 Please don't open the window.　＝ Don't open the window ,please.
　　窓を開けないでください。

## ●「～しましょう」という表現

命令文の前にLet's（レッツ）をつけると「～しよう」「～しましょう」という表現になる。

例 Play baseball.　野球をしなさい。

　　Let's play baseball.　野球をしよう。

　　（答え方）　Yes, let's do it.　はい，そうしましょう。

　　　　　　　No, let's not.　いいえ，やめておきましょう。

## ●be 動詞が入った命令文

命令文では原形動詞で始めるのが原則。be 動詞の原形はbe（ビー）であることに注意しよう。

例1 You　are　quiet.（クワイエット）（あなたは静かだ）　　例2 You　are　careful.（ケアフォウ）（あなたは注意深い）
　　↓　　↓　　↓　　　　　　　　　　　　　　　　　　　　↓　　↓　　↓
　　×　Be（ビー）　quiet.（静かにしなさい）　　　　　　　　×　Be（ビー）　careful.（注意しなさい）

## ●be 動詞が入った禁止の文

Don't be…で「～（の状態）になるな」という表現になる

例 Don't be afraid.（アフレイドゥ）　怖がらないで。

🎧 次の英文の読み書きの練習，及びリスニングの練習をしなさい。

**1** Open the door.　そのドアを開けて。

**2** Go to bed early today.　今日は早く寝なさい。

**3** Look at that tall building.　あの高い建物を見て。

**4** Please close the window.　その窓を閉めてください。

**5** Write your name here, please.　ここにあなたの名前を書いてください。

**6** Let's have lunch there.　Yes, let's do it.　そこで昼食を食べましょう。　はい，そうしましょう。

**7** Let's go to the movies.　No, let's not.　映画を見に行こう。　いいえ，やめておきましょう。

**8** Don't turn off the light.　明かりを消さないで。　　**9** Never give up.　絶対あきらめないで。

**10** Don't touch these, please.　これらに触らないでください。

**11** Stand up.　立ち上がって。　　　　　**12** Have a seat.　（椅子に）お掛けください。

**13** Come here.　こちらに来て。　　　　　**14** Watch out!　危ない！

**15** Show your ticket, please.　チケットを見せてください。

**16** Do not take photos or videos　建物内での写真やビデオ撮影はしないでください。
inside the building.

**17** Be careful.　気をつけなさい。　　　**18** Please be quiet.　静かにしてください。

**19** Let's take a little break.　Yes, let's do it.　少し休憩をとりましょう。　はい，そうしましょう。

**20** Don't be afraid.　怖がらないで。　　**21** Never mind.　全然気にしなくていいよ。

**22** Say hello to your mom.　あなたのお母さんによろしくね。

**📕注意**　"Please sit down."や "Sit down, please"は please を付けても強い命令口調になる。
「（椅子に）お掛けください」と丁寧に言うには "Have a seat." という。

## ●形容詞

　日本語では「長い」「大きい」「忙しい」など，終止形（しゅうしけい）が「イ」で終わり，名詞を詳（くわ）しくする言葉を**形容詞**という。日本語訳が「イ」で終わらない単語もあるので注意しよう。

◇まずは以下の基本的な形容詞を暗記しよう

| ニュー<br>new [njúː] | 新しい | オウルドゥ<br>old [óuld] | 古い,年をとった |
|---|---|---|---|
| リトゥル<br>little [lítl] | 小さな，幼い | ビッグ<br>big [bíg] | 大きい |
| ヤング<br>young [jʌ́ŋ] | 若い | ファイン<br>fine [fáin] | 元気な,素晴らしい |
| ラージ<br>large [láːrdʒ] | 大きい，広い | スモール<br>small [smɔ́ːl] | 小さい |
| ロング<br>long [lɔ́(ː)ŋ] | 長い | ショートゥ<br>short [ʃɔ́ːrt] | 短い，背が低い |
| グッドゥ<br>good [gúd] | よい，おいしい | バッドゥ<br>bad [bǽd] | 悪い |
| イーズィー<br>easy [íːzi] | 易しい | ディフィカルトゥ<br>difficult [dífikʌlt] | 難しい |
| ホットゥ<br>hot [hát] | 熱い，暑い | コウルドゥ<br>cold [kóuld] | 冷たい，寒い |
| ハッピー<br>happy [hǽpi] | うれしい，楽しい | サッドゥ<br>sad [sǽd] | 悲しい |
| トール<br>tall [tɔ́ːl] | 背が高い，丈が長い | カインドゥ<br>kind [káind] | 親切な，優しい |
| キュートゥ<br>cute [kjúːt] | かわいい | プリティ<br>pretty [príti] | かわいい |
| ナイス<br>nice [náis] | すてきな | ビズィー<br>busy [bízi] | 忙しい |
| レイトゥ<br>late [léit] | 遅い，遅れた | ロング<br>wrong [rɔŋ] | 誤った，間違っている |
| ポピュラー<br>popular [pápjələr] | 人気がある | タイアードゥ<br>tired [táiərd] | 疲れた，飽きた |
| インタレスティング<br>interesting [íntərəstiŋ] | おもしろい，興味深い | インポータントゥ<br>important [impɔ́ːrtənt] | 重要な |
| メニー<br>many [méni] | （数が）たくさんの | フェイマス<br>famous [féiməs] | 有名な |
| マッチ<br>much [mʌ́tʃ] | （量が）たくさんの | ア リトゥル<br>a little [ə lítl] | 少しの，少量の |

◇語順に注意しよう

　　（1冊の）新しい本　　　○ a new book　　× new a book
　　私の新しい友達　　　　○ my new friend　　× new my friend
　　その2人のかわいい女の子　○ the two pretty girls

## ★pretty と cute の違い

　pretty は「見た目が綺麗（きれい）」なときに使い，主に女性や花，景色などに対して使う。ただし大人の女性に使うと，子供っぽいという印象を与えてしまうことも。男性や赤ちゃんに対してはほとんど使われない。
　cute は「愛らしくてかわいい」ときに使い，人，もの，動物などに対して幅広く使われる。

## ★big と large の違い

　big は話し手が主観的（しゅかんてき）に「大きい！」と強く感じるときに使い，large は客観的（きゃくかんてき）に，あるいは何かと比較して大きいと思われているものに対して使う。

🎧 次の英文の読み書きの練習，及びリスニングの練習をしなさい。

**23** He has many books.　彼はたくさんの本を持っています。

--------------------------------------------------

**24** She is so cute.　彼女はとてもかわいい。

--------------------------------------------------

**25** My room is very small.　私の部屋はとても狭いです。

--------------------------------------------------

**26** That is popular with young people.　それは若者に人気があります。

--------------------------------------------------

**27** She is kind to everybody.　彼女はみんなに親切です。

--------------------------------------------------

**28** This book isn't interesting.　この本は面白くありません。

**29** Are you OK with a cold drink?　あなたは冷たい飲み物でいいですか？
　　Yes, that's fine.　　　　　　　　はい，それで構いません。

--------------------------------------------------

**30** Is the song famous in the US?　Yes, it is.　その歌はアメリカで有名ですか？　はい，有名です。

--------------------------------------------------

**31** She looks sad.　彼女は悲しそうです。

--------------------------------------------------

**32** He speaks a little Japanese.　彼は日本語を少し話します。

--------------------------------------------------

**33** What's wrong?　You look tired.　どうかしたの？あなたは疲れているように見えます。

--------------------------------------------------

**34** Are you busy now?　No, I'm not.　あなたは今忙しいですか？　いいえ，忙しくありません。

--------------------------------------------------

**35** Is that your new bicycle?　Yes, it is.　あれがあなたの新しい自転車ですか？　はい，そうです。

--------------------------------------------------

**36** I'm sorry for my late reply.　返事が遅れてごめんなさい。

--------------------------------------------------

# ★ 章 末 問 題 Ⓐ ★

日本文に合うように英単語を並べ替えなさい。

**1** そのドアを開けて。  the door open

**2** 今日は早く寝なさい。  bed today to early go

**3** あの高い建物を見て。  that building look tall at

**4** その窓を閉めてください。  close window please the

**5** ここにあなたの名前を書いてください。  write please name your here

6章

**6** そこで昼食を食べましょう。  はい，そうしましょう。  it do let's let's lunch have there yes

**7** 映画を見に行こう。  いいえ，やめておきましょう。  let's let's movies to the no go not

**8** 明かりを消さないで。  don't light off turn the      **9** 絶対あきらめないで。  give never up

**10** これらに触らないでください。  these don't please touch

英文が日本文と合うように英文中の空欄を埋めなさい。

**11** 立ち上がって。（          ）up.    **12**（椅子に）お掛けください。  Have a（          ）.

**13** こちらに来て。（          ）here.      **14** 危ない！  Watch（          ）!

**15** チケットを見せてください。（          ）your ticket, please.

**16** 建物内での写真やビデオ撮影はしないでください。

（          ）（          ）take photos or videos inside the building.

**17** 気をつけなさい。（          ）careful.    **18** 静かにしてください。  Please（          ）quiet.

**19** 少し休憩をとりましょう。はい，そうしましょう。      **20** 怖がらないで。

（          ）take a little break. Yes,（          ）do it.      （          ）（          ）afraid.

**21** 全然気にしなくていいよ。                **22** あなたのお母さんによろしくね。

Never（          ）.                （          ）hello to your mom.

日本文に合うように英単語を並べ替えなさい。

**23** 彼はたくさんの本を持っています。　many has books he

--------------------------------------------------

**24** 彼女はとてもかわいい。　is cute so she

--------------------------------------------------

**25** 私の部屋はとても狭いです。　is very room my small

--------------------------------------------------

**26** それは若者に人気があります。　is with that people popular young

--------------------------------------------------

**27** 彼女はみんなに親切です。　is she kind everybody to

--------------------------------------------------

**28** この本は面白くありません。　isn't interesting book this

--------------------------------------------------

**29** あなたは冷たい飲み物でいいですか？　はい，それで構いません。
　　a are that's with you OK drink yes fine cold

--------------------------------------------------

**30** その歌はアメリカで有名ですか？　はい，有名です。　is is the the famous song yes US it in

--------------------------------------------------

**31** 彼女は悲しそうです。　she sad looks

--------------------------------------------------

**32** 彼は日本語を少し話します。　speaks little Japanese he a

--------------------------------------------------

**33** どうかしたの？あなたは疲れているように見えます。wrong look you what's tired

--------------------------------------------------

**34** あなたは今忙しいですか？　いいえ，忙しくありません。　I'm you are busy no not now

--------------------------------------------------

**35** あれがあなたの新しい自転車ですか？　はい，そうです。　is is it your that bicycle new yes

--------------------------------------------------

**36** 返事が遅れてごめんなさい。　my for I'm late sorry reply

--------------------------------------------------

## ● ★ 章 末 問 題 Ⓑ ★ ●

日本文に合うように英単語を並べ替えなさい。

**1** そのドアを開けて。　the door open

**2** 今日は早く寝なさい。　bed today to early go

**3** あの高い建物を見て。　that building look tall at

**4** その窓を閉めてください。　close window please the

**5** ここにあなたの名前を書いてください。　write please name your here

**6** そこで昼食を食べましょう。　はい，そうしましょう。　it do let's let's lunch have there yes

**7** 映画を見に行こう。　いいえ，やめておきましょう。　let's let's movies to the no go not

**8** 明かりを消さないで。　don't light off turn the　　**9** 絶対あきらめないで。　give never up

**10** これらに触らないでください。　these don't please touch

英文が日本文と合うように英文中の空欄を埋めなさい。

**11** 立ち上がって。（　　　　　　　）up.　　**12**（椅子に）お掛けください。　Have a（　　　　　　　）.

**13** こちらに来て。（　　　　　　）here.　　　**14** 危ない！　Watch（　　　　　）!

**15** チケットを見せてください。（　　　　　　　）your ticket, please.

**16** 建物内での写真やビデオ撮影はしないでください。

（　　　　　）（　　　　　　）take photos or videos inside the building.

**17** 気をつけなさい。（　　　　）careful.　　**18** 静かにしてください。　Please（　　　　）quiet.

**19** 少し休憩をとりましょう。はい，そうしましょう。　　**20** 怖がらないで。

（　　　　）take a little break. Yes,（　　　　）do it.　　（　　　　　）（　　　　　）afraid.

**21** 全然気にしなくていいよ。　　　　　　**22** あなたのお母さんによろしくね。

Never（　　　　　）.　　　　　　　　（　　　　　　　）hello to your mom.

日本文に合うように英単語を並べ替えなさい。

**23** 彼はたくさんの本を持っています。　many has books he

---

**24** 彼女はとてもかわいい。　is cute so she

---

**25** 私の部屋はとても狭いです。　is very room my small

---

**26** それは若者に人気があります。　is with that people popular young

---

**27** 彼女はみんなに親切です。　is she kind everybody to

---

**28** この本は面白くありません。　isn't interesting book this

---

**29** あなたは冷たい飲み物でいいですか？　はい，それで構いません。
a are that's with you OK drink yes fine cold

---

**30** その歌はアメリカで有名ですか？　はい，有名です。　is is the the famous song yes US it in

---

**31** 彼女は悲しそうです。　she sad looks

---

**32** 彼は日本語を少し話します。　speaks little Japanese he a

---

**33** どうかしたの？あなたは疲れているように見えます。wrong look you what's tired

---

**34** あなたは今忙しいですか？　いいえ，忙しくありません。　I'm you are busy no not now

---

**35** あれがあなたの新しい自転車ですか？　はい，そうです。　is is it your that bicycle new yes

---

**36** 返事が遅れてごめんなさい。　my for I'm late sorry reply

---

## 7章 ||| some,any と副詞

●この章で用いられる単語を覚えよう。

some [sʌ́m / サム] 形 / 代 いくらか，いくつか，いくらかは

any [éni / エニィ] 形 / 代 どんな～も，いくつか，どれも

green [gríːn / グリーン] 形 緑の，緑色の

vegetable [védʒətəbl / ヴェジタブル] 名 野菜(料理)，植物

for you [fɔ́ː júː / フォー ユー] 副 あなた(達)の為に，あなた(達)にとって

plan [plǽn / プラン] 名 計画，予定

hand [hǽnd / ハンドゥ] 名 手

guitar [gitάr / ギター] 名 ギター

swim [swím / スウィム] 動 泳ぐ，水中を進む

thank [θǽŋk / センク] 動 (人)に感謝する，(人に)お礼を述べる

thank you [θǽnkjù / センキュゥ] ありがとう，～をありがとう

size [sáiz / サイズ] 名 大きさ

me [míː / ミー] 代 私に，私を

for me [fɔ́ː míː / フォー ミー] 私にとって，私の為に

kind [káind / カインドゥ] 形 親切な，優しい

afraid [əfréid / アフレイドゥ] 形 恐れて，心配して

late for [léit fɔ́r / レイトゥ フォー] ～に遅れて

drink [dríŋk / ドリンク] 動 ～を飲む

also [ɔ́ːlsou / オールソゥ] 副 ～もまた，同様に

as well [əz wél / アズ ウェル] ～もまた，同様に

not～either [nát íːðər / ナトゥ イーザァ] ～もまた～ない

uncle [ʌ́ŋkl / アンクル] 名 おじ，おじさん

to me [túː míː / トゥー ミー] 副 私へ，私に

aunt [ǽnt / アーントゥ] 名 おば，おばさん

help [hélp / ヘルプ] 動 助ける，手伝う

help me with ～ [hélp míː wíð / ヘルプ ミー ウィズ] 私の～を手伝ってくれる

tell [tél / テル] 動 言う，話す

lie [lái / ライ] 名 うそ，ごまかし

tell a lie [tél ə lái / テル ア ライ] うそをつく，うそを言う

fun [fʌ́n / ファン] 名 楽しみ，おもしろさ

for fun [fɔ́r fʌ́n / フォー ファン] 趣味で，趣味に

leave [líːv / リーヴ] 動 出発する，～から離れる

on time [ɔ́n táim / オン タイム] 時間通りに，定刻に

same [séim / セイム] 形 同じ，同一の

only [óunli / オウンリィ] 副 / 形 ただ～だけ，唯一の

an only child [ən óunli tʃáild / アン オウンリィ チャイルドゥ] 一人っ子

accept [æksépt / アクセプトゥ] 動 (現金・小切手などによる支払いを)引き受ける

cash [kǽʃ / キャシュ] 名 現金

news [njúːz / ニューズ] 名 知らせ，ニュース

●左ページを隠して読みと意味を確認しよう。

| | |
|---|---|
| ☐ some | ☐ not～either |
| ☐ any | ☐ uncle |
| ☐ green | ☐ to me |
| ☐ vegetable | ☐ aunt |
| ☐ for you | ☐ help |
| ☐ plan | ☐ help me with ～ |
| ☐ hand | ☐ tell |
| ☐ guitar | ☐ lie |
| ☐ swim | ☐ tell a lie |
| ☐ thank | ☐ fun |
| ☐ thank you | ☐ for fun |
| ☐ size | ☐ leave |
| ☐ me | ☐ on time |
| ☐ for me | ☐ same |
| ☐ kind | ☐ only |
| ☐ afraid | ☐ an only child |
| ☐ late for | ☐ accept |
| ☐ drink | ☐ cash |
| ☐ also | ☐ news |
| ☐ as well | |

7
章

## ●some と any

some や any は下のような意味がある形容詞，及び代名詞であり，形容詞で用いる場合は可算名詞，不可算名詞にも使える。

|  | 肯定文 | 疑問文 | 否定文 |
|---|---|---|---|
| some | いくらか，いくつか<br>…なものもある | いくつか | いくらかは…ない<br>…でないものもある |
| any | どんな…も<br>どれも，誰でも | いくらか，何か | どれも…ない<br>全く…ない |

◇疑問文で使われる some と any

相手が Yes と答えることを期待している場合は some，Yes, No の答えが予測しにくい場合は any が用いられる。

例1　Do you have some green apples?　（店などで）青りんごって置いていますか？

例2　Do you have any questions?　（生徒などに対して）何か質問はありますか？

◇否定文で使われる some と any

例1　I don't like some vegetables.　私は好きでない野菜があります。

例2　I don't like any vegetables.　私は野菜はどれも好きではない。

## ●形容詞と副詞

動詞や形容詞を詳しくする言葉を副詞という。　例　速い→ 形容詞　　速く→ 副詞

### ●動詞よりも後に置かれることが多い形容詞や副詞

|  | 形容詞 | 副詞 |  | 形容詞 | 副詞 |
|---|---|---|---|---|---|
| well [wél] | 元気な | 上手に，よく | much [mʌ́tʃ] | たくさんの | 大いに |
| early [ə́:rli] | 早い | 早く | late [léit] | 遅い | 遅く |
| fast [fǽst] | 速い | 速く | slow [slóu] | ゆっくりな | ゆっくりと<br>= slowly [slóuli] |

例1　Mother gets up early every morning.　母は毎朝早く起きます。

例2　I know the man well.　私はその男の人をよく知っています。

### ●形容詞や副詞の前に置かれる副詞

副詞には次のように形容詞や副詞自体の前に置かれ，それらを詳しくするものもある。

| too [tú:] | （あまりに）…過ぎる |
|---|---|
| so [sóu] | すごく，とても<br>それほど，そんなに |
| really [rí:əli] | 本当に，とても，すごく |
| very [véri] | 非常に，とても |
| a little [ə lítl]<br>a bit [ə bít]<br>a little bit [ə lítl bít] | 少しだけ，わずかに<br>ほんのちょっと |

強度
↑
too good（よすぎる）
so good（すごくよい）
really good（本当によい）
very good（とてもよい）
good（よい）
a little good（少しよい）
a bit good（ちょっとよい）
a little bit good（ほんのちょっとよい）

🎧 次の英文の読み書きの練習，及びリスニングの練習をしなさい。

**1** I have some good news for you.　あなた達に良い知らせがあります。

**2** Do you have any questions?　何か質問はありますか？

**3** Do you have some comics?　漫画本はありますか？

**4** I don't like some vegetables.　私は好きでない野菜があります。

**5** I don't have any plans.　私は予定が何もありません。

**6** Please speak slowly.　ゆっくり話してください。(Speak slowly, please.)

**7** Wash your hands well.　手をよく洗いなさい。

**8** He plays the guitar very well.　彼はギターをとても上手に弾きます。

**9** She swims so fast.　彼女はすごく速く泳ぎます。

**10** Thank you so much for your help.　手伝っていただき本当にありがとうございます。

**11** This size is too large for me.　このサイズは私には大きすぎます。

**12** He is really kind.　彼は本当に親切です。

**13** Please come a little early.　少し早めに来てください。(Come a little early, please.)

**14** I am a little afraid.　私は少し不安です。

### ●特定の位置に置かれる副詞

### ●頻度を表す副詞

　決まった位置に置く副詞もある。以下は**一般動詞の前，be 動詞の後**に置くことが多い副詞。まずは以下の6つをしっかり暗記しよう。

頻度

| 頻度を表す副詞 | 意味 |
|---|---|
| オールウェイズ<br>always [ɔ́:lweiz] | いつも，（必ず）…する |
| ユージャリィ<br>usually [júːʒuəli] | たいてい…する，普通は…する |
| オーフン<br>often [ɔ́fn] | よく（しばしば）…する |
| サムタイムズ<br>sometimes [sʌ́mtàimz] | 時々…する |
| レアリィ<br>rarely [réərli] | まれに…する，めったに…しない |
| ネヴァー<br>never [névər] | 全く…しない，決して…しない |

例1　He **always** gets up early.　彼はいつも早く起きます。

例2　Jane **usually** goes to bed at eleven.　ジェーンはたいてい11時に寝ます。

例3　Fred is **often** late for school.　フレッドはよく学校に遅刻します。

例4　I **sometimes** have lunch with her.　私は時々彼女と昼食をとります。

例5　She **rarely** drinks coffee.　彼女はめったにコーヒーを飲みません。

例6　Tom is **never** late for school.　トムは決して学校に遅刻しません。

### ●also／too／as well／not…either

　also（〜もまた）も一般動詞の前，be 動詞の後に置かれる副詞で，…too，…as well で書き換えられる。

例1　She **also** plays the piano. ≒She plays the piano, **too**. ≒She plays the piano **as well**.

!注意　上記の場合，次の2通りの訳が考えられる。

「彼女もピアノを弾きます」／「彼女はピアノも弾きます」

どちらなのかはそのときの状況によって判断するしかない。

「〜もまた…ない」と否定文で用いる場合は not…either を用いる。

例2　She doesn't drive a car, **either**.　彼女も車を運転しません。

### ●only

　only（〜だけ，〜しか…ない）は副詞・形容詞として用いられ，位置によって意味が変わる。

例1　**Only** he speaks Japanese.　彼だけが日本語を話します。

例2　He speaks **only** Japanese. (≒He speaks Japanese **only**.)　彼は日本語しか話しません。

例3　He **only** speaks Japanese.　彼は日本語は話すだけです。（読み書きはできない）

🎧 次の英文の読み書きの練習，及びリスニングの練習をしなさい。

**15** He always comes late.　彼はいつも遅れて来ます。

**16** I don't usually speak English.　私は普段英語を話しません。

**17** My uncle often teaches math to me.　おじはよく私に数学を教えてくれます。

**18** My aunt sometimes helps me with my homework.　おばは時々私の宿題を手伝ってくれます。

**19** Trains rarely come late in Japan.　日本では電車が遅れて来ることはめったにありません。

**20** He never tells a lie.　彼は決して嘘をつきません。

**21** He is always well.　彼はいつも元気です。

**22** What do you usually do for fun?　あなたは普段趣味で何をしますか？

**23** Buses rarely leave on time here.　この辺りではバスはめったに時間通り出発しません。

**24** I also go to the same school as Lisa.　私もリサと同じ学校に通っています。

**25** I don't know either.　私も知りません。

**26** Jane gets up early too.　ジェーンも早起きです。

**27** He is an only child as well.　彼も一人っ子です。

**28** Do you only accept cash?　あなた達は（支払いは）現金しか受け付けていませんか？

## ★ 章 末 問 題 Ⓐ ★

日本文に合うように英単語を並べ替えなさい。

**1** あなた達に良い知らせがあります。　you some have I good for news

---

**2** 何か質問はありますか？　you questions any do have

---

**3** 漫画本はありますか？　do comics some you have

---

**4** 私は好きでない野菜があります。　like I vegetables some don't

---

**5** 私は予定が何もありません。　don't plans any have I

---

**6** ゆっくり話してください。　slowly please speak

---

**7** 手をよく洗いなさい。　your well wash hands

---

**8** 彼はギターをとても上手に弾きます。　the he well guitar plays very

---

**9** 彼女はすごく速く泳ぎます。　so swims fast she

---

**10** 手伝っていただき本当にありがとうございます。　you so your much for help thank

---

**11** このサイズは私には大きすぎます。　me size this is large too for

---

**12** 彼は本当に親切です。　kind is he really

---

**13** 少し早めに来てください。　a please little come early

---

**14** 私は少し不安です。afraid I a little am

---

**15** 彼はいつも遅れて来ます。 late comes always he

**16** 私は普段英語を話しません。 I English usually speak don't

**17** おじはよく私に数学を教えてくれます。 often my me uncle math to teaches

**18** おばは時々私の宿題を手伝ってくれます。 my my me homework with sometimes helps aunt

**19** 日本では電車が遅れて来ることはめったにありません。 in rarely trains late come Japan

**20** 彼は決して嘘をつきません。 a lie he tells never

**21** 彼はいつも元気です。 is well always he

**22** あなたは普段趣味で何をしますか？ do do you usually what for fun

**23** この辺りではバスはめったに時間通り出発しません。 on leave buses time here rarely

**24** 私もリサと同じ学校に通っています。 as go I to the also same school Lisa

**25** 私も知りません。 either I know don't

**26** ジェーンも早起きです。 gets Jane early up too

**27** 彼も一人っ子です。 is an as child only he well

**28** あなた達は（支払いは）現金しか受け付けていませんか？ you only do cash accept

7章

# ★ 章 末 問 題 B ★

日本文に合うように英単語を並べ替えなさい。

**1** あなた達に良い知らせがあります。　you some have I good for news

**2** 何か質問はありますか？　you questions any do have

**3** 漫画本はありますか？　do comics some you have

**4** 私は好きでない野菜があります。　like I vegetables some don't

**5** 私は予定が何もありません。　don't plans any have I

**6** ゆっくり話してください。　slowly please speak

**7** 手をよく洗いなさい。　your well wash hands

**8** 彼はギターをとても上手に弾きます。　the he well guitar plays very

**9** 彼女はすごく速く泳ぎます。　so swims fast she

**10** 手伝っていただき本当にありがとうございます。　you so your much for help thank

**11** このサイズは私には大きすぎます。　me size this is large too for

**12** 彼は本当に親切です。　kind is he really

**13** 少し早めに来てください。　a please little come early

**14** 私は少し不安です。afraid I a little am

**15** 彼はいつも遅れて来ます。　late comes always he

**16** 私は普段英語を話しません。　I English usually speak don't

**17** おじはよく私に数学を教えてくれます。　often my me uncle math to teaches

**18** おばは時々私の宿題を手伝ってくれます。　my my me homework with sometimes helps aunt

**19** 日本では電車が遅れて来ることはめったにありません。　in rarely trains late come Japan

**20** 彼は決して嘘をつきません。　a lie he tells never

**21** 彼はいつも元気です。　is well always he

**22** あなたは普段趣味で何をしますか？　do do you usually what for fun

**23** この辺りではバスはめったに時間通り出発しません。on leave buses time here rarely

**24** 私もリサと同じ学校に通っています。　as go I to the also same school Lisa

**25** 私も知りません。　either I know don't

**26** ジェーンも早起きです。　gets Jane early up too

**27** 彼も一人っ子です。　is an as child only he well

**28** あなた達は（支払いは）現金しか受け付けていませんか？　you only do cash accept

# 8章 ||| 疑問詞 I

●この章で用いられる単語を覚えよう。

kitchen ［kítʃən / キッチン］ 名 台所, 調理場

in the kitchen ［in ðə kítʃən / イン ザ キッチン］ 台所に, 調理場に

eraser ［iréisər / イレイサー］ 名 消しゴム

on that desk ［ɔn ðǽt désk / オン ザットゥ デスク］ あの机の上に

New York ［njùːjɔ́ːk / ニューヨーク］ 名 ニューヨーク

color ［kʌ́lər / カラー］ 名 色, 色彩

basketball ［bǽskitbɔ̀l / バスキトゥボール］ 名 バスケットボール

room ［rúːm / ルーム］ 名 部屋, 室

in that room ［in ðǽt rúːm / イン ザットゥ ルーム］ あの部屋に

table ［téibl / テイボゥ］ 名 テーブル, 食卓

on the table ［ɔn ðə téibl / オン ザ テイボゥ］ テーブルの上に

subject ［sʌ́bdʒikt / サブジェクトゥ］ 名 科目

language ［lǽŋgwidʒ / ラングウィッジ］ 名 言葉, 言語

kind ［káind / カインドゥ］ 名 種類

food ［fúːd / フードゥ］ 名 食べ物, 食品

job ［dʒɔ́b / ジョブ］ 名 仕事, 職

fridge ［frídʒ / フリジ］ 冷蔵庫
　※refrigerator の短縮語

movie ［múːvi / ムーヴィー］ 名 映画, ムービー

how ［háu / ハウ］ 副 どのくらいの, どれほど

pencil ［pénsəl / ペンソゥ］ 名 鉛筆

people ［píːpəl / ピーパゥ］ 名 人, 人々

for how many people ［fɔr háu méni píːpəl / フォー ハウ メニー ピーパゥ］ 何人分, 何人前

occupation ［ɔ̀kjəpéiʃən / オキュペイシャン］ 名 職業, 仕事

sibling ［síbliŋ / スィブリング］ 名 兄弟姉妹

office ［ɔ́fis / オフィス］ 名 会社, 事務所

worker ［wə́ːrkər / ワーカ(ァ)］ 名 働く人

office worker ［ɔ́fis wə́ːrkər / オフィス ワーカ(ァ)］ 会社員

work ［wərk / ワァク］ 動 働く, 作業する

work at ［wərk ət / ワァク アットゥ］ ～で働いている

city ［síti / スィティ］ 名 市, 都市

hall ［hɔ́ːl / ホール］ 名 ホール, 会館

city hall ［síti hɔ́ːl / スィティ ホール］ 市役所, 市庁舎

college ［kálidʒ / カリジ］ 名 大学

●左ページを隠して読みと意味を確認しよう。

☐ kitchen

☐ in the kitchen

☐ eraser

☐ on that desk

☐ New York

☐ color

☐ basketball

☐ room

☐ in that room

☐ table

☐ on the table

☐ subject

☐ language

☐ kind

☐ food

☐ job

☐ fridge

☐ movie

☐ how

☐ pencil

☐ people

☐ for how many people

☐ occupation

☐ sibling

☐ office

☐ worker

☐ office worker

☐ work

☐ work at

☐ city

☐ hall

☐ city hall

☐ college

### ●be 動詞＋場所

be 動詞（is, am, are）の後に場所を表す語句や副詞が来ると，「～にいる」「～にある」「～に所属している」という意味になる。

例1　She is in the kitchen.　彼女は台所にいます。

例2　Your eraser is on that desk.　あなたの消しゴムはあの机の上にあります。
<small>イレイサー</small>
<small>つくえ</small>

例3　I am here.　私はここにいます。

例4　He is in a baseball club.　彼は野球クラブに所属しています。

### ●be 動詞＋from

be 動詞の後に from＋場所を表す名詞が来ると，「～出身」「～から来た」という意味になる。

例1　I am from Japan.　私は日本出身です。

例2　He is from New York.　彼はニューヨークから来ました。

例3　Are you from America?　あなたはアメリカ出身ですか？

### ●what＋場所／who＋場所

What is ＋（場所を表す語句／場所を表す副詞）：～には何がありますか？

Who is ＋（場所を表す語句／場所を表す副詞）：～には誰がいますか？

例1　What is on the desk?　机の上には何がありますか？

例2　Who is there?　そこには誰がいますか？

| !重要 be 動詞には右のように，主に 2 つの意味があることを忘れないようにしよう！ |

┌─ 重要 ─────────────────┐
│ ① イコールの意味 │
│ ②「～にいる（ある）」「～に所属している」 │
└────────────────────────┘

### ●what＋名詞

What の直後に名詞が来ると，「何の…」「…は何が」という意味になる。

例1　What color do you like?　あなたは何色が好きですか？

例2　What sports do you like?　あなたはスポーツは何が好きですか？

※答えを 1 つに限定したくない場合は What sports…？と複数形にする。

🎧 次の英文の読み書きの練習，及びリスニングの練習をしなさい。

**1** She is in the kitchen.　彼女は台所にいます。

**2** Your eraser is here.　あなたの消しゴムはここにあります。

**3** I'm in a basketball club.　私はバスケットボールクラブに所属しています。

**4** I am here.　私はここにいます。

**5** I am from Japan.　私は日本出身です。

**6** What is in this box?　この箱には何が入っていますか？

**7** Who is in that room?　あの部屋には誰がいますか？

**8** What is on the table?　テーブルの上に何がありますか？

**9** What color is your car?　It's red.　あなたの車は何色ですか？　赤です。

**10** What sports do you play?　あなたはスポーツは何をしますか？

**11** What sports does your brother like?　あなたのお兄さんはどんなスポーツが好きですか？

**12** What subjects do you like?　あなたは何の科目が好きですか？

**13** What languages does he speak?　彼は何語を話しますか？
　　 He speaks English and French.　彼は英語とフランス語を話します。

## ●what kind of+名詞

名詞の kind は「種類」という意味で，What kind(s) of 名詞で「どんな…？」「どういった…？」という意味になる。

**例1** What kind of food does she like?　彼女はどんな食べ物が好きですか？

**例2** What kind of job is that?　それはどういった仕事ですか？

※答えを1つに限定したくないときは What kinds of〜と複数形にする。

## ●What+名詞／What kind of+名詞　の違い

① What movie do you like?　あなたは映画は何が好きですか？

② What kind of movies do you like?　あなたはどういう映画が好きですか？

①は具体的な映画のタイトルをたずねているのに対し，②は好きな映画のジャンルや特徴をたずねている。

## ●how many+複数名詞

個数や人数をたずねるときは「How many 複数名詞」で始める。

**例1** How many pencils do you have?　あなたは何本鉛筆を持っていますか？
　　　 I have five (pencils).　私は5本持っています。

**例2** How many students are in your class?　あなたのクラスは何人生徒がいますか？

## ●何名様ですか？の表現

レストランに入るときに言われる「何名様ですか？」は次のように表現される。

　　How many?　／　How many people?　／　For how many?

　　For how many people?　／　How many people do you have?

## ●相手の仕事のたずね方

相手に仕事をたずねるときは，通常は do を用いて次のように表現する。

**例1** What do you do?　あなたは何をしている人ですか？（どういった仕事をしていますか？）

**例2** What kind of work do you do?　あなたはどういった仕事をしていますか？

※次のように表現すると，職務質問のように聞えるので注意が必要である。

　　What is your job?　／What is your occupation?　あなたの職業は何ですか？

🎧 次の英文の読み書きの練習，及びリスニングの練習をしなさい。

**14** What kind of food do you like?　あなたはどんな食べ物が好きですか？

---

**15** What kind of place is that?　そこはどんなところですか？

---

**16** What club are you in?　あなたは何部に所属していますか？

---

**17** How many siblings do you have?　あなたは兄弟姉妹が何人いますか？
I am an only child.　私は一人っ子です。

---

**18** How many dogs does John have?　ジョンは何匹犬を飼っていますか？
He has two dogs.　彼は 2 匹犬を飼っています。

---

**19** How many languages do they speak?　彼らは何カ国語話しますか？
They speak three languages.　彼らは 3 カ国語話します。

---

8章

**20** How many eggs are in the fridge?　冷蔵庫には卵が何個入っていますか？

---

**21** For how many people?　何名様ですか？
For three people, please.　3 名でお願いします。

---

**22** What do you do?　あなたは何をしている人ですか？
I am an office worker.　私は会社員です。

---

**23** What does your father do?　あなたのお父さんは何をしている人ですか？
He works at city hall.　彼は市役所で働いています。

---

**24** What does Andy do?　アンディは何をしている人ですか？
He is a college student.　彼は大学生です。

---

## ★ 章 末 問 題 Ⓐ ★

日本文に合うように英単語を並べ替えなさい。

**1** 彼女は台所にいます。　in the is kitchen she

**2** あなたの消しゴムはここにあります。　here is eraser your

**3** 私はバスケットボールクラブに所属しています。　a in club I'm basketball

**4** 私はここにいます。　am here I          **5** 私は日本出身です。　am Japan I from

**6** この箱には何が入っていますか？　is what in this box

**7** あの部屋には誰がいますか？　in is who room that

**8** テーブルの上に何がありますか？　is the on what table

**9** あなたの車は何色ですか？　赤です。　is your red what car it's color

**10** あなたはスポーツは何をしますか？　you play do what sports

**11** あなたのお兄さんはどんなスポーツが好きですか？　brother what does like sports your

**12** あなたは何の科目が好きですか？　you do what like subjects

**13** 彼は何語を話しますか？　speak does languages he what
　　彼は英語とフランス語を話します。　speaks and he English French

**14** あなたはどんな食べ物が好きですか？　kind like of what do food you

**15** そこはどんなところですか？　is place kind what of that

**16** あなたは何部に所属していますか？　in you club are what

**17** あなたは兄弟姉妹が何人いますか？　how have siblings many you do
　　私は一人っ子です。　an I child am only

**18** ジョンは何匹犬を飼っていますか？　John dogs many does how have
　　彼は2匹犬を飼っています。　has he dogs two

**19** 彼らは何カ国語話しますか？　languages many they how speak do
　　彼らは3カ国語話します。　three speak they languages

**20** 冷蔵庫には卵が何個入っていますか？　the in are how eggs many fridge

**21** 何名様ですか？　people for how many
　　3名でお願いします。　three for please people

**22** あなたは何をしている人ですか？　do do what you
　　私は会社員です。　an am I worker office

**23** あなたのお父さんは何をしている人ですか？　do does father what your
　　彼は市役所で働いています。　at hall works he city

**24** アンディは何をしている人ですか？　do does Andy what
　　彼は大学生です。　a is he student college

# ★ 章 末 問 題 Ⓑ ★

日本文に合うように英単語を並べ替えなさい。

**1** 彼女は台所にいます。　in the is kitchen she

**2** あなたの消しゴムはここにあります。　here is eraser your

**3** 私はバスケットボールクラブに所属しています。　a in club I'm basketball

**4** 私はここにいます。　am here I　　　　　**5** 私は日本出身です。　am Japan I from

**6** この箱には何が入っていますか？　is what in this box

**7** あの部屋には誰がいますか？　in is who room that

**8** テーブルの上に何がありますか？　is the on what table

**9** あなたの車は何色ですか？　赤です。　is your red what car it's color

**10** あなたはスポーツは何をしますか？　you play do what sports

**11** あなたのお兄さんはどんなスポーツが好きですか？　brother what does like sports your

**12** あなたは何の科目が好きですか？　you do what like subjects

**13** 彼は何語を話しますか？　彼は英語とフランス語を話します。
and he he speaks speak does languages what English French

**14** あなたはどんな食べ物が好きですか？　kind like of what do food you

**15** そこはどんなところですか？　is place kind what of that

**16** あなたは何部に所属していますか？　in you club are what

**17** あなたは兄弟姉妹が何人いますか？　私は一人っ子です。
I you an am do how have siblings many child only

**18** ジョンは何匹犬を飼っていますか？　彼は２匹犬を飼っています。
two he John dogs many does how have has dogs

**19** 彼らは何カ国語話しますか？　彼らは３カ国語話します。
speak speak languages languages many they how do three they

**20** 冷蔵庫には卵が何個入っていますか？　the in are how eggs many fridge

**21** 何名様ですか？　３名でお願いします。
people people for for how three please many

**22** あなたは何をしている人ですか？　私は会社員です。
do do office what you an am I worker

**23** あなたのお父さんは何をしている人ですか？　彼は市役所で働いています。
at do does your what hall works he city father

**24** アンディは何をしている人ですか？　彼は大学生です。
a is do does he student college Andy what

## 9章 ‖‖ 人称代名詞と基本的な前置詞

●この章で用いられる単語を覚えよう。

visit ［vízət / ヴィズィトゥ］動 訪ねる, 訪問する

house ［háus / ハウス］名 家, 住宅

miss ［mís / ミス］動 ～がいないのを寂しく思う, ～が恋しい

love ［lʌ́v / ラヴ］動 ～を愛する

always ［ɔ́lweiz / オルウェイズ］副 いつも, (必ず)～する

number ［nʌ́mbər / ナムバ］名 番号, 数字

phone number ［fóun nʌ́mbər / フォウン ナムバ］電話番号

home ［hóum / ホウム］名 住居, 住まい

in ［in / イン］前 ～の中で, ～以内に

at ［ət / アットゥ］前 ～で, ～に

to ［tú: / トゥー］前 ～へ, ～まで

from ［frəm / フロム］前 ～から, ～出身

on ［ɔn / オン］前 ～の上に, ～の最中

for ［fɔ́r / フォー］前 ～のために, ～に向けて, ～にとって

with ［wíð / ウィズ］前 ～と(一緒に), ～付きの, ～を用いて

of ［əv / オブ］前 ～の, ～のうちの, ～から成る

smell ［smél / スメル］名 におい

after ［ǽftər / アフター］前 ～の後に(で)

before ［bifɔ́r / ビフォア］前 ～の前に

repeat ［ripít / リピートゥ］動 繰り返して(もう一度)言う

listen ［lísn / リスン］動 聞く, 耳を傾ける

listen to ［lísn tú: / リスン トゥー］～を聞く

dad ［dǽd / ダドゥ］名 パパ, 父さん

breakfast ［brékfəst / ブレクファストゥ］名 朝食

shopping ［ʃɔ́piŋ / ショピング］名 買い物, ショッピング

go shopping ［góu ʃɔ́piŋ / ゴウ ショピング］買い物に行く

difficult ［dífikʌlt / ディフィカルトゥ］形 難しい

camp ［kǽmp / キャンプ］名 キャンプ, 野営

go camping ［góu kǽmpiŋ / ゴウ キャンピング］キャンプへ行く

trip ［tríp / トゥリプ］名 旅, 旅行

go on a trip ［góu ɔn ə tríp / ゴウ オン ア トリップ］旅行に出かける

cook ［kúk / クク］動 ～を料理する

relax ［rilǽks / リラクス］動 リラックスする, ゆっくりする

care ［kéər / ケア］名 世話, ケア

| 代名詞<br>（疑問詞） | 主格<br>（～は） | 所有格<br>（～の） | 目的格<br>（～を, ～に） | 独立所有格<br>（～のもの） |
|---|---|---|---|---|
| 私 | I [ái]<br>アイ | my [mái]<br>マイ | me [mí:]<br>ミー | mine [máin]<br>マイン |
| あなた | you [jú:]<br>ユー | your [júər]<br>ユア | you [jú:]<br>ユー | yours [júərz]<br>ユアーズ |
| 彼 | he [hí:]<br>ヒー | his [híz]<br>ヒズ | him [hím]<br>ヒム | his [híz]<br>ヒズ |
| 彼女 | she [ʃí:]<br>シー | her [hə́:r]<br>ハー | her [hə́:r]<br>ハー | hers [hə́:rz]<br>ハーズ |
| それ | it [ít]<br>イットゥ | its [íts]<br>イッツ | it [ít]<br>イットゥ | — |
| 私たち | we [wí:]<br>ウィー | our [áuər]<br>アゥアー | us [ʌ́s]<br>アス | ours [áuərz]<br>アゥアーズ |
| あなたたち | you [jú:]<br>ユー | your [júər]<br>ユア | you [jú:]<br>ユー | yours [júərz]<br>ユアーズ |
| 彼ら / 彼女ら / それら | they [ðéi]<br>ゼイ | their [ðéər]<br>ゼア | them [ðém]<br>ゼム | theirs [ðéərz]<br>ゼアーズ |
| 誰 | who [hú:]<br>フー | whose [hú:z]<br>フーズ | whom [hú:m] (who)<br>フーム | whose [hú:z]<br>フーズ |

●左ページを隠して読みと意味を確認しよう。

- ☐ visit
- ☐ house
- ☐ miss
- ☐ love
- ☐ always
- ☐ number
- ☐ phone number
- ☐ home
- ☐ in
- ☐ at
- ☐ to
- ☐ from
- ☐ on
- ☐ for
- ☐ with
- ☐ of
- ☐ smell

- ☐ after
- ☐ before
- ☐ repeat
- ☐ listen
- ☐ listen to
- ☐ dad
- ☐ breakfast
- ☐ shopping
- ☐ go shopping
- ☐ difficult
- ☐ camp
- ☐ go camping
- ☐ trip
- ☐ go on a trip
- ☐ cook
- ☐ relax
- ☐ care

9
章

●左ページを隠して以下の代名詞のスペルをテストしてみよう。

| 代名詞<br>（疑問詞） | 主格<br>（～は） | 所有格<br>（～の） | 目的格<br>（～を，～に） | 独立所有格<br>（～のもの） |
|---|---|---|---|---|
| 私 | | | | |
| あなた | | | | |
| 彼 | | | | |
| 彼女 | | | | |
| それ | | | | |
| 私たち | | | | |
| あなたたち | | | | |
| 彼ら／彼女ら<br>／それら | | | | |
| 誰 | | | | |

### ●人称代名詞

以下のような人を表す名詞を人称代名詞という。(who は疑問詞)

下の表はすべて暗記すること。スペルもすべて書けるように！

| 代名詞<br>(疑問詞) | 主格<br>(〜は) | 所有格<br>(〜の) | 目的格<br>(〜を，〜に) | 独立所有格<br>(〜のもの) |
|---|---|---|---|---|
| 私 | I | my | me | mine |
| あなた | you | your | you | yours |
| 彼 | he | his | him | his |
| 彼女 | she | her | her | hers |
| それ | it | its | it | — |
| 私たち | we | our | us | ours |
| あなたたち | you | your | you | yours |
| 彼ら / 彼女ら<br>/ それら | they | their | them | theirs |
| 誰 | who | whose | whom (who) | whose |

◇主格・・・主語になる。「〜は」「〜が」にあたる。

◇所有格・・・所有（持っていること）を表す。「〜の」にあたる。

◇目的格・・・一般動詞の目的語になる。「〜を」「〜に」にあたる。

◇独立所有格・・・所有格を独立して1つの名詞にしたもの。「〜のもの」にあたる。

　　　　　　　※Tom's は所有格「トムの」と独立所有格「トムのもの」どちらでも使える。

### ●目的格を使用する例1

英語は次の語順になることに注意する。

主語 → 動詞 → 目的語 → いつ，どこで，どのように

例1　私は　彼を　よく　知っている。

　　　（主語）（目的語）　　（動詞）

　　　　私は　　　知っている　彼を　よく
　　　　↓　　　　　↓　　　　　↓　　↓
　　　　I　　　　know　　　him　well.

例2　私達は　彼らが　好きです。

　　　（主語）　（目的語）（動詞）

　　　　私達は　　　好き（好む）　彼らが
　　　　↓　　　　　↓　　　　　　↓
　　　　We　　　　like　　　　them.

🎧 次の英文の読み書きの練習，及びリスニングの練習をしなさい。

**1** I know her sister Emily.　私は彼女のお姉さんのエミリーと知り合いです。

**2** Is this your notebook?　これはあなたのノートですか？
　No, it's Peter's.　　　　　　いいえ，それはピーターのものです。

**3** Is this yours or his?　これはあなたのものですか？ それとも彼のものですか？
　It's mine.　　　　　　　　それは私のものです。

**4** They sometimes visit me.　彼らは時々私を訪ねてきます。

**5** Do you know him?　あなたは彼と知り合いですか？

**6** Do you eat natto?　あなたは納豆を食べますか？
　No, I don't like its smell.　いいえ，私はその匂いが好きではありません。

**7** Their house is very big.　彼らの家はとても大きいです。

**8** We miss you.　私達はあなたがいなくて寂しいです。

**9** That is her bike.　あれは彼女の自転車です。

**10** That bike is hers.　あの自転車は彼女のものです。

**11** Is this his watch?　これは彼の腕時計ですか？

**12** Is this watch his?　この腕時計は彼のものですか？

**13** That's my father's.　あれは私の父のものです。

**14** These are our dogs.　We love them.　これらは私達の犬です。 私達は彼らが大好きです。

**15** That house is theirs.　あの家が彼らのものです。

**16** Is she your mom?　彼女はあなた達のお母さんですか？

**17** Is this Cathy's bag?　これはキャシーのカバンですか？
　No, it's Jane's.　　　　いいえ，ジェーンのものです。

**18** He always helps us.　彼はいつも私達を助けてくれます。

**19** Do you know his phone number?　彼の電話番号を知っていますか？

9章

## ●基本的な前置詞

in, at, to, from, on, for, with, of, by のような名詞の前に置く語を**前置詞**という。

| イン<br>in | 空間的, 時間的範囲内 | 「〜の中で」「〜以内に」 |
|---|---|---|
| アット<br>at | 地点, 時点 及びその周囲 | 「〜で」「〜に」 |
| トゥー<br>to | 終点, 到着点 | 「〜へ」「〜まで」 |
| フロム<br>from | 起点, 始点, 出発点 | 「〜から」「〜出身」 |
| オン<br>on | 接触状態, 継続状態, 特定の日 | 「〜の上に」「〜の最中」「〜に」 |
| フォー<br>for | 向き, 方向, 期間 | 「〜のために」「〜に向けて」「〜にとって」 |
| ウィズ<br>with | 同伴, 対象, 不随, 道具, 様態 | 「〜と(一緒に)」「〜付きの」「〜を用いて」 |
| オブ<br>of | 所属, 所有, 同格, 関連, 性質 | 「〜の」「〜のうちの」「〜から成る」 |
| アフター<br>after | 時間的に後 | 「〜の後に」「〜の後で」 |
| ビフォア<br>before | 時間的に前, 位置的に前方 | 「〜の前に」「前方に」 |

## ●目的格を使用する例2

【重要】前置詞の後の代名詞は必ず**目的格**を用いる。

彼と一緒に→ ○ with him　× with he　　彼女のために → ○ for her　× for she

**例1**　I play tennis with her.　私は彼女と（一緒に）テニスをします。

**例2**　It is easy for me.　それは私にとって簡単なことです。

## ●再帰代名詞

右のような代名詞を**再帰代名詞**といい,「自分自身」を表す。これらをまとめた語がoneself [wʌnsélf]ワンセルフである。

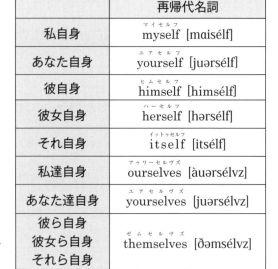

|  | 再帰代名詞 |
|---|---|
| 私自身 | マイセルフ<br>myself [maisélf] |
| あなた自身 | ユアセルフ<br>yourself [juərsélf] |
| 彼自身 | ヒムセルフ<br>himself [himsélf] |
| 彼女自身 | ハーセルフ<br>herself [hərsélf] |
| それ自身 | イットゥセルフ<br>itself [itsélf] |
| 私達自身 | アゥワーセルヴズ<br>ourselves [àuərsélvz] |
| あなた達自身 | ユアセルヴズ<br>yourselves [juərsélvz] |
| 彼ら自身<br>彼女ら自身<br>それら自身 | ゼムセルヴズ<br>themselves [ðəmsélvz] |

## ●再帰代名詞の意味と様々な熟語

oneself：自ら, 自分で

for oneself：（自分のために）自分で

by oneself：独りで, 独力で

talk to oneself：独り言を言う

cook for oneself：自炊する

make oneself at home：気軽にする, くつろぐ

enjoy oneself：楽しむ, 楽しく過ごす

help oneself (to)：（〜を）自由にとって食べる（飲む）

take care of oneself：〜の体を大事にする, 気をつける

**例1**　Do it by yourself.　それは自分でやりなさい。

**例2**　She often talks to herself.　彼女はよく独り言を言う。

🎧 次の英文の読み書きの練習，及びリスニングの練習をしなさい。

**20** Repeat after me.　私のあとに繰り返して。

**21** Listen to me.　私の話を聴いて。

**22** My dad sometimes makes breakfast for us.　父は私達のために時々朝食を作ってくれます。

**23** I often go shopping with her.　私は彼女とよく買い物に行きます。

**24** It's difficult for him.　それは彼には難しいです。

**25** He is very kind to me.　彼は私にとても親切です。

**26** I often go camping with them.　私は彼らとよくキャンプに行きます。

**27** I rarely go on a trip by myself.　私は滅多に一人旅はしません。

**28** Do it yourself.　それは自分でやりなさい。

**29** Emily often talks to herself.　エミリーはよく独り言を言います。

**30** Brian usually cooks for himself.　ブライアンはたいてい自炊をしています。

**31** Help yourself to the pizza.　ピザは自由にとって食べてね。

**32** Make yourself at home.　（気をつかわず）気軽にしてね。

**33** Relax and enjoy yourself.　リラックスして楽しんでね。

**34** Take care of yourself.　お体をお大事に。／気をつけてね。

9章

## ★ 章 末 問 題 Ⓐ ★

英文が日本文に合うように空欄を埋めなさい。

**1** 私は彼女のお姉さんのエミリーと知り合いです。 I know (　　　　　　) sister Emily.

**2** これはあなたのノートですか？いいえ，それはピーター（Peter）のものです。

Is this (　　　　　) notebook?  No, it's (　　　　　).

**3** これはあなたのものですか？それとも彼のものですか？ それは私のものです。

Is this (　　　　) or (　　　　)?  It's (　　　　).

**4** 彼らは時々私を訪ねてきます。 (　　　　　) sometimes visit (　　　　).

**5** あなたは彼と知り合いですか？ Do (　　　　) know (　　　　)?

**6** あなたは納豆を食べますか？ いいえ，私はその匂いが好きではありません。

Do (　　　　) eat natto?  No, I don't like (　　　　) smell.

**7** 彼らの家はとても大きいです。 (　　　　) house is very big.

**8** 私達はあなたがいなくて寂しいです。 (　　　　) miss (　　　　).

**9** あれは彼女の自転車です。 That is (　　　　) bike.

**10** あの自転車は彼女のものです。 That bike is (　　　　).

**11** これは彼の腕時計ですか？ Is this (　　　　) watch?

**12** この腕時計は彼のものですか？ Is this watch (　　　　)?

**13** あれは私の父のものです。 That's (　　　) (　　　　　).

**14** これらは私達の犬です。 私達は彼らが大好きです。

These are (　　　) dogs. (　　　　) love (　　　　).

**15** あの家が彼らのものです。 That house is (　　　　).

**16** 彼女はあなた達のお母さんですか? Is (　　　　) (　　　　) mom?

**17** これはキャシー（Cathy）のカバンですか？ いいえ，ジェーン（Jane）のものです。

Is this (　　　) bag?  No, it's (　　　　).

**18** 彼はいつも私達を助けてくれます。 He always helps (　　　　).

**19** 彼の電話番号を知っていますか？ Do (　　　　) know (　　　　) phone number?

日本文に合うように英単語を並べ替えなさい。　※**20〜26**は必要な代名詞を自分で補うこと。

**20** 私のあとに繰り返して。　※after repeat　　　**21** 私の話を聴いて。　※to listen

**22** 父は私達のために時々朝食を作ってくれます。　※for dad sometimes breakfast makes my

**23** 私は彼女とよく買い物に行きます。　※with go I shopping often

**24** それは彼には難しいです。　※for difficult it's

**25** 彼は私にとても親切です。　※very to is kind

**26** 私は彼らとよくキャンプに行きます。　※often go I with camping

**27** 私は滅多に一人旅はしません。　a on by I go myself rarely trip

**28** それは自分でやりなさい。　yourself do it

**29** エミリーはよく独り言を言います。　often Emily to herself talks

**30** ブライアンはたいてい自炊をしています。　for usually himself Brian cooks

**31** ピザは自由にとって食べてね。　pizza help to the yourself

**32** （気をつかわず）気軽にしてね。　at yourself home make

**33** リラックスして楽しんでね。　yourself enjoy relax and

**34** お体をお大事に。／気をつけてね。　yourself care take of

## ★ 章 末 問 題 Ⓑ ★

英文が日本文に合うように空欄を埋めなさい。

**1** 私は彼女のお姉さんのエミリーと知り合いです。　I know (　　　　　) sister Emily.

**2** これはあなたのノートですか？いいえ，それはピーター（Peter）のものです。

　　Is this (　　　　　) notebook?　No, it's (　　　　　).

**3** これはあなたのものですか？それとも彼のものですか？　それは私のものです。

　　Is this (　　　　) or (　　　　)?　It's (　　　　).

**4** 彼らは時々私を訪ねてきます。　(　　　　　) sometimes visit (　　　　　).

**5** あなたは彼と知り合いですか？　Do (　　　　) know (　　　　)?

**6** あなたは納豆を食べますか？　いいえ，私はその匂いが好きではありません。

　　Do (　　　　) eat natto?　No, I don't like (　　　　) smell.

**7** 彼らの家はとても大きいです。　(　　　　) house is very big.

**8** 私達はあなたがいなくて寂しいです。　(　　　　) miss (　　　　).

**9** あれは彼女の自転車です。　That is (　　　　) bike.

**10** あの自転車は彼女のものです。　That bike is (　　　　).

**11** これは彼の腕時計ですか？　Is this (　　　　) watch?

**12** この腕時計は彼のものですか？　Is this watch (　　　　)?

**13** あれは私の父のものです。　That's (　　　　) (　　　　　　).

**14** これらは私達の犬です。　私達は彼らが大好きです。

　　These are (　　　　) dogs. (　　　　) love (　　　　).

**15** あの家が彼らのものです。　That house is (　　　　).

**16** 彼女はあなた達のお母さんですか?　Is (　　　　) (　　　　) mom?

**17** これはキャシー（Cathy）のカバンですか？　いいえ，ジェーン（Jane）のものです。

　　Is this (　　　　) bag?　No, it's (　　　　).

**18** 彼はいつも私達を助けてくれます。　He always helps (　　　　).

**19** 彼の電話番号を知っていますか？　Do (　　　　) know (　　　　) phone number?

日本文に合うように英単語を並べ替えなさい。　※**20～26** は必要な代名詞を自分で補うこと。

**20** 私のあとに繰り返して。　※after repeat

**21** 私の話を聴いて。　※to listen

**22** 父は私達のために時々朝食を作ってくれます。　※for dad sometimes breakfast makes my

**23** 私は彼女とよく買い物に行きます。　※with go I shopping often

**24** それは彼には難しいです。　※for difficult it's

**25** 彼は私にとても親切です。　※very to is kind

**26** 私は彼らとよくキャンプに行きます。　※often go I with camping

**27** 私は滅多に一人旅はしません。　a on by I go myself rarely trip

**28** それは自分でやりなさい。　yourself do it

**29** エミリーはよく独り言を言います。　often Emily to herself talks

**30** ブライアンはたいてい自炊をしています。　for usually himself Brian cooks

**31** ピザは自由にとって食べてね。　pizza help to the yourself

**32** （気をつかわず）気軽にしてね。　at yourself home make

**33** リラックスして楽しんでね。　yourself enjoy relax and

**34** お体をお大事に。／気をつけてね。　yourself care take of

# 10章 | 時をたずねる表現

●この章で用いられる単語を覚えよう。

date ［déit / デイトゥ］ 名 日付け，年月日

o'clock ［əklák / オクラック］ 副 ～時，時計では

a.m. ［éiém / エイエム］ =am 副 午前(の)

p.m. ［pí:ém / ピーエム］ =pm 副 午後(の)

in the morning ［in ðə mórniŋ / インザモーニング］ 午前中に，朝に

afternoon ［æftərnú:n / アフターヌーン］ 名 午後，昼下がり

in the afternoon ［in ði æftərnú:n / インズィアフターヌーン］ 午後に，昼に

evening ［í:vniŋ / イーヴニング］ 名 晩，夜

in the evening ［in ði í:vniŋ / インズィイーヴニング］ 夕方に，夜に

leave ［lí:v / リーヴ］ 動 出発する，～から離れる

leave for ［lí:v fɔr / リーヴフォー］ ～に向かう，～に出発する

23rd ［twénti-θə́:(r)d / トゥウェンティーサードゥ］ 名 ２３番目

24th ［twénti-fɔ́:(r)θ / トゥウェンティーフォース］ 名 ２４番目

month ［mʌ́nθ / マンス］ 名 (暦の)月

year ［jíər / イヤァ］ 名 年，一年

get ［gét / ゲトゥ］ 動 ～に至る

together ［təgéðər / トゥゲザ］ 副 一緒に，共に

get together ［gét təgéðər / ゲトゥトゥゲザ］ 集まる，寄り合う

back ［bæk / バク］ 副 戻って，帰って

by ［bái / バイ］ 前 ～までに

rain ［réin / レイン］ 名 雨

shop ［ʃáp / シャプ］ 名 小売店，専門店

a lot of ［ə lát əv / アラトゥオブ］ たくさんの，多数の

| | 月 | | 練習しよう |
|---|---|---|---|
| 1月 | January ジャニュアリィ | dʒǽnjuèri | |
| 2月 | February フェブラリィ | fébruèri | |
| 3月 | March マーチ | má:(r)tʃ | |
| 4月 | April エイプリル | éiprəl | |
| 5月 | May メイ | méi | |
| 6月 | June ジューン | dʒú:n | |
| 7月 | July ジュライ | dʒu:lái | |
| 8月 | August オーガストゥ | ɔ́:gəst | |
| 9月 | September セプテンバー | septémbə(r) | |
| 10月 | October オクトーバー | ɑktóubə(r) | |
| 11月 | November ノウヴェンバー | nouvémbə(r) | |
| 12月 | December ディセンバー | disémbə(r) | |

●左ページを隠して読みと意味を確認しよう。

☐ date

☐ o'clock

☐ a.m.

☐ p.m.

☐ in the morning

☐ afternoon

☐ in the afternoon

☐ evening

☐ in the evening

☐ leave

☐ leave for

☐ 23rd

☐ 24th

☐ month

☐ year

☐ get

☐ together

☐ get together

☐ back

☐ by

☐ rain

☐ shop

☐ a lot of

| 曜日・季節・方位 | | | 練習しよう |
|---|---|---|---|
| 月曜 | Monday | mʌ́ndei | |
| 火曜 | Tuesday | t(j)úːzdei | |
| 水曜 | Wednesday | wénzdei | |
| 木曜 | Thursday | θə́rzdei | |
| 金曜 | Friday | fráidei | |
| 土曜 | Saturday | sǽtərdèi | |
| 日曜 | Sunday | sʌ́ndei | |
| 春 | spring | spríŋ | |
| 夏 | summer | sʌ́mər | |
| 秋 | fall | fɔ́ːl | |
| 冬 | winter | wíntər | |
| 東 | east | íːst | |
| 西 | west | wést | |
| 南 | south | sáuθ | |
| 北 | north | nɔ́ːrθ | |

10章

## ●基数

数量を表す数を**基数**という。　⚠注意　10 の倍数を除く 21〜99 はハイフン「－」がつく

| | 基数 | | | 練習しよう |
|---|---|---|---|---|
| 1 | one | wʌ́n | ワン | |
| 2 | two | túː | トゥー | |
| 3 | three | θríː | スリー | |
| 4 | four | fɔ́ːr | フォー | |
| 5 | five | fáiv | ファイヴ | |
| 6 | six | síks | シィックス | |
| 7 | seven | sévn | セヴン | |
| 8 | eight | éit | エイトゥ | |
| 9 | nine | náin | ナイン | |
| 10 | ten | tén | テン | |
| 11 | eleven | ilévən | イレヴン | |
| 12 | twelve | twélv | トゥウェルヴ | |
| 13 | thirteen | θə̀rtíːn | サーティーン | |
| 14 | fourteen | fɔ̀rtíːn | フォーティーン | |
| 15 | fifteen | fìftíːn | フィフティーン | |
| 16 | sixteen | sìkstíːn | シィックスティーン | |
| 17 | seventeen | sèvəntíːn | セヴンティーン | |
| 18 | eighteen | èitíːn | エイティーン | |
| 19 | nineteen | nàintíːn | ナインティーン | |
| 20 | twenty | twénti | トゥウェンティー | |
| 21 | twenty-one | twénti-wʌ́n | トゥウェンティーワン | |
| 22 | twenty-two | twénti-túː | トゥウェンティートゥー | |
| 30 | thirty | θə́rti | サーティ | |
| 31 | thirty-one | θə́rti -wʌ́n | サーティーワン | |
| 40 | forty | fɔ́rti | フォーティー | |
| 50 | fifty | fífti | フイフティー | |
| 60 | sixty | síksti | スィックスティー | |
| 70 | seventy | sévənti | セヴンティー | |
| 80 | eighty | éiti | エイティー | |
| 90 | ninety | náinti | ナインティー | |
| 100 | hundred | hʌ́ndrəd | ハンドゥレッド | |
| 1000 | thousand | θáuzn(d) | サウザンドゥ | |

10章

## ●序数

「一番」「第二」「三世」など，順序を表す数を**序数**という。※下線はスペル・発音注意

| | 序数 | | | 練習しよう |
|---|---|---|---|---|
| 1 | first | fə́:rst | ファーストゥ | |
| 2 | second | sékənd | セカンドゥ | |
| 3 | third | θə́rd | サードゥ | |
| 4 | fourth | fɔ́rθ | フォース | |
| 5 | <u>fifth</u> | fífθ | フィフス | |
| 6 | sixth | síksθ | シィックスス | |
| 7 | seventh | sévənθ | セヴンス | |
| 8 | <u>eighth</u> | éitθ | エイツ | |
| 9 | <u>ninth</u> | náinθ | ナインス | |
| 10 | tenth | ténθ | テンス | |
| 11 | eleventh | ilévənθ | イレヴンス | |
| 12 | <u>twelfth</u> | twélfθ | トゥウェルフス | |
| 13 | thirteenth | θə̀rtí:nθ | サーティーンス | |
| 14 | fourteenth | fɔ̀rtí:nθ | フォーティーンス | |
| 15 | fifteenth | fìftí:nθ | フィフティーンス | |
| 16 | sixteenth | sìkstí:nθ | シィックスティーンス | |
| 17 | seventeenth | sèvəntí:nθ | セヴンティーンス | |
| 18 | eighteenth | èití:nθ | エイティーンス | |
| 19 | nineteenth | nàintí:nθ | ナインティーンス | |
| 20 | <u>twentieth</u> | twéntiəθ | トゥウェンティーエス | |
| 21 | twenty-first | twénti - fə́:rst | トゥウェンティーファーストゥ | |
| 22 | twenty-second | twénti - sékənd | トゥウェンティーセカンドゥ | |
| 30 | <u>thirtieth</u> | θə́rtiəθ | サーティーエス | |
| 31 | thirty-first | θə́rti - fə́:rst | サーティーファーストゥ | |
| 40 | <u>fortieth</u> | fɔ́rtiəθ | フォーティーエス | |
| 50 | <u>fiftieth</u> | fíftiəθ | フィフティーエス | |
| 60 | <u>sixtieth</u> | síkstiəθ | スィックスティーエス | |
| 70 | <u>seventieth</u> | sévntiəθ | セヴンティーエス | |
| 80 | <u>eightieth</u> | éitiəθ | エイティーエス | |
| 90 | <u>ninetieth</u> | náintiəθ | ナインティーエス | |
| 100 | hundredth | hʌ́ndrədθ | ハンドゥレッドゥス | |
| 1000 | thousandth | θáuzn(d)θ | サウザンス | |

10
章

## ●時刻，曜日，日付のたずね方

◇時刻のたずね方

**暗記**　What time is it (now)?　（今）何時ですか？

**暗記**　Do you have the time?　今何時かわかりますか？　※「the time」は現在の時刻

　　*cf.* Do you have time?　時間はありますか？（今暇ですか？）

◇曜日のたずね方

**暗記**　What day is (it) today?　今日は何曜日ですか？　※it は入れなくてもよい。

◇日付のたずね方

**暗記**　What is the date today?　今日の日付は何ですか？　※date は「日付」

## ●時刻の表し方

　時刻を表す時は it を主語にする。(it は特に訳さない) o'clock は「ちょうど〇時」というときに使える表現で，〇時〇分と分まで言うときは o'clock はあまり使われない。また，in the morning の代わりに「a.m.」「am」，in the afternoon, in the evening の代わりに「p.m.」「pm」を用いてもよい。

**例1**　It is eight thirty now.　今8時30分です。

**例2**　It is nine fifty-five in the morning.　午前9時55分です。

**例3**　It's three o'clock in the afternoon.　（ちょうど）午後3時です。

**例4**　It's seven twenty-five in the evening.　午後（夜の）7時25分です。

**例5**　What time do you usually leave for school?　あなたは普段何時に学校に出かけますか？

　　　　I usually leave at about seven a.m.　たいてい午前7時ころ出かけます。

## ●曜日の表し方

曜日の場合も時刻と同様に it を主語にして答える。

**例1**　It's Thursday today.　今日は木曜日です。(Today is Thursday.でも可)

**例2**　It's Saturday.　土曜日です。

## ●日付の表し方

時刻，曜日と同様に it を主語にする。日は序数で発音する。

※22 日は twenty–second，30 日は thirtieth と序数で読む。

**例1**　It's March 22 today.　今日は3月22日です。

**例2**　It's November 30.　11 月 30 日です。

※日は次のような表記法もある。1st, 2nd, 3rd, 4th, 5th,…20th, 21st, 22nd, 23rd, 24th…

🎧 次の英文の読み書きの練習，及びリスニングの練習をしなさい。

**1** six o'clock in the morning 　　　　午前 6：00

**2** two twenty-seven in the afternoon 　　午後 2：27

**3** eight thirty-four in the evening 　　午後 8：34

**4** 1:19 a.m. 　　　　　　　　　　午前 1：19

**5** 4:45 p.m. 　　　　　　　　　　午後 4：45

**6** Today is Sunday, November 3rd. 　今日は 11 月 3 日の日曜日です。

**7** It's September 19th today. 　今日は 9 月 19 日です。

**8** What time is it now?　It's seven fifteen. 　今何時ですか？　7 時 15 分です。

**9** What day is it today?　It's Wednesday. 　今日は何曜日ですか？　水曜日です。

**10** What is the date today?　It's June 22nd. 　今日の日付は何ですか？　6 月 22 日です。

**11** Do you have the time?　Yes, it's eight fifty. 　今何時かわかりますか？　はい，8 時 50 分です。

**12** Do you have time today? 　今日時間はありますか？

　　 I'm free in the afternoon. 　午後は暇です。

**13** What month is it?　It's February. 　今月は何月ですか？　2 月です。

**14** What year is it? 　今年は何年ですか？

**15** The movie starts at two thirty in the afternoon. 　その映画は昼の 2 時半に始まります。

**16** Let's get together at seven in the evening. 　夜 7 時に集まりましょう。

**17** What time do you leave home? 　あなたは何時に家を出ますか？

　　 I usually leave at about seven twenty in the morning. 　たいてい午前 7 時 20 分頃出ます。

**18** What time does the shop open? 　そのお店は何時に開店しますか？

　　 It opens at 9 am. 　午前 9 時に開店します。

**19** Please be back here by four o'clock. 　4 時までにここに戻ってきてください。

**20** I am on the 5th floor. 　私は 5 階にいます。

**21** What time does the bus leave? 　何時にバスは出発しますか？

**22** We have a lot of rain in June. 　私達の地域では 6 月によく雨が降ります。

# ★ 章 末 問 題 Ⓐ ★

次の空欄に入る英単語を書きなさい。

| | 基数 | 序数 | | | | |
|---|---|---|---|---|---|---|
| 1 | | | 1月 | | 月曜日 | |
| 2 | | | 2月 | | 火曜日 | |
| 3 | | | 3月 | | 水曜日 | |
| 4 | | | 4月 | | 木曜日 | |
| 5 | | | 5月 | | 金曜日 | |
| 6 | | | 6月 | | 土曜日 | |
| 7 | | | 7月 | | 日曜日 | |
| 8 | | | 8月 | | 春 | |
| 9 | | | 9月 | | 夏 | |
| 10 | | | 10月 | | 秋 | |
| 11 | | | 11月 | | 冬 | |
| 12 | | | 12月 | | | |

**1** 午前 6：00　　（　　　　　　　　）o'clock in（　　　　）（　　　　　　　　）

**2** 午後 2：27　　（　　　　　）（　　　　　　　　）in（　　　　）（　　　　　　　　）

**3** 午後 8：34　　（　　　　　）（　　　　　　　　）in（　　　　）evening

**4** 午前 1：19　　1：19（　　　　　　　）

**5** 午後 4：45　　4：45（　　　　　　　）

英文が日本文に合うように空欄を埋めなさい。

**6** 今日は11月3日の日曜日です。　Today is（　　　　　　），（　　　　　　　）3rd.

**7** 今日は9月19日です。　It's（　　　　　）19th（　　　　　　）.

**8** 今何時ですか？　7時15分です。

（　　　　　　）（　　　　　　　）is it now?　It's（　　　　　　）（　　　　　　　）.

**9** 今日は何曜日ですか？　水曜日です。

（　　　　　　）（　　　　　　　）is it（　　　　　　）?　It's（　　　　　　）.

**10** 今日の日付は何ですか？　6月22日です。

（　　　　　）（　　　　　　）the（　　　　　）（　　　　　　）?　It's（　　　　　）22nd.

与えられた英単語をすべて用いて日本文を英文に直しなさい。

**11** 今何時かわかりますか？　はい，8 時 50 分です。　the you it's do have time yes

**12** 今日時間はありますか？　午後は暇です。　the in do you I'm today have free

**13** 今月は何月ですか？　2 月です。　it's it what is month

**14** 今年は何年ですか？　is it what year

**15** その映画は昼の 2 時半に始まります。　the the starts movie at in

**16** 夜 7 時に集まりましょう。　at get the in let's evening together

**17** あなたは何時に家を出ますか？　home do leave you what
たいてい午前 7 時 20 分頃出ます。　the in I at about usually leave

**18** そのお店は何時に開店しますか？　the shop what does open
午前 9 時に開店します。　am opens at it 9

**19** 4 時までにここに戻ってきてください。　be o'clock please back by here

**20** 私は 5 階にいます。　I on floor am the 5th

**21** 何時にバスは出発しますか？　does leave what the bus

**22** 私達の地域では 6 月によく雨が降ります。　a in of rain have we lot

# ★ 章 末 問 題 Ⓑ ★

次の空欄に入る英単語を書きなさい。

| | 基数 | 序数 | | | | |
|---|---|---|---|---|---|---|
| 1 | | | 1月 | | 月曜日 | |
| 2 | | | 2月 | | 火曜日 | |
| 3 | | | 3月 | | 水曜日 | |
| 4 | | | 4月 | | 木曜日 | |
| 5 | | | 5月 | | 金曜日 | |
| 6 | | | 6月 | | 土曜日 | |
| 7 | | | 7月 | | 日曜日 | |
| 8 | | | 8月 | | 春 | |
| 9 | | | 9月 | | 夏 | |
| 10 | | | 10月 | | 秋 | |
| 11 | | | 11月 | | 冬 | |
| 12 | | | 12月 | | | |

**1** 午前 6：00　　　（　　　　　　）o'clock in（　　　　　）（　　　　　　　　）

**2** 午後 2：27　　　（　　　　　　）（　　　　　　　　　）in（　　　　）（　　　　　　　　　）

**3** 午後 8：34　　　（　　　　　　）（　　　　　　　　　）in（　　　　　）evening

**4** 午前 1：19　　　1：19（　　　　　　　　）

**5** 午後 4：45　　　4：45（　　　　　　　　）

英文が日本文に合うように空欄を埋めなさい。

**6** 今日は 11 月 3 日の日曜日です。　Today is（　　　　　　　），（　　　　　　　）3rd.

**7** 今日は 9 月 19 日です。　It's（　　　　　　　）19th（　　　　　　　）.

**8** 今何時ですか？　7 時 15 分です。

（　　　　　　）（　　　　　　　　）is it now?　It's（　　　　　　　）（　　　　　　　）.

**9** 今日は何曜日ですか？　水曜日です。

（　　　　　　）（　　　　　　　　）is it（　　　　　　　）?　It's（　　　　　　　）.

**10** 今日の日付は何ですか？　6 月 22 日です。

（　　　　　　）（　　　　　　）the（　　　　　　）（　　　　　　　）?　It's（　　　　　　）22nd.

与えられた英単語をすべて用いて日本文を英文に直しなさい。

**11** 今何時かわかりますか？　はい，8時50分です。　the you it's do have time yes

**12** 今日時間はありますか？　午後は暇です。　the in do you I'm today have free

**13** 今月は何月ですか？　2月です。　it's it what is month

**14** 今年は何年ですか？　is it what year

**15** その映画は昼の2時半に始まります。　the the starts movie at in

**16** 夜7時に集まりましょう。　at get the in let's evening together

**17** あなたは何時に家を出ますか？　home do leave you what
たいてい午前7時20分頃出ます。　the in I at about usually leave

**18** そのお店は何時に開店しますか？　the shop what does open
午前9時に開店します。　am opens at it 9

**19** 4時までにここに戻ってきてください。　be o'clock please back by here

**20** 私は5階にいます。　I on floor am the 5th

**21** 何時にバスは出発しますか？　does leave what the bus

**22** 私達の地域では6月によく雨が降ります。　a in of rain have we lot

# 確認テストⅡ

**25** 次の意味の単語（形容詞）を書きなさい。ただし（　）内のアルファベットで始めること。

(1) 長い(l)：(　　　　　　　　　　) 　　(2) 短い(s)：(　　　　　　　　　)

(3) 若い(y)：(　　　　　　　　　) 　　(4) 古い，年をとった(o)：(　　　　　　　　　　)

(5) 易しい(e)：(　　　　　　　　　) 　　(6) 難しい(d)：(　　　　　　　　　)

(7) かわいい(c)：(　　　　　　　　　) 　　(8) 大きい(l)：(　　　　　　　　　)

(9) 忙しい(b)：(　　　　　　　　　) 　　(10) 重要な(i)：(　　　　　　　　　)

(11) 人気がある(p)：(　　　　　　　　　) 　　(12) 有名な(f)：(　　　　　　　　　)

**26** 英文が日本文と合うように(　　　)内の語を選択しなさい。

(1) 私は好きでない野菜があります。

I don't like ( some, any ) vegetables.

(2) 私は野菜はどれも好きではありません。

I don't like ( some, any ) vegetables.

(3) ジムも日本語を話します。

Jim ( often, also ) speaks Japanese.

(4) あなたは彼と知り合いですか？

Do you know ( he, his, him )?

(5) あれは彼女の自転車です。

That is ( she, her, hers ) bike.

(6) あの自転車は彼女のものです。

That bike is ( she, her, hers ).

(7) あれは私の父のものです。

That's my ( father, fathers, father's ).

(8) これがそれの充電器です。

This is ( it, its, it's ) charger.

(9) 彼女も運転しません。　She doesn't drive ( too, either ).

(10) これらは私達の猫です。私達は彼らが大好きです。

These are ( we, our, us, ours ) cats. We love ( they, their, them, theirs ).

(11) 彼らは時々私を訪ねてきます。

They ( usually, sometimes ) visit ( I, my, me, mine ).

(12) 彼はいつも私達を助けてくれます。

He ( always, rarely ) helps ( we, our, us, ours ).

# 27 次の英語を日本語に直しなさい。

(1) Come here.

(2) Do it yourself.

(3) Never give up.

(4) Be quiet.

(5) I don't have any plans.

(6) Please come a little early.

(7) Tom usually goes to bed at ten.

(8) Trains rarely come late in Japan.

(9) He always gets up early.

(10) She sometimes helps me with my homework.

(11) He is a junior high school student too.

(12) This size is too small for me.

(13) Emily often talks to herself.

(14) Take care of yourself.

(15) What language does he speak?

**28** 次の語を並び替えて日本文に合う英文を作りなさい。

(1) あなたもアメリカ出身ですか？　(too, you, America, from, are)

_____

(2) 私はバスケットボールクラブに所属しています。　(in, I, a basketball club, am)

_____

(3) 私達の家族で彼だけが車を運転します。　(a car, only, drives, he, in my family)

_____

(4) あなたはどんな食べ物が好きですか？　(you, food, what, like, kind, of, do)

_____

(5) そのお店は何時に開店しますか？　(the shop, time, does, what, open)

_____

(6) あなたはどういった仕事をしていますか？　(do, do, you, what)

_____

(7) 彼の家はとても広いです。　(very, his house, large, is)

_____

(8) この本は本当に面白いです。　(is, this, really, book, interesting)

_____

**29** 英文が日本文と合うように，枠内の英単語を使って空欄を埋めなさい。

| to,  in,  from,  on,  for,  with,  after,  at |
| --- |

(1) 私のあとに繰り返して。　Repeat (　　　　　) me.

(2) 私は彼女とよく買い物に行きます。　I often go shopping (　　　　　) her.

(3) 父は私達のために時々昼食を作ってくれます。

　　My dad sometimes cooks lunch (　　　　　) us.

(4) 私は日本出身です。　I am (　　　　　) Japan.

(5) テーブルの上に何がありますか？　What is (　　　　　) the table?

(6) 彼女は台所にいます。　She is (　　　　　) the kitchen.

(7) あの高い木を見て。　Look (　　　　　) that tall tree.

(8) 今日は早く寝なさい。　Go (　　　　　) bed early tonight.　※tonight [tənáit]：今夜

**３１** 英文が日本文と合うように空欄を埋めなさい。

(1) 窓を開けてください。　(　　　　　　　) the window, (　　　　　　).

(2) 気を付けてください。　(　　　　　　) (　　　　　　　) careful.

(3) 日本語を話してはいけません。　(　　　　　) (　　　　　　　) Japanese.

(4) 動物園に行きましょう。　はい，そうしましょう。

　　(　　　　　) (　　　　　) (　　　　　　) the zoo.　Yes, (　　　　　) do it.

(5) そこで昼食を食べましょう。　いいえ，やめておきましょう。

　　(　　　　　) (　　　　　　) lunch there.　No, (　　　　) (　　　　　　).

(6) このコンピューターを使わないでください。

　　(　　　　　) (　　　　　) (　　　　　　) this computer.

(7) 怖がらないで。　(　　　　　) (　　　　　　) afraid.

(8) 今何時ですか？　午前9時45分です。

　　(　　　　　) (　　　　　) is it now?

　　It is nine (　　　　　) in the (　　　　　).

(9) 今日は何曜日ですか？　木曜日です。

　　(　　　　　) (　　　　　) is it today?　It is (　　　　　).

(10) 今日の日付は何ですか？　6月30日です。

　　(　　　　　) is the (　　　　　) today?　It's (　　　　　) 30th.

(11) これがあなたの新しいパソコンですか？

　　Is this (　　　　　) (　　　　　) computer?

(12) アメリカでは今午後3時です。

　　It is three (　　　　　) in the USA now.

(13) 彼女はピアノをとても上手に弾きます。

　　She plays the piano (　　　　　) (　　　　　).

(14) あの部屋には誰がいますか？　(　　　　　) (　　　　　) in that room?

(15) ジョンは何匹犬を飼っていますか？

　　(　　　　　) (　　　　　) (　　　　　) does John have?

## 11章 ‖‖‖ 疑問詞Ⅱ

●この章で用いられる単語を覚えよう。

birthday ［ bə́rθdèi / バースディ ］ 图 誕生
日，出生日

chair ［ tʃéər / チェア(ァ) ］ 图 椅子

fare ［ féər / フェア ］ 图 料金，乗車料金

favorite ［ féivərət / フェイヴァリトゥ ］ 形 お気
に入りの，大好きな

restroom ［ réstrù:m / レストゥルーム ］ 图 トイ
レ，化粧室

way ［ wéi / ウェイ ］ 图 方向，道

this way ［ ðís wéi / ディス ウェイ ］ こちらの
方へ，こっちに

last ［ lǽst / ラストゥ ］ 形 最後の，一番後の

stop ［ stáp / スタプ ］ 图 停車場，停留所

last stop ［ lǽst stáp / ラストゥ スタプ ］ 終点

free ［ frí: / フリー ］ 形 暇な，忙しくない

seat ［ sí:t / スィートゥ ］ 图 席，椅子

right now ［ ráit náu / ライトゥ ナウ ］ ちょうど今

luggage ［ lʌ́gidʒ / ラギジ ］ 图 手荷物，旅
行かばん

recommend ［ rèkəménd / レコメンドゥ ］ 動
薦める，推薦する

mean ［ mí:n / ミーン ］ 動 ～を意味する

by ［ bái / バイ ］ 前 ～によって

by that ［ bái ðǽt / バイ ザットゥ ］ それによっ
て

think ［ θíŋk / スィンク ］ 動 思う，考える

about ［ əbáut / アバウトゥ ］ 前 ～について，
～に関して

motorcycle ［ móutərsàikl / モウターサイクル ］
图 オートバイ，バイク

church ［ tʃə́rtʃ / チャーチ ］ 图 教会

next ［ nékst / ネクストゥ ］ 形 次の，隣の

flight ［ fláit / フライトゥ ］ 图 飛行便，航空便

son ［ sʌ́n / サン ］ 图 息子，男の子ども

◆次の疑問詞の読みと意味を暗記しよう。

| what | hwʌ́t / ホワァットゥ | 何(が・を・の) | where | hwéər / ウェア | どこで |
|---|---|---|---|---|---|
| who | hú: / フー | 誰(が・を) | which | hwítʃ / フィッチ | どちら |
| whose | hú:z / フーズ | 誰の・誰のもの | how | háu / ハウ | どう・どうやって どれくらい |
| when | hwén / ウェン | いつ | why | hwái / ワァイ | 何故(なぜ) |

◇上記を隠して読みと意味が言えるか確認しよう。

| what | | where | |
|---|---|---|---|
| who | | which | |
| whose | | how | |
| when | | why | |

●左ページを隠して読みと意味を確認しよう。

| | |
|---|---|
| ☐ birthday | ☐ luggage |
| ☐ chair | ☐ recommend |
| ☐ fare | ☐ mean |
| ☐ favorite | ☐ by |
| ☐ restroom | ☐ by that |
| ☐ way | ☐ think |
| ☐ this way | ☐ about |
| ☐ last | ☐ motorcycle |
| ☐ stop | ☐ church |
| ☐ last stop | ☐ next |
| ☐ free | ☐ flight |
| ☐ seat | ☐ son |
| ☐ right now | |

◆疑問詞のスペルをテストしよう。

| 何(が・を・の) | | どこで | |
|---|---|---|---|
| 誰(が・を) | | どちら | |
| 誰の・誰のもの | | どう・どうやって どれくらい | |
| いつ | | 何故 | |

| 何(が・を・の) | | どこで | |
|---|---|---|---|
| 誰(が・を) | | どちら | |
| 誰の・誰のもの | | どう・どうやって どれくらい | |
| いつ | | 何故 | |

| 何(が・を・の) | | どこで | |
|---|---|---|---|
| 誰(が・を) | | どちら | |
| 誰の・誰のもの | | どう・どうやって どれくらい | |
| いつ | | 何故 | |

| 何(が・を・の) | | どこで | |
|---|---|---|---|
| 誰(が・を) | | どちら | |
| 誰の・誰のもの | | どう・どうやって どれくらい | |
| いつ | | 何故 | |

11
章

**●疑問詞＋be 動詞**

**●What is(are)…?　「…は何ですか?」**

例1　What is that?（What's that?）　あれは何ですか?

例2　What are those?（What're those?）　あれらは何ですか?

◆What is ＋（場所を表す語句／場所を表す副詞）　→　その場所に何があるかをたずねる表現

例3　What is in your bag?　あなたのかばんの中には何がありますか?

例4　What is on the desk?　その机の上には何がありますか?

**●Whose＋名詞 is(are) …?「…は誰の〜ですか?」**

例　Whose bike is this?　これは誰の自転車ですか?

　　It is Ken's.　それはケンのものです。

**●Whose is(are) …?「…は誰のものですか?」**

例　Whose is this?　これは誰のものですか?

　　It is my son's.　それは私の息子のものです。

**●When is …?　「…はいつですか?」**

例　When is your birthday?　あなたの誕生日はいつですか?

**●Where is(are,am) …?　「…はどこにいますか（ありますか）?」「…はどこですか?」**

例1　Where is Mary?　メアリーはどこにいますか?

　　She is in her room.　彼女は自分の部屋にいます。

例2　Where is Jim's bag?　ジムのかばんはどこですか?

　　It is on that chair.　それはあの椅子の上にあります。

例3　Where are you now?　あなたは今どこにいますか?

例4　Where are you from?　あなたはどちらの出身ですか?

例5　Where am I right now?　私は今どこにいますか?→ここはどこですか?

**●Which is(are) …?　「…はどれですか?」**

例　Which is your bike?　あなたの自転車はどれですか?

　　That one is mine.　あの自転車（あちらのほう）が私のものです。

　　one は bike の代わりに使っている。one は「〜のほう」,「〜側」という意味

**●Which＋名詞 is(are) …?「どの〜が…ですか」**

例　Which bike is yours?　どの自転車があなたのものですか?

　　This one is mine.　この自転車（こちらのほう）が私のものです。

11章

🎧 次の英文の読み書きの練習，及びリスニングの練習をしなさい。

**1** What is the fare?　その料金はいくらですか？

---

**2** What is your favorite food?　あなたの大好きな食べ物は何ですか？

---

**3** What is the last stop?　終点はどこですか？（終点は何というところですか？）

---

**4** Where is the restroom?　This way.　トイレはどこですか？　こちらです。

---

**5** Where are the eggs?　卵はどこにありますか？

---

**6** Where are we?　私達はどこにいますか？（ここはどこですか？）

---

**7** Where are you from?　あなたはどこ出身ですか？

---

**8** Whose eraser is this?　これは誰の消しゴムですか？

---

**9** Whose is this?　It's Andy's.　これは誰のものですか？　それはアンディーのものです。

---

**10** When is your birthday?　あなたの誕生日はいつですか？

---

**11** When are you free?　あなたはいつ暇ですか？

---

**12** Which is your seat?　あなたの席はどれですか？

---

**13** Which luggage is yours?　どの荷物があなたのものですか？

---

## ●疑問詞＋一般動詞

### ●Who＋一般動詞…?　「誰が(を)…しますか」

例1　<u>Who</u> do you know in his family?　あなたは彼の家族の中で誰を知っていますか？

I know his brother.　私は彼のお兄さんを知っています。

例2　<u>Who</u> plays tennis with her?　誰が彼女とテニスをしますか？

Cathy does. キャシーがします。／ I do. 私がします。

!注意　（例1）は who が目的語，（例2）は who が主語になる場合である。who は主語になるとき，答えが複数であると予想されても3人称単数として扱うのが普通。

### ●What＋一般動詞…?　「何を（が）…」

例1　What do you study?　あなたは何を勉強していますか？

I study Japanese.　私は日本語を勉強しています。

例2　What does he study?　彼は何を勉強していますか？

He studies math.　彼は数学を勉強しています。

◆What kind of …?　「どんな…?」「どういった…?」

例3　What kind of food don't you like?　どんな食べ物が好きではないですか？

!注意　don't you …?　aren't you …?　のような形を否定疑問という

「～しないのか?」「～でないのか」などと訳す

### ●Where＋一般動詞…?　「どこで…しますか」

例　Where do you live?　あなたはどこに住んでいますか？

I live in Kobe.　私は神戸に住んでいます。

### ●When＋一般動詞…?　「いつ…しますか」

例　When do they play baseball?　彼らはいつ野球をしますか？

They play it after school.　彼らは放課後それをします。

### ●Which＋一般動詞…?「どれを…しますか」

例　Which do you recommend?　あなたはどれをすすめますか？

### ●Which 名詞＋一般動詞…?「どの…をしますか」

例　Which school do you go to?　あなたはどこの学校に通っていますか？

### ●How many of＋複数代名詞…?　「～のうち何人が…」「～のうちいくつが…」

例1　How many of you have this ticket?　あなた達のうち何人がこのチケットを持っていますか？

例2　How many of these do you want?　あなたはこれらをいくつ欲しいですか？

🎧 次の英文の読み書きの練習，及びリスニングの練習をしなさい。

**14** What do you mean by that?　それはどういう意味ですか？

---

**15** What does this word mean?　この単語はどういう意味ですか？

---

**16** What do you think about that?　それについてあなたはどう思いますか？

---

**17** What kind of food don't you like?　どんな食べ物が好きではないですか？

---

**18** Who uses this motorcycle?　このオートバイは誰が使いますか？

---

**19** Who do you mean?　あなたは誰のことを言っていますか？

---

**20** Where does this train go?　この電車はどこに行きますか？

---

**21** When do you go to church?　あなたは教会にはいつ行きますか？
I go there every Sunday.　私はそこへ毎週日曜に行きます。

---

**22** When does the next flight leave?　次の飛行便はいつになりますか？

---

**23** Which school do you go to?　あなたはどこの学校に通っていますか？

---

**24** Which do you recommend?　あなたはどれをすすめますか？

---

**25** How many of these do you want?　あなたはこれらをいくつ欲しいですか？

---

**26** How many of you have this ticket?　あなた達のうち何人がこのチケットを持っていますか？

---

## ★ 章 末 問 題 Ⓐ ★

日本文に合うように英単語を並べ替えなさい。

**1** その料金はいくらですか？　the is what fare

---

**2** あなたの大好きな食べ物は何ですか？　is food favorite your what

---

**3** 終点はどこですか？（終点は何というところですか？）　stop is the what last

---

**4** トイレはどこですか？　こちらです。　is the this where way restroom

---

**5** 卵はどこにありますか？　eggs are where the

---

**6** 私達はどこにいますか？（ここはどこですか？）　we where are

---

**7** あなたはどこ出身ですか？　you are from where

---

**8** これは誰の消しゴムですか？　is whose this eraser

---

**9** これは誰のものですか？　それはアンディーのものです。　is it's this Andy's whose

**10** あなたの誕生日はいつですか？　is birthday when your

---

**11** あなたはいつ暇ですか？　when free are you

---

**12** あなたの席はどれですか？　is which seat your

---

**13** どの荷物があなたのものですか？　luggage yours which is

---

**14** それはどういう意味ですか？　　you do mean what that by

**15** この単語はどういう意味ですか？　　this what does mean word

**16** それについてあなたはどう思いますか？　　do think what that you about

**17** どんな食べ物が好きではないですか？　　you of what food kind like don't

**18** このオートバイは誰が使いますか？　　this uses who motorcycle

**19** あなたは誰のことを言っていますか？　　do mean who you

**20** この電車はどこに行きますか？　　this does where train go

**21** あなたは教会にはいつ行きますか？　　do to church when you go
　　　私はそこへ毎週日曜に行きます。　　I Sunday go every there

**22** 次の飛行便はいつになりますか？　　the does when next leave flight

**23** あなたはどこの学校に通っていますか？　　to do go school you which

**24** あなたはどれをすすめますか？　　you recommend which do

**25** あなたはこれらをいくつ欲しいですか？　　of how want these many you do

**26** あなた達のうち何人がこのチケットを持っていますか？　　of how you have many ticket this

●——★ 章 末 問 題 Ⓑ ★——●

日本文に合うように英単語を並べ替えなさい。ただし be 動詞, do, does, don't は自分で補うこと。

**1** その料金はいくらですか？　the what fare

**2** あなたの大好きな食べ物は何ですか？　food favorite your what

**3** 終点はどこですか？（終点は何というところですか？）　stop is the what last

**4** トイレはどこですか？　こちらです。　is the this where way restroom

**5** 卵はどこにありますか？　eggs where the

**6** 私達はどこにいますか？（ここはどこですか？）　we where

**7** あなたはどこ出身ですか？　you from where

**8** これは誰の消しゴムですか？　whose this eraser

**9** これは誰のものですか？　それはアンディーのものです。　it's this Andy's whose

**10** あなたの誕生日はいつですか？　birthday when your

**11** あなたはいつ暇ですか？　when free you

**12** あなたの席はどれですか？　which seat your

**13** どの荷物があなたのものですか？　luggage yours which is

**14** それはどういう意味ですか？　you mean what that by

**15** この単語はどういう意味ですか？　this what mean word

**16** それについてあなたはどう思いますか？　think what that you about

**17** どんな食べ物が好きではないですか？　you of what food kind like

**18** このオートバイは誰が使いますか？　this uses who motorcycle

**19** あなたは誰のことを言っていますか？　mean who you

**20** この電車はどこに行きますか？　this where train go

**21** あなたは教会にはいつ行きますか？　to church when you go
　　私はそこへ毎週日曜に行きます。　I Sunday go every there

**22** 次の飛行便はいつになりますか？　the when next leave flight

**23** あなたはどこの学校に通っていますか？　to go school you which

**24** あなたはどれをすすめますか？　you recommend which

**25** あなたはこれらをいくつ欲しいですか？　of how want these many you

**26** あなた達のうち何人がこのチケットを持っていますか？　of how you have many ticket this

## 12章 ‖‖‖ 疑問詞Ⅲ

●この章で用いられる単語を覚えよう。

times ［táimz／タイムズ］ 前 ～倍

weather ［wéðər／ウェザ(ァ)］ 名 天気, 天候

cup ［kʌ́p／カプ］ 名 カップ, 飲み物

a cup of ［ə kʌ́p əv／ア カップ オブ］ ～を一杯, 一杯の

meeting ［míːtiŋ／ミーティング］ 名 会議, ミーティング

foot ［fút／フトゥ］ 名 足

on foot ［ɔn fút／オン フトゥ］ 徒歩で

animal ［ǽnəməl／アニマル］ 名 動物

call (A B) ［kɔ́ːl／コール］ 動 A を B と呼ぶ

giraffe ［dʒərǽf／ジラフ］ 名 キリン

steak ［stéik／ステイク］ 名 ステーキ

because ［bikɔ́z／ビコズ］ 接 なぜならば, ～だから

taste ［téist／テイストゥ］ 名 味, 味わい

parent ［péərənt／ペアレントゥ］ 名 親

spell ［spél／スペル］ 動 ～をつづる, 正しく書く

pronounce ［prənáuns／プロナウンス］ 動 発音する, 発声する

angry ［ǽŋgri／アングリィ］ 形 怒って, 腹をたてて

dislike ［disláik／ディスライク］ 動 ～を嫌う

agree ［əgríː／アグリ］ 動 賛成する, 同意する

e-book ［íː búk／イー ブック］ 名 電子書籍

tonight ［tənáit／トゥナイトゥ］ 副 今夜は

yen ［jén／イェン］ 名 円

high ［hái／ハイ］ 形 高い

feed ［fíːd／フィードゥ］ 動 ～に食物をやる, ～にえさをやる

minute ［mínət／ミニトゥ］ 名 (時間の)分

ask ［ǽsk／アスク］ 動 ～を頼む, 依頼する

all ［ɔ́ːl／オール］ 代 全体, 全部

in all ［in ɔ́ːl／イン オール］ 全部で, 合計で

total ［tóutəl／トウタル］ 名 合計, 総計

hour ［áuər／アワ(ァ)］ 名 一時間

sleep ［slíːp／スリープ］ 動 眠る

for ［fɔ́r／フォー］ 前 ～の間(ずっと)

try ［trái／トライ］ 動 試す

try ~ on ［trái ɔn／トライ オン］ 試しに～を着てみる

order ［ɔ́rdər／オーダァ］ 動 ～を注文する, 発注する

pizza ［píːtsə／ピーツァ］ 名 ピザ

beautiful ［bjúːtəfl／ビューリフォウ］ 形 美しい, 素晴らし, すてきな

about ［əbáut／アバウトゥ］ 副 約, およそ

meter ［míːtər／ミータ(ァ)］ 名 メートル

centimeter ［séntəmìːtər／センティミタ(ァ)］ 名 センチメートル

sure ［ʃúər／シュア］ 副 (返答として)もちろん, 承知しました

●左ページを隠して読みと意味を確認しよう。

| | |
|---|---|
| ☐ times | ☐ yen |
| ☐ weather | ☐ high |
| ☐ cup | ☐ feed |
| ☐ a cup of | ☐ minute |
| ☐ meeting | ☐ ask |
| ☐ foot | ☐ all |
| ☐ on foot | ☐ in all |
| ☐ animal | ☐ total |
| ☐ call (A B) | ☐ hour |
| ☐ giraffe | ☐ sleep |
| ☐ steak | ☐ for |
| ☐ because | ☐ try |
| ☐ taste | ☐ try ~ on |
| ☐ parent | ☐ order |
| ☐ spell | ☐ pizza |
| ☐ pronounce | ☐ beautiful |
| ☐ angry | ☐ about |
| ☐ dislike | ☐ meter |
| ☐ agree | ☐ centimeter |
| ☐ e-book | ☐ sure |
| ☐ tonight | |

## ●回数の表し方

| 1回 | once [wʌ́ns]ワ ン ス | | 1日に1回 | once a day |
|---|---|---|---|---|
| 2回 | twice [twáis]トゥワイス / two times | | 月に2回 | twice a month |
| 3回 | three times | | 年に3回 | three times a year |
| 4回 | four times | | 週に4回 | four times a week |
| 5回 | five times | | 1時間に5回 | five times an hour |

◇上を隠して言えるか確認しよう。

| 1回 | | | 1日に1回 | |
|---|---|---|---|---|
| 2回 | | | 月に2回 | |
| 3回 | | | 年に3回 | |
| 4回 | | | 週に4回 | |
| 5回 | | | 1時間に5回 | |

12章

## ●how と why

●How is(are) …?　「…はどんな様子ですか？」「…の様子はどうですか？」

例1　How is the weather?　天気はどうですか？
It's beautiful today.　今日は本当にいい天気です。
※天候を言うときは it を主語にする。（it は特に訳さない）

例2　How are you?　あなたはどうですか？→調子はどうですか？

●How about…?／What about…?

How about…　「…(について)はどう？」「…の場合はどう？」
What about…　「…(について)はどう？」「…の場合はどう（なっている）？」「…はどうする？」

!注意　どちらも何かを提案したり，別の場合についてどうかをたずねたりする表現。
What about…は「…は(これから)どうする？」と決まっていない予定や解決していない
問題をたずねる場合にも用いられる。

例1　How about next Sunday?　次の日曜はどう？

例2　"How are you?"　"Good. How about you?"　「調子はどう？」「元気だよ。君はどう?」

例3　How about a cup of coffee?　コーヒーを一杯いかがですか？

例4　What about the meeting?　会議はどうします？

●how＋一般動詞…?

How do…?,　How does…? で「どのように（どうやって）…しますか？」という表現になる。

例1　How do you go to school?　I go to school by bus.
あなたはどのように学校に行きますか？私はバスで学校に行きます。

例2　How does your sister go to school?　She goes to school on foot.
あなたの妹はどのように学校に行きますか？彼女は徒歩で学校に行きます。
　※「by＋無冠詞の名詞」は「〜で」と手段を表す　※on foot は「徒歩で」

●How do you say…?／What do you call …?　「…をどういいますか」

例　How do you say this animal in English?　／　What do you call this animal in English?
We say "giraffe".　／We call it "giraffe"　※giraffe：キリン
この動物は英語で何と言いますか？　私達は「ジラフ」といいます。

●How do you like…?　「…はどうですか」（感想・好みを尋ねる表現）

例1　How do you like your new job?　あなたの新しい仕事はどうですか？

例2　How do you like your steak?　ステーキの焼き加減はどうしますか？

●Why＋一般動詞 …?「何故…しますか」

例　Why do you want that bike?　あなたは何故その自転車が欲しいのですか？
Because I like its color.　何故ならその(自転車の)色が好きだからです。

🎧 次の英文の読み書きの練習，及びリスニングの練習をしなさい。

**1** How is the taste?　味はどうですか？

---

**2** How are your parents?　ご両親はいかがお過ごしですか？

---

**3** How about a cup of tea?　お茶を一杯いかがですか？

---

**4** What about lunch?　昼食はどうしますか？

---

**5** How do you go to school?　あなたはどうやって学校に通っていますか？
　I go by bus.　　　　　　　私はバスで通っています。

---

**6** How do you say this in English?　これは英語で何といいますか？

---

**7** What do you call this animal?　この動物は何といいますか？

---

**8** How do you spell your name?　あなたの名前はどう綴りますか？

---

**9** How do you pronounce this word?　この単語はどうやって発音しますか？

---

**10** How do I use this?　これはどうやって使うのですか？

---

**11** How do you like your new job?　あなたの新しい仕事はどうですか？

---

**12** Why are you late?　（遅れて来た人に対して）何故遅刻したのですか？

---

**13** Why is she angry?　何故彼女は怒っているのですか？

---

**14** Why do you dislike that?　何故それが嫌いなのですか？

---

**15** Why don't you agree?　何故賛成しないのですか？

---

## ●how+形容詞／how+副詞

How＋形容詞で使われる時は「どれくらい…？」という意味になる。

### ●How long…？　「どれくらい長い？」

例　How long is it?　それはどれくらい長いですか？

It is about two meters (long).　それは約2メートル(の長さ)です。

### ●How much…？　「どれくらいたくさん～？」（量や値段をたずねる表現）

例　How much is the e-book?　その電子書籍はいくらですか？

It is six hundred yen.　それは600円です。

### ●How tall…？　「どれくらい背が高い？」　※tall は丈の長さ(縦方向の長さ)を表す

例1　How tall are you?　あなたの身長はどれくらいですか？

I'm one hundred and sixty seven centimeters (tall).　私は167cm(の身長)です。

例2　How tall is your brother?　あなたのお兄さんの身長はどれくらいですか？

### ●How high…？　「どれくらいの高さ？」　※high は位置の高さを表す

例　How high is that mountain?　あの山はどれくらいの高さですか？

### ●How often…？　「～どれくらいの頻度で…」

例　How often do you feed the fish?　I feed them once a day.
あなたはどれくらいの頻度で魚にエサをあげていますか？私は1日に1回あげています。

### ●How many ＋単位（複数形）…？

例　How many centimeters is that?　それは何センチですか？

## ●why の慣用表現

### ●Why don't you…？／Why not…？　「(あなたは) ～してみませんか？」「～するのはどう？」

例　Why don't you ask David?　／Why not ask David?　デイビッドに頼んでみたらどう？

### ●(sure,) why not…？　「もちろん」

例　Why don't you come with us?　Why not?
私達と一緒に行きませんか？　もちろんそうします。

!注意　sure も「もちろん」「かまいません」という意味があり，Sure, why not. と一緒に用いられることがある。

### ●Why don't we…？　「(私達は) ～しませんか？」

例　Why don't we go to lunch?　お昼ご飯を食べに行きませんか？

🎧 次の英文の読み書きの練習，及びリスニングの練習をしなさい。

**16** How old are you?　I'm thirteen years old.　あなたは何歳ですか？　私は 13 歳です。

**17** How old is your sister?　あなたの妹は何歳ですか？
She is eleven years old.　彼女は 11 歳です。

**18** How much is this?　It's two hundred fifty yen. これはいくらですか？　250 円です。

**19** How much are these in all?　これらは全部でいくらですか？

**20** How tall are you?　あなたの身長はどれくらいですか？

**21** How much is the total?　合計はいくらですか？

**22** How often do you play tennis?　あなた達はどれくらいの頻度でテニスをしますか？
We play once a week.　私達は週に 1 回します。

**23** How often does the bus come?　バスはどれくらいの頻度で来ますか？
It comes every 15 minutes.　15 分おきに来ます。

**24** How many hours do you sleep every day?　あなたは毎日何時間寝ますか？
I sleep for seven hours.　私は 7 時間寝ます。

**25** Why don't you come to my house?　私の家にいらっしゃいよ。

**26** Why not try it on?　それ着てみませんか？

**27** Let's go out tonight.　Sure, why not?　今夜出かけようよ。　ええ，もちろん。

**28** Why don't we order pizza?　ピザを注文しませんか？

12章

## ★ 章 末 問 題 Ⓐ ★

日本文に合うように英単語を並べ替えなさい。

**1** 味はどうですか？
the is taste how

**2** ご両親はいかがお過ごしですか？
parents are how your

**3** お茶を一杯いかがですか？
a of how tea cup about

**4** 昼食はどうしますか？
lunch about what

**5** あなたはどうやって学校に通っていますか？　私はバスで通っています。
I you how school bus do to go go by

**6** これは英語で何といいますか？　in you how this do say English

**7** この動物は何といいますか？　call do animal what you this

**8** あなたの名前はどう綴りますか？　spell how do name you your

**9** この単語はどうやって発音しますか？　do word this you how pronounce

**10** これはどうやって使うのですか？　use this I how do

**11** あなたの新しい仕事はどうですか？　do job you how your new like

**12** （遅れて来た人に対して）何故遅刻したのですか？　late why you are

**13** 何故彼女は怒っているのですか？　is why angry she

**14** 何故それが嫌いなのですか？　you do that why dislike

**15** 何故賛成しないのですか？　don't agree why you

**16** あなたは何歳ですか？　私は 13 歳です。　old old you I'm are thirteen how years

**17** あなたの妹は何歳ですか？　彼女は 11 歳です。　is is old old your years eleven how sister she

**18** これはいくらですか？　250 円です。　it's is how this fifty much two yen hundred

**19** これらは全部でいくらですか？　are much how all these in

**20** あなたの身長はどれくらいですか？　　　**21** 合計はいくらですか？
you tall are how　　　　　　　　　　　　　much total how is the

**22** あなた達はどれくらいの頻度でテニスをしますか？　often do play tennis how you
私達は週に 1 回します。　once play a week we

**23** バスはどれくらいの頻度で来ますか？　the bus often how come does
15 分おきに来ます。　15 comes minutes it every

**24** あなたは毎日何時間寝ますか？　you hours do day how sleep many every
私は 7 時間寝ます。　I hours seven for sleep

**25** 私の家にいらっしゃいよ。　don't house come why to my you

**26** それ着てみませんか？　it why try on not

**27** 今夜出かけようよ。ええ，もちろん。　why go let's tonight out not sure

**28** ピザを注文しませんか？　don't pizza we why order

## ● ★章末問題Ⓑ★ ●

日本文に合うように英単語を並べ替えなさい。ただし be 動詞, do, does, don't は自分で補うこと。

**1** 味はどうですか？
the taste how

**2** ご両親はいかがお過ごしですか？
parents how your

**3** お茶を一杯いかがですか？
a of how tea cup about

**4** 昼食はどうしますか？
lunch about what

**5** あなたはどうやって学校に通っていますか？　私はバスで通っています。
I you how school bus do to go go by

**6** これは英語で何といいますか？　in you how this say English

**7** この動物は何といいますか？　call animal what you this

**8** あなたの名前はどう綴りますか？　spell how name you your

**9** この単語はどうやって発音しますか？　word this you how pronounce

**10** これはどうやって使うのですか？　use this I how

**11** あなたの新しい仕事はどうですか？　job you how your new like

**12** （遅れて来た人に対して）何故遅刻したのですか？　late why you

**13** 何故彼女は怒っているのですか？　why angry she

**14** 何故それが嫌いなのですか？　you that why dislike

**15** 何故賛成しないのですか？　agree why you

**16** あなたは何歳ですか？　私は 13 歳です。　old old you I'm thirteen how years

**17** あなたの妹は何歳ですか？　彼女は 11 歳です。　old old your years eleven how sister she

**18** これはいくらですか？　250 円です。　it's how this fifty much two yen hundred

**19** これらは全部でいくらですか？　much how all these in

**20** あなたの身長はどれくらいですか？
you tall how

**21** 合計はいくらですか？
much total how the

**22** あなた達はどれくらいの頻度でテニスをしますか？　often play tennis how you
私達は週に 1 回します。　once play a week we

**23** バスはどれくらいの頻度で来ますか？　the bus often how come
15 分おきに来ます。　15 comes minutes it every

**24** あなたは毎日何時間寝ますか？　you hours day how sleep many every
私は 7 時間寝ます。　I hours seven for sleep

**25** 私の家にいらっしゃいよ。　house come why to my you

**26** それ着てみませんか？　it why try on not

**27** 今夜出かけようよ。ええ，もちろん。　why go let's tonight out not sure

**28** ピザを注文しませんか？　pizza we why order

# 13章 ||| can の用法

●この章で用いられる単語を覚えよう。

can ［kæn／キャン］助 ～できる，～しても
よい

chess ［tʃés／チェス］名 チェス

make ［méik／メイク］動 ～を作る

cake ［kéik／ケイク］名 ケーキ

chopstick ［tʃɔ́pstik／チョプ スティク］名 箸
(通例複数形)

believe ［bilíːv／ビリーヴ］動 信じる，確信
する

ride ［ráid／ライドゥ］動 乗る，またがって
進む

yet ［jét／イェトゥ］副 まだ，今のところは

take ［téik／テイク］動 持っていく，連れて
行く

shower ［ʃáuər／シャウァ］名 シャワー

take a shower ［téik ə ʃáuər／テイク ア シャウ
ァ］シャワーを浴びる，お風呂に入る

anytime ［énitàim／エニタイム］副 いつで
も，いつも

towel ［táuəl／タウル］名 タオル，手ぬぐい

borrow ［bɔ́rou／ボ ロウ］動 借りる

lend ［lénd／レンドゥ］動 貸す，貸し出す

sorry ［sɔ́ri／ソリィ］形 すまないと思っ
て，残念に思って

wake ［wéik／ウェイク］動 (人)を起こす

wake ~ up ［wéik ʌ́p／ウェイク アプ］～を起こ
す，～を目覚めさせる

of course ［əv kɔ́rs／アヴ コース］もちろん

change ［tʃéindʒ／チェインジ］動 ～を変え
る

channel ［tʃǽnl／チャネル］名 チャンネル，
局

anybody ［ʌ́nibàdi／アニバ ディ］代 誰か，
誰でも

answer ［ǽnsər／アンサ(ァ)］動 答える，返
事する

keep ［kíːp／キープ］動 ～の状態にしてお
く，保つ

keep it down ［kíːp ít dáun／キープ イットゥ ダ
ウン］静かにする

attention ［əténʃən／アテンション］名 注意，
注目

get ［gét／ゲトゥ］動 買う，手に入れる

get to ［gét túː／ゲ トゥ トゥー］～に着く，～
に到着する

soy ［sɔ́i／ソイ］名 大豆

sauce ［sɔ́ːs／ソース］名 ソース

soy sauce ［sɔ́i sɔ́ːs／ソイ ソース］しょう油

excuse ［ikskjúːz／イクスキューズ］動 許す

excuse me ［ikskjúːz míː／イクスキューズ ミー］
すみません，失礼ですが

be lost ［bíː lɔ́st／ビィ ロストゥ］道に迷って
いる，迷子になっている

but ［bət／バトゥ］接 しかし，～だけど

sure ［ʃúər／シュア］副 (返答として)もち
ろん，承知しました

stranger ［stréindʒər／ストゥレインジ ァァ］名
見知らぬ人，よそ者，不案内の人

●左ページを隠して読みと意味を確認しよう。

☐ can
☐ chess
☐ make
☐ cake
☐ chopstick
☐ believe
☐ ride
☐ yet
☐ take
☐ shower
☐ take a shower
☐ anytime
☐ towel
☐ borrow
☐ lend
☐ sorry
☐ wake
☐ wake ~ up
☐ of course

☐ change
☐ channel
☐ anybody
☐ answer
☐ keep
☐ keep it down
☐ attention
☐ get
☐ get to
☐ soy
☐ sauce
☐ soy sauce
☐ excuse
☐ excuse me
☐ be lost
☐ but
☐ sure
☐ stranger

## ●can の基本的用法

can は「〜できる」「〜してもよい」という意味の**助動詞**である。**助動詞は必ず動詞の前に置き、助動詞に続く動詞はほとんどの場合原形（元の形）になる。**

**例1**　He can play chess.　彼はチェスをすることができます。

**例2**　You can make a cake.　あなたはケーキを作ることができます。

**例3**　What can I do for you?　私はあなたのために何ができますか？（御用は何でしょうか）

**否定文は助動詞の後に not をつけるだけ。**

**!注意**　can not はかたい表現でcannot [kǽnɔt]とつなげて書くのが一般的。短縮形の can't [kǽnt]を使うと、よりくだけた表現になるが、can なのか can't なのか聞き取りにくいことが多いため、cannot のほうが好まれる。

**例**　I cannot play chess.　／　I can't play chess.

**疑問文は主語と助動詞の順序を逆にする。**

You can make a cake.　あなたはケーキを作ることができます。

**例**　Can you make a cake?　あなたはケーキを作ることができますか？

【答え方】

Yes, I can.　はい、できます。　No, I cannot.　／　No, I can't.　いいえ、できません。

## ●can の慣用表現

◇ can でよく使われる表現（慣用表現）は以下の2つを暗記すること。

① Can you〜?　「〜してくれませんか？」

② Can I〜?　「（私は）〜してもいいですか」

**例1**　Can you play chess with me?　私とチェスをしてくれませんか？
Yes, I can. / No, I can't.　はい、構いません。/ いいえ、できません。

**例2**　Can I use your computer?　あなたのコンピューターを使ってもいいですか？
Yes, you can. / No, you can't.　はい、構いません。/ いいえ、できません。

**!注意**　「can」は基本的に「〜できる」という意味であるが、状況に応じて上記のような訳になるので注意しよう。

## ●Can I have〜　／　Can I take〜　／　Can I get〜

**例1**　Can I have chopsticks?　お箸をいただけますか？

**例2**　Can I have your name?　お名前いただけますか？（お名前を伺っていいですか？）

**例3**　Can I take this?　これは（ただで）もらってもいいですか？（持っていってもいいですか?）

**例4**　Can I get a ticket here?　ここでチケットは手に入りますか?（買えますか?）

**ヨ1** can を用いて次の日本文を英文に直しなさい。

① ジム(Jim)はギター(guitar)を弾けます。　　② ベン(Ben)はピアノ(piano)を弾けません。

③ アリス(Alice)はケーキを作ることができますか？　はい，できます。／いいえ，できません。

① ........................................................................　② ........................................................................

③ ........................................................................................................................................................

🎧 次の英文の読み書きの練習，及びリスニングの練習をしなさい。

**1** I can meet you at 3:30.　３時半ならあなたと会うことができます。

**2** I can't believe that.　私にはそれは信じられません。

**3** He can drive a bus.　彼はバスを運転することができます。

**4** Can you play the guitar?　No, I can't.　あなたはギターを弾けますか？　いいえ，弾けません。

**5** Can she speak Japanese?　Yes, she can.　彼女は日本語を話せますか？　はい，話せます。

**6** Peter cannot ride a bicycle yet.　ピーターはまだ自転車に乗ることができません。

**7** You can take a shower anytime.　いつでもシャワーを浴びても構いません。

**8** Can I use this towel?　このタオルは使ってもいいですか？

　　Of course, you can.　　もちろん，構いません。

**9** Can I borrow your bike?　あなたの自転車を借りてもいいですか？

　　No, you cannot.　　　　いいえ，できません。

**10** Can you lend your bike to me?　あなたの自転車を私に貸してくれませんか？

　　Sure.　　　　　　　　　いいですよ。

**11** Can you talk now?　　　　今お話しできますか？

　　I'm sorry, but I'm busy now.　ごめんなさい，今忙しいです。

**12** Can you wake me up at six, please?　６時に私を起こしてもらえませんか？

**13** Can I change the channel?　チャンネルを変えてもいいですか？

**14** Can I have your name?　名前を教えてもらってもいいですか？

**15** Can I take this?　これは（ただで）もらってもいいですか？（持っていってもいいですか？）

**16** Can anybody answer this question?　誰かこの問題に答えられませんか？

**17** Can you say that again?　それをもう一度言ってくれませんか？

**18** Can you keep it down?　静かにしてもらえますか？

**19** Can you listen to her?　彼女の話を聴いてくれませんか？

**20** Can I have your attention?　こちらに注目してくれますか？

**21** Where can I get soy sauce?　醤油はどこで買えますか？

**22** When can you come here?　あなたはいつここに来ることができますか？

**23** Can you speak slowly?　ゆっくり話してもらえますか？

**24** How many people can ride in this car?　この車には何人乗れますか？

**25** Excuse me, I'm lost.　　　すみません，私は道に迷っています。

　　How can I get to the station?　駅へはどうやって行けばいいですか？

　　Sorry, I'm a stranger here.　ごめんなさい，私はこの辺りの者ではないんです。

## ● ★ 章 末 問 題 Ⓐ ★ ●

日本文に合うように英単語を並べ替えなさい。

**1** 3時半ならあなたと会うことができます。  can at I you 3:30 meet

- - - - - - - - - - - - - - - - - - - - - - - - - - - - - - - - - - - - - - - - - - - - - - - - - - - - -

**2** 私にはそれは信じられません。  can't that I believe

- - - - - - - - - - - - - - - - - - - - - - - - - - - - - - - - - - - - - - - - - - - - - - - - - - - - -

**3** 彼はバスを運転することができます。  can a he bus drive

- - - - - - - - - - - - - - - - - - - - - - - - - - - - - - - - - - - - - - - - - - - - - - - - - - - - -

**4** あなたはギターを弾けますか？ いいえ，弾けません。can can't the no I you guitar play

- - - - - - - - - - - - - - - - - - - - - - - - - - - - - - - - - - - - - - - - - - - - - - - - - - - - -

**5** 彼女は日本語を話せますか？ はい，話せます。  can can speak she yes Japanese she

- - - - - - - - - - - - - - - - - - - - - - - - - - - - - - - - - - - - - - - - - - - - - - - - - - - - -

**6** ピーターはまだ自転車に乗ることができません。  a cannot peter bicycle yet ride

- - - - - - - - - - - - - - - - - - - - - - - - - - - - - - - - - - - - - - - - - - - - - - - - - - - - -

**7** いつでもシャワーを浴びても構いません。  can a you take anytime shower

- - - - - - - - - - - - - - - - - - - - - - - - - - - - - - - - - - - - - - - - - - - - - - - - - - - - -

**8** このタオルは使ってもいいですか？ もちろん，構いません。
can can of I you use this towel course

- - - - - - - - - - - - - - - - - - - - - - - - - - - - - - - - - - - - - - - - - - - - - - - - - - - - -

**9** あなたの自転車を借りてもいいですか？ いいえ，できません。
can cannot no I you your bike borrow

- - - - - - - - - - - - - - - - - - - - - - - - - - - - - - - - - - - - - - - - - - - - - - - - - - - - -

**10** あなたの自転車を私に貸してくれませんか？ いいですよ。
can sure bike me to you your lend

- - - - - - - - - - - - - - - - - - - - - - - - - - - - - - - - - - - - - - - - - - - - - - - - - - - - -

**11** 今お話しできますか？ ごめんなさい，今忙しいです。
can I'm I'm now now busy talk sorry you but

- - - - - - - - - - - - - - - - - - - - - - - - - - - - - - - - - - - - - - - - - - - - - - - - - - - - -

**12** 6時に私を起こしてもらえませんか？  can six you me please wake at up

- - - - - - - - - - - - - - - - - - - - - - - - - - - - - - - - - - - - - - - - - - - - - - - - - - - - -

**13** チャンネルを変えてもいいですか？　can channel the change I

**14** 名前を教えてもらってもいいですか？　can name have I your

**15** これは（ただで）もらってもいいですか？（持っていってもいいですか？）I this take can

**16** 誰かこの問題に答えられませんか？　can question this anybody answer

**17** それをもう一度言ってくれませんか？　can again say you that

**18** 静かにしてもらえますか？　can down keep you it

**19** 彼女の話を聴いてくれませんか？　can to you her listen

**20** こちらに注目してくれますか？　can your I attention have

**21** 醤油はどこで買えますか？　can sauce I get where soy

**22** あなたはいつここに来ることができますか？　can here you come when

**23** ゆっくり話してもらえますか？　can slowly you speak

**24** この車には何人乗れますか？　can car in how people ride this many

**25** すみません，私は道に迷っています。　lost me I'm excuse
　　駅へはどうやって行けばいいですか？　can the how station I to get
　　ごめんなさい，私はこの辺りの者ではないんです。　a sorry here I'm stranger

## ★ 章 末 問 題 B ★

日本文に合うように英単語を並べ替えなさい。

**1** 3時半ならあなたと会うことができます。　can at I you 3:30 meet

**2** 私にはそれは信じられません。　can't that I believe

**3** 彼はバスを運転することができます。　can a he bus drive

**4** あなたはギターを弾けますか？　いいえ，弾けません。can can't the no I you guitar play

**5** 彼女は日本語を話せますか？　はい，話せます。　can can speak she yes Japanese she

**6** ピーターはまだ自転車に乗ることができません。　a cannot peter bicycle yet ride

**7** いつでもシャワーを浴びても構いません。　can a you take anytime shower

**8** このタオルは使ってもいいですか？　もちろん，構いません。
can can of I you use this towel course

**9** あなたの自転車を借りてもいいですか？　いいえ，できません。
can cannot no I you your bike borrow

**10** あなたの自転車を私に貸してくれませんか？　いいですよ。
can sure bike me to you your lend

**11** 今お話しできますか？　ごめんなさい，今忙しいです。
can I'm I'm now now busy talk sorry you but

**12** 6時に私を起こしてもらえませんか？　can six you me please wake at up

**13** チャンネルを変えてもいいですか？　can channel the change I

**14** 名前を教えてもらってもいいですか？　can name have I your

**15** これは（ただで）もらってもいいですか？（持っていってもいいですか？）　I this take can

**16** 誰かこの問題に答えられませんか？　can question this anybody answer

**17** それをもう一度言ってくれませんか？　can again say you that

**18** 静かにしてもらえますか？　can down keep you it

**19** 彼女の話を聴いてくれませんか？　can to you her listen

**20** こちらに注目してくれますか？　can your I attention have

**21** 醤油はどこで買えますか?　can sauce I get where soy

**22** あなたはいつここに来ることができますか？　can here you come when

**23** ゆっくり話してもらえますか？　can slowly you speak

**24** この車には何人乗れますか？　can car in how people ride this many

**25** すみません，私は道に迷っています。　lost me I'm excuse
駅へはどうやって行けばいいですか？　can the how station I to get
ごめんなさい，私はこの辺りの者ではないんです。　a sorry here I'm stranger

## 14章 ||| 進行形 I

●この章で用いられる単語を覚えよう。

run ［rʌ́n / ラン］ 動 走る，かける

cut ［kʌ́t / カットゥ］ 動 切る，切り取る

ski ［skíː / スキー］ 動 スキーをする

practice ［prǽktis / プラクティス］ 動 練習する，訓練する

these days ［ðíːz déiz / ズィーズ デイズ］ 最近，このところ

telephone ［téləfòun / テレフォウン］ 名 電話(機)

on the telephone ［ɔn ðə téləfòun / オン ザ テレフォウン］ 電話で

horse ［hɔ́rs / ホース］ 名 馬

over ［óuvər / オウヴァ(ア)］ 前 ～の向こう側にある

over there ［óuvər ðər / オウヴァ(ア) ゼア］ 向こうで，あそこで

sea ［síː / スィー］ 名 海

in the sea ［in ðə síː / インザ スィー］ 海で

app ［ǽp / アプ］ 名 アプリ

ring ［ríŋ / リング］ 動 (ベルなどが)鳴る，音がする

hard ［hɑ́rd / ハードゥ］ 副 熱心に，一生懸命

somebody ［sʌ́mbàdi / サムバディ］ 代 誰か，ある人

call ［kɔ́ːl / コール］ 動 ～を呼ぶ

feel ［fíːl / フィール］ 動 感じがする，感じる

well ［wél / ウェル］ 形 元気な，体調が良い，健康である

be not feeling well ［bíː nat fíːliŋ wél / ビィ ナトゥ フィーリング ウェル］ 体調が悪いと感じている

walk ［wɔ́ːk / ウォーク］ 動 散歩させる

wait ［wéit / ウエイトゥ］ 動 待つ

wait for ［wéit fɔ́r / ウエイトゥ フォー］ ～を待つ

look for ［lúk fɔ́r / ルック フォー］ ～を探す

just ［dʒʌ́st / ジャストゥ］ 副 ただ～だけ，ちょっと

just looking ［dʒʌ́st lúkiŋ / ジャストゥ ルッキィン(グ)］ 見ているだけ

Spanish ［spǽniʃ / スパニシュ］ 名 / 形 スペイン語(人)，スペイン人(語)の

how are you doing ［háu ɑːr júː dúːiŋ / ハウ アー ユー ドゥーイング］ 調子はどうですか

head ［héd / ヘドゥ］ 動 (ある方向に)進む，行く

head to ［héd túː / ヘドゥ トゥー］ ～へ向かう

on the way to ［ɔn ðə wéi túː / オン ザ ウェイ トゥー］ ～に向かう途中(である)

●左ページを隠して読みと意味を確認しよう。

- [ ] run
- [ ] cut
- [ ] ski
- [ ] practice
- [ ] these days
- [ ] telephone
- [ ] on the telephone
- [ ] horse
- [ ] over
- [ ] over there
- [ ] sea
- [ ] in the sea
- [ ] app
- [ ] ring
- [ ] hard
- [ ] somebody

- [ ] call
- [ ] feel
- [ ] well
- [ ] be not feeling well
- [ ] walk
- [ ] wait
- [ ] wait for
- [ ] look for
- [ ] just
- [ ] just looking
- [ ] Spanish
- [ ] how are you doing
- [ ] head
- [ ] head to
- [ ] on the way to

**●現在分詞とは**

動詞の原形に ing をつけた形を**現在分詞**という。　play→playing　do→doing　speak→speaking

**●現在分詞の作り方**

　◆語尾が e で終わっている時は e をとって ing

　　　use（使う）→using　　　write（書く）→writing　　　make（作る）→making

　◆語尾が「短母音（短く読む母音）＋子音字」になる時，最後の子音字を追加して ing

　　このパターンはその都度覚えるしかない。とりあえず以下の４つを覚えること。

　　　　　swim（泳ぐ）→swimming　　　sit（座る）→sitting
　　　　　run（走る）→running　　　cut（切る）→cutting

　◆上記以外は ing をつけるだけ　study（勉強する）→studying　ski（スキーをする）→skiing

**●現在進行形**

「～している(ところです)」と表現するには「be 動詞」＋「現在分詞(ing 形)」の形にする。このような形を**現在進行形**という。現在進行形で用いる be 動詞は，主語が I の時は「am」，主語が you か複数の時は「are」，主語が I，you 以外で単数の時は「is」にする。

例1　I am playing tennis now.　私は今テニスをしています。

例2　They are reading books now.　彼らは今本を読んでいます。

例3　She is speaking Spanish.　彼女はスペイン語を話しています。

例4　Ken and Tom are studying.　ケンとトムは勉強しています。

**●現在進行形の否定文**

be 動詞の後に not をつけるだけ（短縮形にしてもよい）

例1　I'm not reading a book now.　私は今本を読んでいません。

例2　Beth isn't playing the piano.　ベスはピアノを弾いていません。

**●現在進行形の疑問文**

　◆肯定文の「主語→be 動詞」の語順を「be 動詞→主語」に変える

例1　Are you reading a book now?　あなたは今本を読んでいますか？
　　　Yes, I am.　はい，読んでいます。　　No, I'm not.　いいえ，読んでいません。

例2　Is she speaking English?　彼女は英語を話していますか？
　　　Yes, she is.　はい，話しています。　　No, she isn't.　いいえ，話していません。

　◆疑問詞が入る場合は「疑問詞→be 動詞→主語」の語順になる

例3　What are you doing?　あなたは何をしていますか？

例4　What is she reading?　彼女は何を読んでいますか？

**●現在形と現在進行形の違い**

現在形は**普段している習慣**を表し，現在進行形は**動作が進んでいる**ことを表す。

・He works at the shop.　彼は（普段）その店で働いています。

・He is running in the park.　彼は公園で（今まさに）走っています。

**ヨl** 次の動詞を現在分詞に書き換えなさい。

| sit | | make | | study | | teach | |
|-----|---|------|---|-------|---|---------|---|
| run | | use | | write | | swim | |
| ski | | cut | | have | | practice | |

🎧 次の英文の読み書きの練習，及びリスニングの練習をしなさい。

**1** I am studying for the test.　私はテスト勉強をしています。

**2** He is washing his car.　彼は自分の車を洗っています。

**3** Bob is not studying now.　ボブは今勉強していません。

**4** I am not sleeping well these days.　私は最近よく眠れていません。

**5** My mam and aunt are still talking.　母とおばはまだ話しています。

**6** Is she still talking on the telephone?　彼女はまだ電話で話しているのですか？

**7** Horses are running over there.　馬が向こうで走っています。

**8** Are children swimming in the sea?　子供たちは海で泳いでいますか？

**9** I'm using this app.　私はこのアプリを使っています。

**10** Your phone is ringing.　あなたの電話鳴っていますよ。

**11** You are working hard today.　今日は仕事頑張っていますね。

**12** Somebody is calling you.　誰かがあなたを呼んでいますよ。

**13** Are you not feeling well?　体調がよくないのですか？

**14** What is he doing?　彼は何をしていますか？

**15** What are they doing?　彼らは何をしていますか？

**16** What are you talking about?　あなたは何の話をしているの？

**17** What are Bob and Mike talking about?　ボブとマイクは何について話していますか？
They are talking about video games.　彼らはテレビゲームの話をしています。

**18** What are you doing?　あなたは何をしていますか？
I'm walking my dog.　私は犬の散歩をしています。

**19** Are you waiting for somebody?　あなたは誰かを待っていますか？
Yes, I'm waiting for Mr. Smith.　はい，私はスミス先生を待っています。

**20** Are you looking for something?　何かお探しですか？
No, just looking.　　　　　　　　　いえ，見ているだけです。

**21** Why are you studying Spanish?　何故あなたはスペイン語を勉強しているのですか？

**22** How are you doing these days?　最近どうしていますか？

**23** How are you feeling today?　今日は気分はどうですか？

**24** Where are we heading now?　　　私達は今どこに向かっているのですか？
We are on the way to Shinjuku.　私達は新宿に向かっている途中です。

● ★ 章 末 問 題 Ⓐ ★ ●

日本文に合うように英単語を並べ替えなさい。

**1** 私はテスト勉強をしています。　am the I for studying test

**2** 彼は自分の車を洗っています。　is he his car washing

**3** ボブは今勉強していません。　is now Bob not studying

**4** 私は最近よく眠れていません。　am not days well I these sleeping

**5** 母とおばはまだ話しています。my are still and talking mam aunt

**6** 彼女はまだ電話で話しているのですか？　is the on still she talking telephone

**7** 馬が向こうで走っています。　are horses there over running

**8** 子供たちは海で泳いでいますか？　are sea the swimming in children

**9** 私はこのアプリを使っています。　this app using I'm

**10** あなたの電話鳴っていますよ。　is phone ringing your

**11** 今日は仕事頑張っていますね。　are today working you hard

**12** 誰かがあなたを呼んでいますよ。　is you somebody calling

**13** 体調がよくないのですか？　not are well feeling you

**14** 彼は何をしていますか？  is doing he what

**15** 彼らは何をしていますか？  are they doing what

**16** あなたは何の話をしているの？  are about you talking what

**17** ボブとマイクは何について話していますか？  are and about Bob Mike what talking
　　彼らはテレビゲームの話をしています。  are games talking they video about

**18** あなたは何をしていますか？  私は犬の散歩をしています。
　are dog what doing I'm you my walking

**19** あなたは誰かを待っていますか？  are for you somebody waiting
　　はい，私はスミス先生を待っています。  yes for waiting Mr. Smith I'm

**20** 何かお探しですか？  いえ，見ているだけです。
　are just you for something no looking looking

**21** 何故あなたはスペイン語を勉強しているのですか？  are you Spanish studying why

**22** 最近どうしていますか？  are doing you how days these

**23** 今日は気分はどうですか？  are today you how feeling

**24** 私達は今どこに向かっているのですか？  are now we where heading
　　私達は新宿に向かっている途中です。  to on we the are way Shinjuku

# ● ★ ㊥ ㊥ ㊦ ㊟ ㊟ Ⓑ ★ ●

日本文に合うように英単語を並べ替えなさい。ただし，必要に応じて be 動詞を補い，一般動詞は適切な形に直すこと。

**1** 私はテスト勉強をしています。　the I for study test

**2** 彼は自分の車を洗っています。　he his car wash

**3** ボブは今勉強していません。　now Bob not study

**4** 私は最近よく眠れていません。　not days well I these sleep

**5** 母とおばはまだ話しています。　my still and talking mam aunt

**6** 彼女はまだ電話で話しているのですか？　the on still she talk telephone

**7** 馬が向こうで走っています。　horses there over run

**8** 子供たちは海で泳いでいますか？　sea the swim in children

**9** 私はこのアプリを使っています。　this app use I'm

**10** あなたの電話鳴っていますよ。　phone ring your

**11** 今日は仕事頑張っていますね。　today work you hard

**12** 誰かがあなたを呼んでいますよ。　you somebody call

**13** 体調がよくないのですか？　not well feeling you

**14** 彼は何をしていますか？　do he what

**15** 彼らは何をしていますか？　they do what

**16** あなたは何の話をしているの？　about you talk what

**17** ボブとマイクは何について話していますか？　and about Bob Mike what talk
彼らはテレビゲームの話をしています。　games talk they video about

**18** あなたは何をしていますか？　私は犬の散歩をしています。
dog what doing I'm you my walk

**19** あなたは誰かを待っていますか？　for you somebody wait
はい，私はスミス先生を待っています。　yes for wait Mr. Smith I'm

**20** 何かお探しですか？　いえ，見ているだけです。　just you for something no look look

**21** 何故あなたはスペイン語を勉強しているのですか？　you Spanish study why

**22** 最近どうしていますか？　do you how days these

**23** 今日は気分はどうですか？　today you how feel

**24** 私達は今どこに向かっているのですか？　now we where head
私達は新宿に向かっている途中です。　to on we the are way Shinjuku

# 15章 ‖‖ 一般動詞Ⅲ

15章

●この章で用いられる単語を覚えよう。

arrive ［əráiv／アライヴ］ 動 到着する，着く

arrive in ［əráiv in／アライヴ イン］ ～に到着する，～に着く

carry ［kǽri／キャリィ］ 動 運ぶ

stop ［stáp／スタプ］ 動 止まる，停止する

drop ［dráp／ドゥロプ］ 動 落下する，落ちる

plan ［plǽn／プラン］ 動 ～を計画する

clap ［klǽp／クラプ］ 動 手をたたく

library ［láibrèri／ライブラリィ］ 名 図書館，図書室

yesterday ［jéstərdei／イェスタディ］ 副 昨日（は）

yesterday evening ［jéstərdei í:vniŋ／イェスタディ イーヴニング］ 副 昨晩（は）

last ［lǽst／ラストゥ］ 形 （時間的に）すぐ前の，昨～，先～

violin ［vàiəlín／ヴァイオリン］ 名 バイオリン

sleep ［slí:p／スリープ］ 動 眠る

sleepy ［slí:pi／スリーピィ］ 形 眠そうな

stay at ［stéi ət／ステイ アットゥ］ ～に泊まる

cousin ［kʌ́zən／カザン］ 名 いとこ

dinner ［dínər／ディナ(ァ)］ 名 ディナー，夕食

miss ［mís／ミス］ 動 乗りそこなう，間に合わない

before ［bifɔ́r／ビフォア］ 副 以前に，前に

museum ［mju:zíəm／ミューズィアム］ 名 博物館，美術館

introduce ［intrədú:s／イントゥロドゥース］ 動 紹介する，引き合わせる

fully ［fúli／フリィ］ 副 十分に

learn ［lə́:rn／ラーン］ 動 ～を学ぶ

change ［tʃéindʒ／チェンジ］ 動 変わる，乗り換える

change trains ［tʃéindʒ tréinz／チェンジ トゥレインズ］ 電車を乗り換える

anyone ［éniwʌ̀n／エニワン］ 代 誰か

assignment ［əsáinmənt／アサインメントゥ］ 名 宿題，課題

ago ［əgóu／アゴゥ］ 副 （今よりも）前に

this morning ［ðís mɔ́rniŋ／ディス モーニング］ 今朝

●左ページを隠して読みと意味を確認しよう。

| | |
|---|---|
| ☐ arrive | ☐ cousin |
| ☐ arrive in | ☐ dinner |
| ☐ carry | ☐ miss |
| ☐ stop | ☐ before |
| ☐ drop | ☐ museum |
| ☐ plan | ☐ introduce |
| ☐ clap | ☐ fully |
| ☐ library | ☐ learn |
| ☐ yesterday | ☐ change |
| ☐ yesterday evening | ☐ change trains |
| ☐ last | ☐ anyone |
| ☐ violin | ☐ assignment |
| ☐ sleep | ☐ ago |
| ☐ sleepy | ☐ this morning |
| ☐ stay at | |

## ●過去を表す表現とは

「～しました」「～していました」と過去の事実や習慣を述べたいときは，動詞を過去形に変える必要がある。

## ●一般動詞の過去形の作り方

多くは語尾に ed をつける。ed の発音は[d]（ドゥ）や[t]（トゥ）となる。

| 原形 | 過去形 | 過去形の意味 | 原形 | 過去形 | 過去形の意味 |
|---|---|---|---|---|---|
| play | played（プレイドゥ） | ～をした | help | helped（ヘルプトゥ） | ～を手伝った |
| enjoy | enjoyed（インジョイドゥ） | ～を楽しんだ | cook | cooked（クックトゥ） | ～を料理した |
| visit | visited（ヴィズィティッドゥ） | ～を訪問した | call | called（コールドゥ） | ～を呼んだ |

語尾が e のときは d だけをつける。

| 原形 | 過去形 | 過去形の意味 | 原形 | 過去形 | 過去形の意味 |
|---|---|---|---|---|---|
| use | used（ユーズドゥ） | ～を使った | live | lived（リヴドゥ） | 住んでいた |
| like | liked（ライクトゥ） | ～が好きだった | arrive | arrived（アライヴドゥ） | 到着した |

語尾が「子音＋y」のときは y を i に変えて ed をつける。

| 原形 | 過去形 | 過去形の意味 | 原形 | 過去形 | 過去形の意味 |
|---|---|---|---|---|---|
| study | studied（スタディドゥ） | ～を勉強した | carry | carried（キャリィドゥ） | 運んだ |
| try | tried（トライドゥ） | ～を試した | cry | cried（クライドゥ） | 泣いた・叫んだ |

語尾が「母音＋y」のときは単に ed をつける。

play→played（プレイドゥ）　　stay（滞在する）→stayed（ステイドゥ）　　enjoy（楽しむ）→enjoyed（インジョイドゥ）

語尾が「短母音＋子音」最後の子音を重ねるもの

| 原形 | 過去形 | 過去形の意味 | 原形 | 過去形 | 過去形の意味 |
|---|---|---|---|---|---|
| stop | stopped（ストップトゥ） | 止まった | drop | dropped（ドゥロップトゥ） | 落下した |
| plan | planned（プランドゥ） | ～を計画した | clap | clapped（クラップトゥ） | 手をたたいた |

## ●過去形の語尾の発音

◆多くの場合は [d]（ドゥ）と発音する

　　played（プレイドゥ）（～をした）　　lived（リヴドゥ）（住んでいた）　　studied（スタディドゥ）（勉強した）

◆語尾の音が[k], [p], [s], [f], [ʃ], [tʃ] のときは [t]（トゥ）と発音する

　　liked（ライクトゥ）（好きだった）　　helped（ヘルプトゥ）（手伝った）　　washed（ウォッシュトゥ）（洗った）　　watched（ウォッチトゥ）（見た）

◆語尾が「ted」「ded」のとき

　　ted→[tid]（ティッドゥ）　　ded→[did]（ディッドゥ）

　　visited（ヴィズィティッドゥ）（訪問した）　　wanted（ウォンティッドゥ）（～を欲しがっていた）　　needed（ニードィッドゥ）（～が必要だった）

## ●不規則動詞の過去形

　語形変化（活用）が不規則であるような動詞を**不規則動詞**といい，不規則動詞の過去形は一つひとつ覚えるしかない。まずは次の不規則動詞を覚えよう。

| 原形 | 過去形 | 過去形の意味 | 原形 | 過去形 | 過去形の意味 |
|---|---|---|---|---|---|
| do | did<br>ディッドゥ | 〜した | go | went<br>ウェントゥ | 行った |
| have | had<br>ハッドゥ | 〜を持っていた | say | said<br>セッドゥ | 言った |

## ●動詞の過去形の使い方

　主語の人称，単数，複数にかかわらず，動詞はすべて同じ形になる。

**例1**　I watched the baseball game on TV.　私はテレビでその野球の試合を見ました。

**例2**　She helped me with my homework.　彼女は私の宿題を手伝ってくれました。

**33** 次の規則動詞を過去形に書き換えなさい。

① use (　　　　　　　)　② walk (　　　　　　　)　③ enjoy (　　　　　　　)

④ look (　　　　　　　)　⑤ close (　　　　　　　)　⑥ open (　　　　　　　)

⑦ try (　　　　　　　)　⑧ clean (　　　　　　　)　⑨ stop (　　　　　　　)

**34** 次の不規則動詞を過去形に書き換えなさい。

① go (　　　)　② have (　　　)　③ say (　　　)　④ do (　　　)

**35** 与えられた英単語を並べ替えて日本文を英文に書き換えなさい。ただし，必要に応じて動詞を適切な形に変えること。

(1) リンダがピアノを弾きました。　Linda, the, play, piano

(2) 彼は図書館に行きました。　he, the, go, library, to

(3) 私達は公園でサッカーをしました。　play, we, soccer, park, the, in

(4) 私は昨日数学を勉強しました。　I, yesterday, math, study

(5) 私は今朝朝食をとりました。　I, this morning, breakfast, have

(6) 彼らは毎日ギターを練習しました。　they, every, day, guitar, practice, the

## ●過去を表す否定文と疑問文

### ●否定文

主語の人称，単数，複数に関係なく，主語→did not (didn't)→原形動詞の語順になる。

I <u>don't study</u> math.　私は数学を勉強しません。

↓

I <u>didn't study</u> math.　私は数学を勉強しませんでした。

She <u>doesn't study</u> math.　彼女は数学を勉強しません。

↓

She <u>didn't study</u> math.　彼女は数学を勉強しませんでした。

|注意| 否定文中の一般動詞は原形になることに注意しよう。

　　　×I didn't <u>studied</u> math.　　　○ I didn't <u>study</u> math.

### ●疑問文

主語の人称，単数，複数に関係なく，Did→主語→原形動詞の語順になる。

<u>Do</u>　you <u>study</u> English?　あなたは英語を勉強しますか？

↓　　　↓

<u>Did</u> you <u>study</u> English?　あなたは英語を勉強しましたか？

Yes, I <u>did</u>.　はい，しました。No, I <u>didn't</u>.　いいえ，しませんでした。

<u>Does</u> he <u>study</u> English? 彼は英語を勉強しますか？

↓　　　↓

<u>Did</u> he <u>study</u> English?　彼は英語を勉強しましたか？

Yes, he <u>did</u>.　はい，しました。　　No, he <u>didn't</u>.　いいえ，しませんでした。

|注意| 疑問文中の一般動詞は原形になることに注意しよう。

　　　× Did you <u>studied</u> English?　　○ Did you <u>study</u> English?

### ●疑問詞を含む疑問文

例1　Who played the guitar?　誰がギターを弾きましたか？

Jack did.　ジャックが弾きました。

例2　What did he practice last Sunday?　彼はこの前の日曜に何を練習しましたか？

He practiced the violin.　彼はヴァイオリンを練習しました。

### ●疑問文や否定文で用いられる do や did の品詞

<u>Do</u> you speak Japanese?　　　　<u>Did</u> you play soccer?

I <u>do</u> not speak English.　　　She <u>did</u> not play tennis.

上記の do や did は can と同じように「**助動詞**」である。**助動詞を含む文では必ず動詞が原形**になることを覚えておこう。

🎧 次の英文の読み書きの練習，及びリスニングの練習をしなさい。

**1** Betty looked sleepy.　ベティは眠そうでした。

**2** I studied a little yesterday evening.　私は昨晩少し勉強しました。

**3** She practiced a lot for this day.　彼女はこの日のためにたくさん練習しました。

**4** I stayed at my cousin's house yesterday.　私は昨日いとこの家に泊まりました。

**5** I didn't have breakfast this morning.　私は今朝朝食を食べませんでした。

**6** I didn't watch TV yesterday.　私は昨日テレビを見ませんでした。

**7** Did she cook dinner today?　今日は彼女が夕食を作ったのですか？

**8** What did you do last Sunday?　この前の日曜は何をしましたか？

**9** What did you say?　何と言いましたか？

**10** How did you come here?　どうやってここまで来たのですか？

**11** Who cleaned this room?　この部屋は誰が掃除しましたか？

**12** He missed the last train.　彼は終電を逃しました。

**13** My father worked at that company before.　父は以前その会社で働いていました。

**14** He lived there about ten years ago.　彼は約10年前にそこに住んでいました。

**15** I visited the museum two months ago.　私は2カ月前にその博物館を訪れました。

**16** I didn't introduce myself yet.　私はまだ自分の紹介をしていませんでした。

**17** We fully enjoyed our trip.　私達は旅行を十分楽しみました。

**18** Why didn't you come?　あなたは何故来なかったのですか？

**19** Did you sleep well?　あなたはよく眠れましたか？

**20** Where did you learn French?　フランス語はどこで学んだのですか？

**21** Did you just call me?　今ちょうど私に電話しましたか？

**22** When did I see you last?　私があなたに最後に会ったのはいつでしたか？

**23** I changed trains at Shibuya.　私は渋谷で電車を乗り換えました。

**24** When did you arrive?　　　　　　あなた達はいつ到着したのですか？
We arrived in Tokyo thirty minutes ago.　私達は30分前に東京に着きました。

**25** Did anyone help with your assignment?　誰かあなたの宿題を手伝ってくれましたか？
No, I did it by myself.　　　　　　いいえ，私は独りでやりました。

● ★ 章 末 問 題 Ⓐ ★

日本文に合うように英単語を並べ替えなさい。

**1** ベティは眠そうでした。　sleepy Betty looked

**2** 私は昨晩少し勉強しました。　a evening I studied yesterday little

**3** 彼女はこの日のためにたくさん練習しました。　a she for day this practiced lot

**4** 私は昨日いとこの家に泊まりました。　my at I stayed cousin's yesterday house

**5** 私は今朝朝食を食べませんでした。　I morning didn't breakfast this have

**6** 私は昨日テレビを見ませんでした。　I watch didn't yesterday TV

**7** 今日は彼女が夕食を作ったのですか？　cook did she today dinner

**8** この前の日曜は何をしましたか？　you did Sunday do what last

**9** 何と言いましたか？　did what say you

**10** どうやってここまで来たのですか？　here come you how did

**11** この部屋は誰が掃除しましたか？　room who cleaned this

**12** 彼は終電を逃しました。　missed train he the last

**13** 父は以前その会社で働いていました。　at my that worked father before company

**14** 彼は約 10 年前にそこに住んでいました。　there lived he years about ten ago

**15** 私は 2 カ月前にその博物館を訪れました。　I the ago visited two museum months

**16** 私はまだ自分の紹介をしていませんでした。　yet I introduce myself didn't

**17** 私達は旅行を十分楽しみました。　trip fully we our enjoyed

**18** あなたは何故来なかったのですか？　come didn't why you

**19** あなたはよく眠れましたか？　did well sleep you

**20** フランス語はどこで学んだのですか？　did you where French learn

**21** 今ちょうど私に電話しましたか？　just me you call did

**22** 私があなたに最後に会ったのはいつでしたか？　last I see did when you

**23** 私は渋谷で電車を乗り換えました。　at I Shibuya changed trains

**24** あなた達はいつ到着したのですか？　did arrive when you
　　私達は 30 分前に東京に着きました。　ago arrived thirty we in Tokyo minutes

**25** 誰かあなたの宿題を手伝ってくれましたか？　your help did assignment anyone with
　　いいえ，私は独りでやりました。　by I no did myself it

●　★ 章 末 問 題 Ⓑ ★

与えられた英単語をすべて用いて日本文を英文に直しなさい。ただし動詞は必要に応じて適切な形に変え，助動詞と not は自分で補うこと。

**1** ベティは眠そうでした。　sleepy Betty look

**2** 私は昨晩少し勉強しました。　a evening I study yesterday little

**3** 彼女はこの日のためにたくさん練習しました。　a she for day this practice lot

**4** 私は昨日いとこの家に泊まりました。　my at I stay cousin's yesterday house

**5** 私は今朝朝食を食べませんでした。　I morning breakfast this have

**6** 私は昨日テレビを見ませんでした。　I watch yesterday TV

**7** 今日は彼女が夕食を作ったのですか？　cook she today dinner

**8** この前の日曜は何をしましたか？　you Sunday do what last

**9** 何と言いましたか？　what say you

**10** どうやってここまで来たのですか？　here come you how

**11** この部屋は誰が掃除しましたか？　room who clean this

**12** 彼は終電を逃しました。　miss train he the last

**13** 父は以前その会社で働いていました。　at my that work father before company

**14** 彼は約10年前にそこに住んでいました。　there live he years about ten ago

---

**15** 私は2カ月前にその博物館を訪れました。　I the ago visit two museum months

---

**16** 私はまだ自分の紹介をしていませんでした。　yet I introduce myself

---

**17** 私達は旅行を十分楽しみました。　trip fully we our enjoy

---

**18** あなたは何故来なかったのですか？　come why you

---

**19** あなたはよく眠れましたか？　well sleep you

---

**20** フランス語はどこで学んだのですか？　you where French learn

---

**21** 今ちょうど私に電話しましたか？　just me you call

---

**22** 私があなたに最後に会ったのはいつでしたか？　last I see when you

---

**23** 私は渋谷で電車を乗り換えました。　at I Shibuya change trains

---

**24** あなた達はいつ到着したのですか？　arrive when you
　　　私達は30分前に東京に着きました。　ago arrive thirty we in Tokyo minutes

---

**25** 誰かあなたの宿題を手伝ってくれましたか？　your help assignment anyone with
　　　いいえ，私は独りでやりました。　by I no do myself it

 確認テストⅢ

**ヨ는** 次の英文を日本語に訳しなさい。

(1) How is the taste?

(2) How tall are you?

(3) How do you go to school?

(4) What is on the table?

(5) What is your favorite subject?

(6) Which dictionary is yours?

(7) Which is your motorcycle?

(8) Why do you want a new computer?

(9) Why don't we have lunch together?

(10) Why not ask David?

(11) Why don't you sit down?

(12) When can you come here?

(13) Where can I get the ticket?

**ヨ7** 英文が日本文と合うように（　　）内の語を選択しなさい。

(1) この魚は英語で何と言いますか？

What do you （　say,　call　）this fish in English?

(2) この動物は英語で何と言いますか？

How do you （　say,　call　）this animal in English?

(3) 私は今自分の車を洗っています。　　　(4) 彼は今テニスをしています。

（　I,　I'm　）washing my car now.　　　He （　is,　can,　did　）playing tennis now.

(5) リサと私は今あなたの家に向かっています。

Lisa and I （　is,　am,　are　）heading to your house now.

(6) ピーターはとても上手にそれを料理することができます。

Peter can （　cook,　cooks,　cooking　）that very well.

(7) ゆっくり話してもらえますか？　　　(8) ベスは自転車に乗ることができません。

（　Do,　Can　）you speak slowly?　　　Beth cannot （　ride,　rides,　riding　）a bicycle.

(9) 彼は昨夜寝るのが遅かったですか？

（　Do,　Does,　Did　）he go to bed late last night?

(10) 彼女は何をしていますか？　　　(11) あなたは何を読んでいますか？

What （　do,　does,　is　）she doing?　　　What are you （　read,　reading　）)?

(12) あなたのご両親はお元気ですか？　　　(13) 今日は気分はどうですか？

How （　is,　am,　are　）your parents?　　　How （　do,　are　）you feeling today?

(14) そこで何人の人が待っていますか？

How many people （　is,　am,　are　）waiting there?

(15) 私が作ったケーキの味はどうですか？

（　What,　How,　Why　）do you like my cake?

(16) あなたはどのくらいの頻度で図書館を訪れますか？

How （　much,　often,　many　）do you visit the library?

(17) あなたはどう思いますか？

（　What,　How　）do you think?

**38** 与えられた英単語のいくつかを用いて，日本文を英文に書き換えなさい。ただし与えられた英単語は必要があれば適切な形に直すこと。

(1) can / you / make a cake / Jane / I

ア. 私はケーキを作ることができます。　　　　イ. ジェーンはケーキを作ることができません。
ウ. あなたはケーキを作ることができますか？　はい，できます。

ア.

イ.

ウ.

(2) Ken / Tom / doing / homework / now / my / his / their

ア. 私は今宿題をしていません。　　　　イ. トムは今宿題をしていません。
ウ. トムとケンは今宿題をしていません。

ア.

イ.

ウ.

(3) Paul / Andy / now / watching TV

ア. あなたは今テレビを見ていますか？　はい，見ています。
イ. ポールは今テレビを見ていますか？　いいえ，見ていません。
ウ. ポールとアンディーは今テレビを見ていますか？　はい，見ています。

ア.

イ.

ウ.

(4) this morning / Betty / have breakfast

ア. ベティは今朝朝食を食べました。　　　　イ. ベティは今朝朝食を食べませんでした。
ウ. ベティは今朝朝食を食べましたか？　いいえ，食べませんでした。

ア.

イ.

ウ.

(5) visit / the museum / Lisa / Jim

ア. あなたはいつ博物館を訪れましたか？　　イ. リサはいつ博物館を訪れましたか？
ウ. リサとジムはいつ博物館を訪れましたか？

ア.

イ.

ウ.

**39** 日本文に合うように，（　　）に適切な語を入れて英文を完成させなさい。

(1) あなたは日本語を読むことはできますか？　はい，できます。

Can you read Japanese ?　Yes, (　　　　　　) (　　　　　　).

(2) この博物館では写真を撮ってもいいですか？　残念ですが，できません。

Can I take pictures in this museum?　I'm sorry, but (　　　　　) (　　　　　).

(3) トムはバイオリンを弾けますか？　いいえ，弾けません。

Can Tom play the violin?　No, (　　　　　) (　　　　　).

(4) あの建物は何ですか？　　　　　　　　(5) あなたは何をしていますか？

(　　　　) (　　　　　) that building?　(　　　　) (　　　　　) you doing?

(6) これは誰のサッカーボールですか？　　(7) あの自転車は誰のものですか？

(　　　　) soccer ball (　　　) this?　(　　　) (　　　　) that bike?

(8) この本はいくらですか？　　　　　　　(9) あなたはどこ出身ですか？

(　　　　) (　　　　) is this book?　(　　　　) (　　　　) you from?

(10) 今日の天気はどうですか？　くもりです。

(　　　　) (　　　　) the weather today?　(　　　　) cloudy.

(11) この車には何人乗れますか？

(　　　　) (　　　　) people can ride in this car?

(12) マイクとケンは何について話していますか？　彼らはテレビゲームの話をしています。

(　　　　) (　　　　) Mike and Ken talking about?

(　　　　) (　　　) (　　　) (　　　　) video games.

(13) 何かお探しですか？　いえ，見ているだけです。

(　　　) you (　　　　) for something?　No, (　　　　) (　　　　).

(14) 誰がこの部屋を掃除しましたか？　私の弟と私です。

(　　　　) (　　　) this room?　(　　　) (　　　) and I (　　　　).

(15) あなたは昨日どこに行ったのですか？　私は秋葉原に行きました。

(　　　) (　　　　) you (　　　　) yesterday?　I (　　　　) to Akihabara.

# 16章 ||| be 動詞Ⅲ

16章

●この章で用いられる単語を覚えよう。

mechanical [məkǽnikəl / マキャニカル] 形 機械の

mechanical pencil [məkǽnikəl pénsəl / マキャニカル ペンスル] シャーペン, シャープペンシル

restaurant [réstərɑːnt / レスタラーントゥ] 名 レストラン, 飲食店

stadium [stéidiəm / ステイディアム] 名 競技場, スタジアム

just [dʒʌ́st / ジャストゥ] 副 実に, まさに

like [láik / ライク] 前 ～に似て, まるで～のようで

look just like [lúk dʒʌ́st láik / ルック ジャストゥ ライク] ～にそっくり

son [sʌ́n / サン] 名 息子, 男の子ども

daughter [dɔ́tər / ドタァ] 名 娘, 女の子ども

sure [ʃúər / シュア] 形 確信している

I'm not sure [áim nɑt ʃúər / アイム ナトゥ シュア] (よく)わかりません

in time for [in táim fɔ́r / イン タイム フォー] ～に間に合うように, ～に遅れずに

then [ðén / ゼン] 副 そのとき, あのとき

at that time [ət ðǽt táim / アットゥ ザットゥ タイム] その時(は), あの時(は)

present [préznt / プレゼントゥ] 形 ～に出席している, 居合わせて

present (at/in) [préznt (ət/in) / プレゼントゥ (アットゥ/イン)] ～に出席している

absent [ǽbsənt / アブセントゥ] 形 欠席して, 欠勤して

absent from [ǽbsənt frəm / アブセントゥ フロム] ～を欠席している, ～に不在である

story [stɔ́ri / ストリ] 名 物語, 話

okay [óukéi / オウケイ] 形 大丈夫

fun [fʌ́n / ファン] 名 楽しみ, おもしろさ

hello [helóu / ヘロウ] 間 (電話で)もしもし

club [klʌ́b / クラブ] 名 部活動, クラブ

●左ページを隠して読みと意味を確認しよう。

| | |
|---|---|
| ☐ mechanical | ☐ in time for |
| ☐ mechanical pencil | ☐ then |
| ☐ restaurant | ☐ at that time |
| ☐ stadium | ☐ present |
| ☐ just | ☐ present (at/in) |
| ☐ like | ☐ absent |
| ☐ look just like | ☐ absent from |
| ☐ son | ☐ story |
| ☐ daughter | ☐ okay |
| ☐ sure | ☐ fun |
| ☐ I'm not sure | ☐ hello |
| | ☐ club |

16
章

## ●be動詞の復習

be動詞( is, am, are )は次のような意味がある。

| 原形 (現在形) | 例　文 |
|---|---|
| ①イコールの意味 | (1) I am Tom.　私はトムです。　　(2) He is busy.　彼は忙しい。<br>(3) You are my friend.　あなたは私の友達です。 |
| ②〜にいる<br>　〜にある<br>　〜に所属している | (1) I am at home.　私は自宅にいます。<br>(2) He is in Tokyo.　彼は東京にいます。<br>(3) Your pen is on the desk.　あなたのペンはその机の上にあります。<br>(4) She is in a tennis club. 彼女はテニス部に所属しています。<br>(5) We are on the same team. 私達は同じチームに所属している。 |

## ●be動詞の過去形

　右表のように，isとamの過去形がwas,
areの過去形がwereになる。

※短縮形は次のようになる。

| 原　形 | 現在形 | 過去形 |
|---|---|---|
| be | is, am | was [wəz]（ワズ） |
| | are | were [wər]（ワー） |

was not → wasn't [wʌznt]（ワズントゥ）　　were not → weren't [wə́rnt]（ワーントゥ）

例1　I was free yesterday.　私は昨日暇（ひま）でした。

例2　He wasn't careful.　彼は注意深くなかった。(不注意だった)

例3　We weren't busy yesterday.　私達は昨日忙しくありませんでした。

例4　It was very cold last week.　先週はとても寒かったです。

例5　Was Beth sick yesterday?　昨日ベスは体調が悪かったのですか?
　　　Yes, she was. ／No, she wasn't.　はい，そうです。／いいえ，そうではありません。

例6　How was she?　彼女の様子はどうでしたか?

例7　Were you at home at that time?　あなたはそのとき自宅にいましたか?

例8　Where were you?　あなたはどこにいたのですか?

例9　Where was my mechanical pencil?　私のシャーペンはどこにあったのですか?
　　　It was on Mike's desk.　それはマイクの机の上にありました。

## ●be動詞の使い分けの復習

◆　主語がⅠのときはamまたはwasを用いる

　① I am at the station. 私は駅にいます。　　② I was at the station.　私は駅にいました。

　主語がI, you以外の単数名詞(1つ，1人を表す名詞)のときはisまたはwasを用いる。

　③ My father is busy. 父は忙しいです。　　④ My mother was sick.　母は病気でした。

◆　主語がyouまたは複数名詞のときはareまたはwereを用いる

　⑤ Are you a doctor? あなたは医者ですか?　⑥ They are mine.　それらは私のものです。

　⑦ Ken and I were in the restaurant.　ケンと私はそのレストランにいました。

**4 11** 次の be 動詞の過去形を書きなさい。

(1) is：(　　　　　　　　) 　(2) am：(　　　　　　　　　　) 　(3) are：(　　　　　　　　　　)

🎧 次の英文の読み書きの練習，及びリスニングの練習をしなさい。

**1** I am at the stadium now.　私は今スタジアムにいます。

**2** I am still lost.　私はまだ道に迷っています。

**3** I was in Japan then.　私はそのとき日本にいました。

**4** Hello, is John there?　もしもし，ジョンはそちらにいますか？

**5** Your son is just like you.　あなたの息子はあなたにそっくりですね。

**6** She is in a tennis club.　彼女はテニス部に所属しています。

**7** I was free yesterday.　私は昨日暇でした。

**8** Ken was late for school this morning.　ケンは今朝学校に遅刻しました。

**9** Helen and Lisa were not here at that time.　ヘレンとリサはそのときここにはいませんでした。

**10** She was not present in class.　彼女は授業に出席していませんでした。

**11** We weren't busy yesterday.　私達は昨日忙しくありませんでした。

**12** She was like a daughter to me.　彼女は私にとって娘のようなものでした。

**13** We were on the same team.　私達は同じチームに所属していました。

**14** It was very cold last week.　先週はとても寒かったです。

**15** He was absent from the meeting.　彼はその会議を欠席していました。

**16** Were you at home then?　あなたはそのとき自宅にいましたか？
　　 Yes, I was.　　　　　　　　　はい，いました。

**17** Was Peter in time for the train?　ピーターは電車に間に合いましたか？
　　 No, he wasn't.　　　　　　　　　いいえ，間に合いませんでした。

**18** Were your parents there?　あなたの両親はそこにいましたか？
　　 Yes, they were.　　　　　　　はい，いました。

**19** Was the story interesting?　その話は面白かったですか？
　　 No, it wasn't.　　　　　　　　　いいえ，面白くありませんでした。

**20** Was the trip fun?　旅行は楽しかったですか？

**21** Was the weather okay?　天気は大丈夫でしたか？

**22** Why were you late for class?　何故あなたは授業に遅れたのですか？

**23** Why was Andy absent from school?　何故アンディーは学校を休んだのですか？
　　 I'm not sure.　　　　　　　　　わかりません。

**24** Where were you then?　あなたはそのときどこにいたのですか？
　　 I was in the library.　　　私は図書館にいました。

**25** Where was my mechanical pencil?　私のシャーペンはどこにあったの？
　　 It was on Mike's desk.　　　　　それはマイクの机の上にありました。

**●━━★ 章 末 問 題 Ⓐ ★━━●**

日本文に合うように英単語を並べ替えなさい。

**1** 私は今スタジアムにいます。　I now at am the stadium

**2** 私はまだ道に迷っています。　I still lost am

**3** 私はそのとき日本にいました。　I in then was Japan

**4** もしもし，ジョンはそちらにいますか？　hello there John is

**5** あなたの息子はあなたにそっくりですね。　you your like is son just

**6** 彼女はテニス部に所属しています。　a in is she club tennis

**7** 私は昨日暇でした。　was I free yesterday

**8** ケンは今朝学校に遅刻しました。　for was morning Ken this late school

**9** ヘレンとリサはそのときここにはいませんでした。　time at and that Helen Lisa not were here

**10** 彼女は授業に出席していませんでした。　class in not present she was

**11** 私達は昨日忙しくありませんでした。　weren't we yesterday busy

**12** 彼女は私にとって娘のようなものでした。　to a me was like she daughter

**13** 私達は同じチームに所属していました。　on same were team we the

**14** 先週はとても寒かったです。　week was it very cold last

**15** 彼はその会議を欠席していました。　the he from absent meeting was

**16** あなたはそのとき自宅にいましたか？　はい，いました。　you I yes at was were then home

**17** ピーターは電車に間に合いましたか？　いいえ，間に合いませんでした。
　　Peter train was wasn't the no in he for time

**18** あなたの両親はそこにいましたか？　はい，いました。　were were your yes they there parents

**19** その話は面白かったですか？　いいえ，面白くありませんでした。
　　was wasn't it story the no interesting

**20** 旅行は楽しかったですか？　the was fun trip

**21** 天気は大丈夫でしたか？　the was okay weather

**22** 何故あなたは授業に遅れたのですか？　were for you class late why

**23** 何故アンディーは学校を休んだのですか？　わかりません。
　　was not I'm from Andy school why sure absent

**24** あなたはそのときどこにいたのですか？　were then where you
　　私は図書館にいました。　I library was the in

**25** 私のシャーペンはどこにあったの？　was my pencil where mechanical
　　それはマイクの机の上にありました。　was on desk it Mike's

●　★ 章 末 問 題 Ⓑ ★

日本文に合うように英単語を並べ替えなさい。ただし be 動詞は必要に応じて補うこと。

**1** 私は今スタジアムにいます。　I now at the stadium

**2** 私はまだ道に迷っています。　I still lost

**3** 私はそのとき日本にいました。　I in then Japan

**4** もしもし，ジョンはそちらにいますか？　hello there John

**5** あなたの息子はあなたにそっくりですね。　you your like son just

**6** 彼女はテニス部に所属しています。　a in she club tennis

**7** 私は昨日暇でした。　I free yesterday

**8** ケンは今朝学校に遅刻しました。　for morning Ken this late school

**9** ヘレンとリサはそのときここにはいませんでした。　time at and that Helen Lisa not here

**10** 彼女は授業に出席していませんでした。　class in not present she

**11** 私達は昨日忙しくありませんでした。　weren't we yesterday busy

**12** 彼女は私にとって娘のようなものでした。　to a me like she daughter

**13** 私達は同じチームに所属していました。　on same team we the

**14** 先週はとても寒かったです。　week it very cold last

---

**15** 彼はその会議を欠席していました。　the he from absent meeting

---

**16** あなたはそのとき自宅にいましたか？　はい，いました。　you I yes at then home

---

**17** ピーターは電車に間に合いましたか？　いいえ，間に合いませんでした。
　Peter train wasn't the no in he for time

---

**18** あなたの両親はそこにいましたか？　はい，いました。　your yes they there parents

---

**19** その話は面白かったですか？　いいえ，面白くありませんでした。
wasn't it story the no interesting

---

**20** 旅行は楽しかったですか？　the fun trip

---

**21** 天気は大丈夫でしたか？　the okay weather

---

**22** 何故あなたは授業に遅れたのですか？　for you class late why

---

**23** 何故アンディーは学校を休んだのですか？　わかりません。
not I'm from Andy school why sure absent

---

**24** あなたはそのときどこにいたのですか？　then where you
　私は図書館にいました。　I library the in

---

**25** 私のシャーペンはどこにあったの？　my pencil where mechanical
　それはマイクの机の上にありました。　on desk it Mike's

# 17章 ‖‖ 一般動詞Ⅳ

●この章で用いられる単語を覚えよう。

time ［táim / タイム］名 回，度

many times ［méni táimz/ メニー タイムズ］何度も，度たび

paper ［péipər / ペイパァ］名 新聞，紙

few ［fjú: / フュー］形 少ない，ほとんどない

a few ［ə fjú: / ア フュー］少しの，少数の

ago ［əgóu / アゴゥ］副 前に

cold ［kóuld / コウルドゥ］名 風邪，感冒

catch a cold ［kǽtʃ ə kóuld / キャッチ ア コウルドゥ］風邪をひく

anything ［éniθìŋ / エニスィング］代 何でも，どんなものでも

not ~ anything ［nát éniθìŋ / ナトゥ エニスィング］何も～ない

else ［éls / エルス］形 その他の

anything else ［éniθìŋ éls / エニスィング エルス］ほかに何か

one of ［wán əv / ワン オブ］～の一つ

nothing ［nʌ́θiŋ / ナッスィング］代 何も～ない

exam ［igzǽm / エグザム］名 テスト，試験

e-mail ［í:mèil / イーメイル］名 電子メール

alarm ［əlárm / アラーム］名 目覚まし時計，アラーム

go off ［góu ɔf / ゴゥ オフ］鳴り出す，鳴り響く

so ［sóu / ソウ］副 それで，だから

practice ［prǽktis / プラクティス］名 練習，訓練，稽古，演習

not～either ［nát í:ðər / ナトゥ イーザァ］～も～ない

lose one's way ［luz wʌ́nz wéi / ルゥズ ワンズ ウェイ］道に迷う，迷子になる

Britain ［brítn / ブリトゥン］名 英国，イギリス

●左ページを隠して読みと意味を確認しよう。

☐ time

☐ many times

☐ paper

☐ few

☐ a few

☐ ago

☐ cold

☐ catch a cold

☐ anything

☐ not ~ anything

☐ else

☐ anything else

☐ one of

☐ nothing

☐ exam

☐ e-mail

☐ alarm

☐ go off

☐ so

☐ practice

☐ not～either

☐ lose one's way

☐ Britain

17
章

## ●不規則動詞

　play, like, study, use などのように，活用が規則的に変化する動詞を**規則動詞**といい，do, go, have, say などのように活用が不規則に変化する動詞を**不規則動詞**という。

◇主な不規則動詞

| 原形 (現在形) | 過去形 | 現在形の意味 |
|---|---|---|
| do [dúː] ドゥー | did [díd] ディッドゥ | する |
| have [həv] ハヴ | had [hǽd] ハッドゥ | 持っている・食べる・飲む |
| say [séi] セイ | said [séd] セッドゥ | 言う |
| get [gét] ゲットゥ | got [gát] ゴットゥ | 得る，～に達する |
| go [góu] ゴウ | went [wént] ウェントゥ | 行く |
| come [kʌ́m] カム | came [kéim] ケイム | 来る |
| eat [íːt] イートゥ | ate [éit] エイトゥ | 食べる |
| speak [spíːk] スピーク | spoke [spóuk] スポウク | 話す |
| read [ríːd] リードゥ | read [réd] レッドゥ 発音注意 | 読む |
| know [nóu] ノウ | knew [njúː] ニュウ | 知っている |
| make [méik] メイク | made [méid] メイドゥ | 作る |
| meet [míːt] ミートゥ | met [mét] メットゥ | 会う |
| take [téik] テイク | took [túk] トゥック | とる，持っていく，連れていく |
| find [faind] ファインドゥ | found [fáund] ファウンドゥ | 見つける，気づく |
| leave [líːv] リーヴ | left [léft] レフトゥ | 離れる，残す |
| see [síː] スィー | saw [sɔ́ː] ソー | 見る，会う |
| run [rʌ́n] ラン | ran [rǽn] レァン | 走る |
| send [sénd] センドゥ | sent [sént] セントゥ | 送る |
| give [gív] ギヴ | gave [géiv] ゲイヴ | 与える |
| put [pút] プットゥ | put [pút] プットゥ | 置く，置き換える |
| cut [kʌ́t] カットゥ | cut [kʌ́t] カットゥ | 切る |
| write [ráit] ライトゥ | wrote [róut] ロウトゥ | 書く |
| buy [bái] バイ | bought [bɔ́ːt] ボートゥ | 買う |
| catch [kǽtʃ] キャッチ | caught [kɔ́ːt] コートゥ | 捕まえる |
| lose [lúːz] ルーズ | lost [lɔ(ː)st] ロストゥ | 失う，負ける |
| understand [ʌndərstǽnd] アンダースタンドゥ | understood [ʌndərstúd] アンダーストゥッドゥ | 理解している |
| choose [tʃúz] チューズ | chose [tʃóuz] チョウズ | 選ぶ |
| bring [bríŋ] ブリング | brought [brɔt] ブロートゥ | 持ってくる，もたらす |
| sleep [slíːp] スリープ | slept [slépt] スレプトゥ | 眠る |
| oversleep [òuvərslíːp] オウヴァースリープ | overslept [òuvərslépt] オウヴァースレプトゥ | 寝過ごす，寝坊する |

17章

左ページを見ながら不規則動詞の練習をしよう。

| 原形 | 過去形 | 原形 | 過去形 |
|---|---|---|---|
| do | | see | |
| have | | run | |
| say | | send | |
| get | | give | |
| go | | put | |
| come | | cut | |
| eat | | write | |
| speak | | buy | |
| read | | catch | |
| know | | lose | |
| make | | understand | |
| meet | | choose | |
| take | | bring | |
| find | | sleep | |
| leave | | oversleep | |

| 原形 | 過去形 | 原形 | 過去形 |
|---|---|---|---|
| do | | see | |
| have | | run | |
| say | | send | |
| get | | give | |
| go | | put | |
| come | | cut | |
| eat | | write | |
| speak | | buy | |
| read | | catch | |
| know | | lose | |
| make | | understand | |
| meet | | choose | |
| take | | bring | |
| find | | sleep | |
| leave | | oversleep | |

不規則動詞のテストをしよう。（答えは前のページを参照）

| 原形 | 過去形 | 原形 | 過去形 |
|---|---|---|---|
| do | | see | |
| have | | run | |
| say | | send | |
| get | | give | |
| go | | put | |
| come | | cut | |
| eat | | write | |
| speak | | buy | |
| read | | catch | |
| know | | lose | |
| make | | understand | |
| meet | | choose | |
| take | | bring | |
| find | | sleep | |
| leave | | oversleep | |

**41** 英文が日本文に合うように(　　)内に英単語を入れなさい。

(1) 彼は日本語を話しました。

He (　　　　　) Japanese.

(2) 彼は日本語を話しませんでした。

He (　　　　　) (　　　　　) Japanese.

(3) 彼は日本語を話しましたか？

(　　　　　) (　　　　　) (　　　　　) Japanese?

(4) 彼は何語を話しましたか？

(　　　　　) language (　　　　) he (　　　　)?

(5) 私は昨日学校に行きました。

I (　　　　) to school yesterday.

(6) 私は昨日学校に行きませんでした。

I (　　　　) (　　　　) to school yesterday.

(7) あなたは昨日学校に行きましたか？

(　　　　) you (　　　　) to school yesterday?

(8) あなたは昨日どこに行きましたか？

(　　　　) (　　　　) you (　　　　) yesterday?

**42** 英文が日本文に合うように(　　)内の語を選択しなさい。

(1) ポールは何度もその本を読みました。  Paul (　read　reads　) the book many times.

(2) 彼女は手を上げました。  She (　put　puts　) up her hand.

🎧 次の英文の読み書きの練習，及びリスニングの練習をしなさい。

**1** We had dinner together.　私達は一緒に夕食を食べました。

**2** I went to bed early yesterday.　私は昨日早く寝ました。

**3** I read the news in the paper.　私はそのニュースを新聞で読みました。

**4** I saw her a few days ago.　私は 2,3 日前に彼女に会いました。

**5** I bought ten books in all.　私は全部で 10 冊本を買いました。

**6** I caught a cold the day before yesterday.　私は一昨日に風邪をひきました。

**7** I gave up after five minutes.　私は 5 分であきらめました。

**8** Sam did his homework before dinner.　サムは夕食前に宿題をやりました。

**9** My aunt made a cake for us.　おばは私達のためにケーキを作ってくれました。

**10** My uncle took me to the museum.　おじは私を博物館に連れていってくれました。

**11** Did you sleep well last night?　あなたは昨夜よく眠れましたか？

**12** Did Fred take the exam?　フレッドはその試験を受けましたか？

**13** I didn't really understand it.　私はよくわかりませんでした。

**14** He put one of them on the table.　彼はそれらのうちの 1 つをテーブルの上に置きました。

**15** She didn't say anything.　彼女は何も言いませんでした。

**16** She said nothing.　彼女は何も言いませんでした。

**17** Did he say anything else?　彼は他に何か言っていましたか？

**18** They spoke to me in English.　彼らは私に英語で話しかけてきました。

**19** I got an e-mail from my cousin.　私はいとこから電子メールをもらいました。

**20** How did you know?　どうしてわかったのですか？

**21** I never knew it.　私はそれを全く知りませんでした。

**22** The alarm didn't go off, so I overslept.　アラームが鳴らなかったので私は寝坊しました。

**23** Mike didn't come to practice.　マイクは練習に来ませんでした。
　　Jack didn't, either.　　　　　　　　ジャックも来ませんでした。

**24** I lost my way.　私は道に迷ってしまいました。

**25** I understood your story well.　私はあなたの話をよく理解しました。

**26** Where did she come from?　　　　　彼女はどこから来たのですか？
　　She came from Britain two years ago.　彼女は 2 年前にイギリスから来ました。

**27** What brought you to Japan?　あなたはどういった理由で日本に来ましたか？

● ★ ㊱ ㊨ ㊰ ㊪ ㊚ Ⓐ ★

日本文に合うように英単語を並べ替えなさい。

**1** 私達は一緒に夕食を食べました。　we together dinner had

---

**2** 私は昨日早く寝ました。　yesterday early I to went bed

---

**3** 私はそのニュースを新聞で読みました。　I the read paper news the in

---

**4** 私は2,3日前に彼女に会いました。　a ago I few her saw days

---

**5** 私は全部で10冊本を買いました。　in I ten all bought books

---

**6** 私は一昨日に風邪をひきました。　a I day the cold caught yesterday before

---

**7** 私は5分であきらめました。　I five up minutes gave after

---

**8** サムは夕食前に宿題をやりました。　dinner Sam his did before homework

---

**9** おばは私達のためにケーキを作ってくれました。　a made cake aunt us for my

---

**10** おじは私を博物館に連れていってくれました。　me took uncle museum my the to

---

**11** あなたは昨夜よく眠れましたか？　last did sleep you night well

---

**12** フレッドはその試験を受けましたか？　did exam take the Fred

---

**13** 私はよくわかりませんでした。　it really didn't I understand

---

**14** 彼はそれらのうちの１つをテーブルの上に置きました。　the them he put of on one table

**15** 彼女は何も言いませんでした。　didn't anything say she

**16** 彼女は何も言いませんでした。　nothing she said

**17** 彼は他に何か言っていましたか？　he did else anything say

**18** 彼らは私に英語で話しかけてきました。　English they to spoke in me

**19** 私はいとこから電子メールをもらいました。　an I from e-mail cousin my got

**20** どうしてわかったのですか？
　　you did how know

**21** 私はそれを全く知りませんでした。
　　it never I knew

**22** アラームが鳴らなかったので私は寝坊しました。　I didn't alarm go the overslept off so

**23** マイクは練習に来ませんでした。　ジャックも来ませんでした。
didn't didn't Mike Jack to either come practice

**24** 私は道に迷ってしまいました。　I my way lost

**25** 私はあなたの話をよく理解しました。　I story your well understood

**26** 彼女はどこから来たのですか？　she where from did come
　　彼女は２年前にイギリスから来ました。　years came she Britain from two ago

**27** あなたはどういった理由で日本に来ましたか？　to you brought what Japan

## ● ★ 章 末 問 題 Ⓑ ★ ●

日本文に合うように英単語を並べ替えなさい。ただし動詞は必要に応じて形を変えること。

**1** 私達は一緒に夕食を食べました。　we together dinner have

___

**2** 私は昨日早く寝ました。　yesterday early I to go bed

___

**3** 私はそのニュースを新聞で読みました。　I the read paper news the in

___

**4** 私は2,3日前に彼女に会いました。　a ago I few her see days

___

**5** 私は全部で10冊本を買いました。　in I ten all buy books

___

**6** 私は一昨日に風邪をひきました。　a I day the cold catch yesterday before

___

**7** 私は5分であきらめました。　I five up minutes give after

___

**8** サムは夕食前に宿題をやりました。　dinner Sam his do before homework

___

**9** おばは私達のためにケーキを作ってくれました。　a make cake aunt us for my

___

**10** おじは私を博物館に連れていってくれました。　me take uncle museum my the to

___

**11** あなたは昨夜よく眠れましたか？　last did sleep you night well

___

**12** フレッドはその試験を受けましたか？　did exam take the Fred

___

**13** 私はよくわかりませんでした。　it really didn't I understand

___

**14** 彼はそれらのうちの１つをテーブルの上に置きました。　the them he put of on one table

**15** 彼女は何も言いませんでした。　didn't anything say she

**16** 彼女は何も言いませんでした。　nothing she say

**17** 彼は他に何か言っていましたか？　he did else anything say

**18** 彼らは私に英語で話しかけてきました。　English they to speak in me

**19** 私はいとこから電子メールをもらいました。　an I from e-mail cousin my get

**20** どうしてわかったのですか？
　　you did how know

**21** 私はそれを全く知りませんでした。
　　it never I know

**22** アラームが鳴らなかったので私は寝坊しました。　I didn't alarm go the overslept off so

**23** マイクは練習に来ませんでした。　ジャックも来ませんでした。
didn't didn't Mike Jack to either come practice

**24** 私は道に迷ってしまいました。　I my way lost

**25** 私はあなたの話をよく理解しました。　I story your well understand

**26** 彼女はどこから来たのですか？　she where from did come
　　彼女は２年前にイギリスから来ました。　years come she Britain from two ago

**27** あなたはどういった理由で日本に来ましたか？　to you brought what Japan

# 18章 | 進行形Ⅱ

●この章で用いられる単語を覚えよう。

hope [ hóup / ホウプ ] 動 ～を望んでいる

remember [ rimémbər / リメンバ(ァ) ] 動 ～を覚えている

sound [ sáund / サウンドゥ ] 動 ～に聞こえる

wear [ wéər / ウェア ] 動 ～を身につけている

belong (to) [ bilóŋ tú: / ビロングトゥー ] 動 ～に所属している，～の所有物である

hate [ héit / ヘイトゥ ] 動 ～を嫌っている

hear [ hir / ヒァ ] 動 ～と聞いている

need [ ní:d / ニードゥ ] 動 ～を必要としている

weigh [ wéi / ウェイ ] 動 ～の重さがある

forget [ fərgét / フォ(-)ゲトゥ ] 動 ～を忘れている，～を忘れる，～を置き忘れる

smell [ smél / スメル ] 動 ～のにおいがする，～のにおいをかぐ

taste [ téist / テイストゥ ] 動 ～の味がする，

laundry [ lóndri / ロンドゥリ ] 名 洗濯，洗濯物

run [ rʌn / ラン ] 動 出る，流れる

close [ klóus / クロウス ] 形 親しい，親密な，近い，近接した

talkative [ tɔ́kətiv / トカティヴ ] 形 話し好きな，口数の多い，おしゃべりな

thing [ θíŋ / スィング ] 名 こと，もの

jog [ dʒɔ́g / ジョグ ] 動 ジョギングをする，ゆっくり走る

be out (for) jogging [ bí: áut (fər) dʒágiŋ / ビー アウトゥ (フォ) ジョグ ] ジョギングに出ている

while [ hwáil / ホワイル ] 名 少しの時間

ago [ əgóu / アゴウ ] 副 (今よりも)前に

a while ago [ ə hwáil əgóu / ア ホワイル アゴウ ] 少し前に

something [ sʌ́mθiŋ / サムスィング ] 代 何か

burn [ bə́rn / バーン ] 動 焦げる，燃える

snow [ snóu / スノウ ] 動 雪が降る

outside [ àutsáid / アウトサイドゥ ] 副 外で，屋外で

but [ bʌ́t / バトゥ ] 接 しかし，ただし

just a little [ dʒʌ́st ə lítl / ジャストゥ ア リトゥル ] 少しだけ，ほんの少し

look up [ lúk ʌ́p / ルック アプ ] 調べる

on the phone [ ɔn ðə fóun / オン ザ フォウン ] 電話で

make sense [ méik séns / メイク センス ] 辻褄(つじつま)が合う，意味が通る

hamburger [ hǽmbə̀:rgər / ハンバーガァ ] 名 ハンバーガー

●左ページを隠して読みと意味を確認しよう。

| | |
|---|---|
| ☐ hope | ☐ thing |
| ☐ remember | ☐ jog |
| ☐ sound | ☐ be out (for) jogging |
| ☐ wear | ☐ while |
| ☐ belong to | ☐ ago |
| ☐ hate | ☐ a while ago |
| ☐ hear | ☐ something |
| ☐ need | ☐ burn |
| ☐ weigh | ☐ snow |
| ☐ forget | ☐ outside |
| ☐ smell | ☐ but |
| ☐ taste | ☐ just a little |
| ☐ laundry | ☐ look up |
| ☐ run | ☐ on the phone |
| ☐ close | ☐ make sense |
| ☐ talkative | ☐ hamburger |

18章

## ●現在進行形と過去進行形

be動詞＋現在分詞（動詞の ing 形）を進行形という。用いる be 動詞が現在形の場合は**現在進行形**，過去形の場合は**過去進行形**といい，それぞれ次のように訳される。

現在進行形→「～している」　　　過去進行形→「～していた」

【現在進行形の例1】　His dog <u>is</u> running over there.　彼の犬が向こうで走っています。

【過去進行形の例1】　His dog <u>was</u> running over there.　彼の犬が向こうで走っていました。

【現在進行形の例2】　They <u>are</u> playing soccer.　彼らはサッカーをしています。

【過去進行形の例2】　They <u>were</u> playing soccer.　彼らはサッカーをしていました。

※主語の単数・複数によって用いる be 動詞が決まることに注意しよう。

## ●状態動詞と動作動詞

動詞には go，play などのように動作を表す**動作動詞**と，know, live のように状態を表す**状態動詞**がある。**状態動詞は普通進行形にしない。**

### ●主な状態動詞

be：～である，～にいる(ある)　　hope：～を望んでいる　　　remember：～を覚えている
believe：～を信じている　　　　　know：～を知っている　　　sound：～に聞こえる
belong to：～に属している　　　　live：住んでいる　　　　　understand：～を理解している
feel：～に感じる(感じられる)　　love：～が大好き　　　　　want：～を欲しがっている
hate：～を嫌っている　　　　　　mean：～を意味している　　wear：～を身につけている
hear：～と聞いている　　　　　　need：～を必要としている　weigh：～の重さがある

以下のように状態動詞になったり，動作動詞になったりするものもあるので注意が必要である。

| | 状態 | 動作 |
|---|---|---|
| have | ～を持っている | ～を食べる・飲む・経験する |
| like | ～が好きである，～を気に入っている | ～を楽しむ |
| look | （様子・外見が）～に見える | 見る・注目する |
| see | ～が目に映る，見て知る，理解する | ～に会う，～と交際する |
| forget | ～を忘れている | ～を忘れる，～を置き忘れる |
| smell | ～のにおいがする | ～のにおいをかぐ |
| stand | 建っている，立っている | 立つ，起立する |
| taste | ～の味がする | ～を味見する |
| think | ～と思っている | (…about／of) ～を考える |
| work | 働いている，(…for)～に勤めている | 働く，取り組む，うまくいく |

### ●状態動詞が進行形になる特殊な場合

状態動詞でも進行形になると，**一時的な状態，一時的な感情，変化の過程**にあることを表す。

例1　Sam <u>lives</u> in Yokohama.　サムは横浜に住んでいます。
　　　　　　　　　→普段住んでいる（定住している）

例2　Sam <u>is living</u> in Yokohama.　サムは横浜に（一時的に）住んでいます。
　　　　　　　　　→何らかの事情でとりあえず一時的に住んでいる

例3　He <u>works</u> as a teacher.　彼は教師として働いています。
　　　　　　　　　→教師として定職についている

例4　He <u>is working</u> as a teacher.　彼は（一時的に）教師として働いています。
　　　　　　　　　→とりあえず，一時的に働いている

例5　He is talkative.　彼は（普段）おしゃべりです。
　　　　　→普段よくしゃべる

例6　He is being talkative.　彼はいつもと違ってよくしゃべっています。
　　　　　→一時的に饒舌になっている（普段はそうではない）

🎧 次の英文の読み書きの練習，及びリスニングの練習をしなさい。

**1** I was doing the laundry then.　私はそのとき洗濯をしていました。

**2** He was listening to the radio.　彼はラジオを聴いていました。

**3** We were meeting every day at that time.　私達は当時毎日会っていました。

**4** She was having dinner with her close friend.　彼女は親しい友達と夕食をとっていました。

**5** Peter wasn't studying in his room.　ピーターは自分の部屋で勉強をしていませんでした。

**6** Mike and Jim weren't swimming in the pool.　マイクとジムはプールで泳いでいませんでした。

**7** Were you out for jogging a while ago?　あなたは少し前にジョギングをしていましたか？
　No, I wasn't.　　　　　　　　　　　　　　　　いいえ，していませんでした。

**8** Was Andy working at a coffee shop?　アンディーはコーヒーショップで働いていましたか？
　Yes, he was.　　　　　　　　　　　　　　　　はい，働いていました。

**9** Sam is living close to Sendai station.　サムはとりあえず仙台駅の近くに住んでいます。

**10** Your phone was ringing.　あなたの電話鳴っていましたよ。

**11** Something is burning.　何かが焦げています。

**12** Why is he being talkative?　何で彼は（いつもと違って）饒舌なんでしょうか？

**13** The hot water isn't running.　お湯が出ません。

**14** It's snowing outside.　外は雪が降っています。

**15** I'm loving this hamburger.　このハンバーガーすごい好き。

**16** Does this cap belong to you?　この帽子はあなたのものですか？

**17** I can't believe this story.　私はこの話を信じることができません。

**18** Do you remember me?　私のこと覚えていますか？

**19** Are you learning Japanese?　あなたは日本語を学んでいるのですか？
　Yes, but just a little.　　　　　　　　　　はい，でも少しだけです。

**20** Am I making sense?　私の言っていることは伝わっていますか？（理解できていますか？）

**21** What were you doing in the computer room?　あなたはコンピューター室で何をしていましたか？
　I was looking up many things for the assignment.　私は課題のためにいろいろ調べていました。

**22** Who was talking over there?　誰が向こうで話していましたか？
　Tom and his friends were talking.　トムと彼の友達です。

**23** Who were you talking to on the phone?　あなたは電話で誰と話していたのですか？
　I was talking to my mom.　　　　　　　　母と話していました。

**24** What was Ken doing outside last night?　ケンは昨夜外で何をしていたのですか？
　He was looking for his cat.　　　　　　　彼は飼っている猫を探していました。

**25** Why aren't you eating this?　あなたは何故これを食べていないのですか？

18
章

●　★ 章 末 問 題 Ⓐ ★　●

日本文に合うように英単語を並べ替えなさい。

1 私はそのとき洗濯をしていました。　was the I then laundry doing

2 彼はラジオを聴いていました。　was to he radio the listening

3 私達は当時毎日会っていました。　were at every we time meeting that day

4 彼女は親しい友達と夕食をとっていました。　was friend dinner having her she with close

5 ピーターは自分の部屋で勉強をしていませんでした。　wasn't room studying his in Peter

6 マイクとジムはプールで泳いでいませんでした。　weren't in the swimming and pool Mike Jim

7 あなたは少し前にジョギングをしていましたか？　いいえ，していませんでした。
were wasn't I ago no you a while jogging for out

8 アンディーはコーヒーショップで働いていましたか？　はい，働いていました。
was was at a yes Andy working he coffee shop

9 サムはとりあえず仙台駅の近くに住んでいます。　is to close Sam Sendai living station

10 あなたの電話鳴っていましたよ。　was ringing your phone

11 何かが焦げています。　is burning something

12 何で彼は（いつもと違って）饒舌（じょうぜつ）なんでしょうか？　is he why talkative being

13 お湯が出ません。isn't the hot running water

**14** 外は雪が降っています。　outside snowing it's

---

**15** このハンバーガーすごい好き。　I'm this loving hamburger

---

**16** この帽子はあなたのものですか？　to you cap this does belong

---

**17** 私はこの話を信じることができません。　believe this I can't story

---

**18** 私のこと覚えていますか？　me do you remember

---

**19** あなたは日本語を学んでいるのですか？　はい，でも少しだけです。
are a but you yes Japanese learning little just

---

**20** 私の言っていることは伝わっていますか？（理解できていますか？）　I sense am making

---

**21** あなたはコンピューター室で何をしていましたか？　were the in you room what doing computer
私は課題のためにいろいろ調べていました。　was the I up many things looking assignment for

---

**22** 誰が向こうで話していましたか？　トムと彼の友達です。
was were and his Tom talking talking there who friends

---

**23** あなたは電話で誰と話していたのですか？　were on to the phone you who talking
母と話していました。　was my to I talking mom

---

**24** ケンは昨夜外で何をしていたのですか？　was doing Ken night what outside last
彼は飼っている猫を探していました。　was cat he for looking his

---

**25** あなたは何故これを食べていないのですか？　aren't you this eating why

---

## ● ★ 章末問題 Ｂ ★

日本文に合うように英単語を並べ替えなさい。ただし be 動詞と not は必要に応じて自分で補い，それらを同時に用いる場合は短縮形にすること。

**1** 私はそのとき洗濯をしていました。　the I then laundry doing

---

**2** 彼はラジオを聴いていました。　to he radio the listening

---

**3** 私達は当時毎日会っていました。　at every we time meeting that day

---

**4** 彼女は親しい友達と夕食をとっていました。　friend dinner having her she with close

---

**5** ピーターは自分の部屋で勉強をしていませんでした。　room studying his in Peter

---

**6** マイクとジムはプールで泳いでいませんでした。　in the swimming and pool Mike Jim

---

**7** あなたは少し前にジョギングをしていましたか？　いいえ，していませんでした。
I ago no you a while jogging for out

---

**8** アンディーはコーヒーショップで働いていましたか？　はい，働いていました。
at a yes Andy working he coffee shop

---

**9** サムはとりあえず仙台駅の近くに住んでいます。　to close Sam Sendai living station

---

**10** あなたの電話鳴っていましたよ。　ringing your phone

---

**11** 何かが焦げています。　burning something

---

**12** 何で彼は（いつもと違って）饒舌なんでしょうか？　he why talkative being

---

**13** お湯が出ません。　the hot running water

**14** 外は雪が降っています。　outside snowing it's

**15** このハンバーガーすごい好き。　I this loving hamburger

**16** この帽子はあなたのものですか？　to you cap this does belong

**17** 私はこの話を信じることができません。　believe this I can't story

**18** 私のこと覚えていますか？　me do you remember

**19** あなたは日本語を学んでいるのですか？　はい，でも少しだけです。
a but you yes Japanese learning little just

**20** 私の言っていることは伝わっていますか？（理解できていますか？）　I sense making

**21** あなたはコンピューター室で何をしていましたか？　the in you room what doing computer
私は課題のためにいろいろ調べていました。　the I up many things looking assignment for

**22** 誰が向こうで話していましたか？　トムと彼の友達です。
was and his Tom talking talking there who friends

**23** あなたは電話で誰と話していたのですか？　on to the phone you who talking
母と話していました。　my to I talking mom

**24** ケンは昨夜外で何をしていたのですか？　doing Ken night what outside last
彼は飼っている猫を探していました。　cat he for looking his

**25** あなたは何故これを食べていないのですか？　you this eating why

# 19章 ||| 未来表現

●この章で用いられる単語を覚えよう。

will ［wíl／ウィル］ 名 意志　助 (では)〜します，きっと〜する，絶対〜するはず

out ［áut／アウトゥ］ 副 外へ(に)

go out ［góu áut／ゴゥ アウトゥ］ 出かける，外出する

join ［dʒɔ́in／ジョイン］ 動 参加する

summer camp ［sʌ́mər kǽmp／サマー キャンプ］ サマーキャンプ

rain ［réin／レイン］ 動 雨が降る

engine ［éndʒən／エンジン］ 名 エンジン，原動機

turn ［tə́rn／ターン］ 動 〜になる，変わる

turn on ［tə́rn ɔn／ターン オン］ 動 作動する

maybe ［méibi(:)／メイビー］ 副 たぶん

well ［wél／ウェル］ 間 ええと，うーん，そうですねぇ

bottle ［bátl／バトゥル］ 名 ビン，ボトル

follow ［fálou／ファロゥ］ 動 〜について行く

get off ［gét ɔf／ゲトゥ オフ］ 降りる，下車する

karaoke ［kæ̀rəóuki／キャリオウキ］ 名 カラオケ　※発音注意

board ［bɔ́rd／ボードゥ］ 動 (乗客が)搭乗する，乗船する

tonight ［tənáit／トゥナイトゥ］ 副 今夜は

abroad ［əbrɔ́:d／アブ ロードゥ］ 副 外国へ(で)

study abroad ［stʌ́di əbrɔ́:d／スタディ アブ ロードゥ］ 海外に留学する

laundry machine ［lɔ́ndri məʃín／ロンドゥリ マシン］ 洗濯機

tomorrow ［tumɔ́rou／トゥモロウ］ 名 明日

the day after tomorrow ［ðə déi ǽftər tumɔ́rou／ザ デイ アフター トゥモロウ］ 明後日(あさって)

bound ［báund／バウンドゥ］ 形 (列車，船，飛行機などが)〜行きの

soon ［sú:n／スーン］ 副 間もなく，すぐに

shortly ［ʃɔ́rtli／ショートゥリィ］ 副 間もなく，すぐに　※soon より硬い語

night ［náit／ナイトゥ］ 名 夜，晩，〜泊

pass ［pǽs／パス］ 動 合格する

exam ［igzǽm／イグザム］ 名 試験，検査

attend ［əténd／アテンドゥ］ 動 出席する

for ［fɔ́r／フォア］ 前 〜の間

just ［dʒʌ́st／ジャストゥ］ 副 ただ〜するだけ

relax ［rilǽks／リラクス］ 動 くつろぐ，ゆっくりする

take ［téik／テイク］ 動 (時間が)かかる，連れて行く，持っていく

●左ページを隠して読みと意味を確認しよう。

| | |
|---|---|
| ☐ will | ☐ abroad |
| ☐ out | ☐ study abroad |
| ☐ go out | ☐ laundry machine |
| ☐ join | ☐ tomorrow |
| ☐ summer camp | ☐ the day after tomorrow |
| ☐ rain | ☐ bound |
| ☐ engine | ☐ soon |
| ☐ turn | ☐ shortly |
| ☐ turn on | ☐ night |
| ☐ maybe | ☐ pass |
| ☐ well | ☐ exam |
| ☐ bottle | ☐ attend |
| ☐ follow | ☐ for |
| ☐ get off | ☐ just |
| ☐ karaoke | ☐ relax |
| ☐ board | ☐ take |
| ☐ tonight | |

19
章

## ●助動詞の will

助動詞の will は，主に「意志の表明」と「個人的な推測」の意味がある。

① 今決めたこと，その場で決めたことに対してする意志がある　「（では）…します」
② 決まっていない未来に対して予測する　「（きっと）…する」「…するだろう」

注意1　決まっている未来に対しては使えない。また②の場合は割と強い確信がある場合に使う

注意2　助動詞の後に続く動詞は必ず原形になることに注意しよう。

※will を含む短縮形　　I will → I'll [áil]（アイル）　　will not → won't [wóunt]（ウオウントゥ）（発音・スペル注意）
　　　　　　　　　　we will → we'll [wí(:)l]（ウィール）　　it will → it'll [itl]（イトゥル）

例1　I will call him right now.　　（では）私がすぐに彼に電話します。

例2　He will pass the exam.　彼はきっと試験に合格します。

例3　Will the train arrive on time?　その電車は必ず時間通りに着きますか？
　　　Yes, it will.／No, it won't.　はい，着きます。／いいえ，着きません。

例4　They will not come to the party.　彼らは絶対パーティーには来ないよ。

例5　The computer won't turn on.　パソコンが起動（しようと）しません。

例6　How many minutes will it take?　それは何分かかりますか？

## ●未来を表す進行形

未来を表す現在進行形は準備・段取りがすでに整っている確定した未来を表し，「～します」「～する予定だ」「～することになっている」などのように訳される。

注意1　予測・推測する場合は使えない

例1　I'm leaving for New York next month.　私は来月ニューヨークに向けて出発します。

注意2　交通機関の運行，団体旅行のスケジュール，天気予報など，個人の意志では変更できない未来については通常現在形で表される。

例2　Our train leaves at 9 tomorrow.　私達が乗る電車は明日9時に出発します。

注意3　will be～ing は誰の意志も含まない未来表現で，「～することになる」という意味になる。

例3　The next train will be arriving shortly.　次の列車が間もなく到着します。

## ●be going to+原形動詞

be going to+原形動詞 は，次のような意味がある。

① 今決めたこと，その場で決めたことに対してする意志がある　「（では）…します」（=will）
② 準備，段取りまでは整っていないが，前々から計画している　「（前々から）～するつもりだ」
③ 客観的な原因・理由があって，予測する　「～しそうだ」「～するでしょう」

例1　I am going to visit London next year.　私は来年ロンドンを訪問するつもりです。

例2　She isn't going to get a car.　彼女は車を買うつもりはありません。

例3　Are you going to join the summer class.?　あなたは夏期講習に参加するつもりですか？
　　　Yes, I am.／No, I'm not.　はい，そうです。／いいえ，違います。

例4　I was going to stay there.　私はそこに泊まる予定だった。（実際は泊まらなかった）

🎧 次の英文の読み書きの練習，及びリスニングの練習をしなさい。

**1** I'll come again in 30 minutes.　ではまた 30 分後に来ますね。

**2** I will take you there. Follow me.　では私があなたをそこまで連れて行ってあげますよ。ついて来て。

**3** I'll be there at 7.　私は 7 時には必ずそこに行きます。(そこにいます)

**4** Bob will pass the exam because he studied hard.　ボブはきっと試験に合格します，何故なら熱心に勉強していましたから。

**5** Your package will arrive tomorrow.　あなたの荷物は明日には必ず届きます。

**6** Will the bus leave on time?　そのバスは必ず時間通りに出発しますか？
No, maybe it won't.　　　　　　　いいえ，たぶんしません。

**7** Will the restaurant open the day　そのレストランは明後日は絶対開いていますか？
after tomorrow?　Yes, it will.　はい，開いています。

**8** This bottle will not open.　このビンはどうしても開きません。

**9** The engine won't start.　エンジンがなかなかかかりません。

**10** Mr. Brown is coming soon.　ブラウン先生はもうすぐ来ます。

**11** I'm getting off!　(バスなどで) 私降ります！

**12** His son is turning five in January.　彼の息子は 1 月で 5 歳になります。

**13** My daughter is studying abroad next year.　私の娘は来年留学することになっています。

**14** The Boston-bound train will be arriving shortly.　ボストン行の電車がまもなく到着します。

**15** Are you going out tonight?　あなた達は今夜出かけますか？
Yes, we are going to karaoke.　はい，カラオケに行くつもりです。

**16** Kate, where are you going?　ケイト，どこに行くの？
I'm going to the library.　図書館に行きます。

**17** I'm going to buy a laundry machine tomorrow.　私は明日洗濯機を買うつもりです。

**18** I'm not going to join the summer camps.　私はサマーキャンプには参加しないつもりです。

**19** Are you going to attend his party?　あなたは彼のパーティーに出席する予定ですか？
Yes, I am.　はい，その予定です。

**20** Is your family going to come here too?　あなたの家族もここにくる予定ですか？

**21** How will the weather be tomorrow?　明日の天気はどうなるでしょうか？
It is going to rain.　雨になりそうです。

**22** What time are you coming home?　あなたは何時に帰宅しますか？

**23** What are you doing tomorrow?　あなたは明日何をしていますか？
Well, I'll just stay home and relax.　そうですね，ただ家でゆっくりするだけだと思います。

**24** How many nights will you be staying?　何泊される予定ですか？
I will be staying for two nights.　私は 2 泊する予定です。

**25** How long are you staying there?　あなたはそこにどれくらい滞在する予定ですか？
For a week.　1 週間です。

**26** Where will we be boarding?　私達はどこから搭乗するのでしょうか？

19
章

## ● ★ 章 末 問 題 Ⓐ ★ ●

日本文に合うように英単語を並べ替えなさい。

**1** ではまた 30 分後に来ますね。　30 in again I'll minutes come

**2** では私があなたをそこまで連れて行ってあげますよ。　ついて来て。
me I you will there follow take

**3** 私は 7 時には必ずそこに行きます。（そこにいます）7 be at I'll there

**4** ボブはきっと試験に合格します，何故なら熱心に勉強していましたから。
the Bob he will exam studied because hard pass

**5** あなたの荷物は明日には必ず届きます。　will package your tomorrow arrive

**6** そのバスは必ず時間通りに出発しますか？　いいえ，たぶんしません。
on the it bus maybe will won't no time leave

**7**　そのレストランは明後日は絶対開いていますか？　はい，開いています。
the the will will it yes day after restaurant open tomorrow

**8** このビンはどうしても開きません。　will this not open bottle

**9** エンジンがなかなかかかりません。　the start won't engine

**10** ブラウン先生はもうすぐ来ます。　is coming Mr. Brown soon

**11**　（バスなどで）私降ります！　getting I'm off

**12** 彼の息子は 1 月で 5 歳になります。　five in is son his January turning

**13** 私の娘は来年留学することになっています。　is my year next studying abroad daughter

**14** ボストン行の電車がまもなく到着します。　be the will train shortly Boston-bound arriving

**15** あなた達は今夜出かけますか？　you out are tonight going
　　　はい，カラオケに行くつもりです。　to are yes we karaoke going

**16** ケイト，どこに行くの？　図書館に行きます。
　　　are to the you I'm going going Kate library where

**17** 私は明日洗濯機を買うつもりです。　a to buy I'm going machine tomorrow laundry

**18** 私はサマーキャンプには参加しないつもりです。　to not the I'm join summer camps going

**19** あなたは彼のパーティーに出席する予定ですか？　はい，その予定です。
　　　yes am are to his you I going party attend

**20** あなたの家族もここにくる予定ですか？　is to too your here come going family

**21** 明日の天気はどうなるでしょうか？　be the will how tomorrow weather
　　　雨になりそうです。　is it to rain going

**22** あなたは何時に帰宅しますか？　are time what you home coming

**23** あなたは明日何をしていますか？　are you what tomorrow doing
　　　そうですね，ただ家でゆっくりするだけだと思います。　just well and I'll home relax stay

**24** 何泊される予定ですか？　be will how you many nights staying
　　　私は2泊する予定です。　I be for two will nights staying

**25** あなたはそこにどれくらい滞在する予定ですか？　1週間です。
　　　a for how you are long week there staying

**26** 私達はどこから搭乗するのでしょうか？　be we will where boarding

## ● ★ 章 末 問 題 Ⓑ ★

日本文に合うように英単語を並べ替えなさい。

**1** ではまた 30 分後に来ますね。　30 in again I'll minutes come

**2** では私があなたをそこまで連れて行ってあげますよ。　ついて来て。
me I you will there follow take

**3** 私は 7 時には必ずそこに行きます。（そこにいます）7 be at I'll there

**4** ボブはきっと試験に合格します，何故なら熱心に勉強していましたから。
the Bob he will exam studied because hard pass

**5** あなたの荷物は明日には必ず届きます。　will package your tomorrow arrive

**6** そのバスは必ず時間通りに出発しますか？　いいえ，たぶんしません。
on the it bus maybe will won't no time leave

**7**　そのレストランは明後日は絶対開いていますか？　はい，開いています。
the the will will it yes day after restaurant open tomorrow

**8** このビンはどうしても開きません。　will this not open bottle

**9** エンジンがなかなかかかりません。　the start won't engine

**10** ブラウン先生はもうすぐ来ます。　is coming Mr. Brown soon

**11** （バスなどで）私降ります！　getting I'm off

**12** 彼の息子は 1 月で 5 歳になります。　five in is son his January turning

**13** 私の娘は来年留学することになっています。　is my year next studying abroad daughter

**14** ボストン行の電車がまもなく到着します。　be the will train shortly Boston-bound arriving

---

**15** あなた達は今夜出かけますか？　you out are tonight going
はい，カラオケに行くつもりです。　to are yes we karaoke going

---

**16** ケイト，どこに行くの？ 図書館に行きます。
are to the you I'm going going Kate library where

---

**17** 私は明日洗濯機を買うつもりです。　a to buy I'm going machine tomorrow laundry

---

**18** 私はサマーキャンプには参加しないつもりです。　to not the I'm join summer camps going

---

**19** あなたは彼のパーティーに出席する予定ですか？ はい，その予定です。
yes am are to his you I going party attend

---

**20** あなたの家族もここにくる予定ですか？　is to too your here come going family

---

**21** 明日の天気はどうなるでしょうか？　be the will how tomorrow weather
雨になりそうです。　is it to rain going

---

**22** あなたは何時に帰宅しますか？　are time what you home coming

---

**23** あなたは明日何をしていますか？　are you what tomorrow doing
そうですね，ただ家でゆっくりするだけだと思います。　just well and I'll home relax stay

---

**24** 何泊される予定ですか？　be will how you many nights staying
私は2泊する予定です。　I be for two will nights staying

---

**25** あなたはそこにどれくらい滞在する予定ですか？ 1週間です。
a for how you are long week there staying

---

**26** 私達はどこから搭乗するのでしょうか？　be we will where boarding

# 20章 ||| 一般動詞Ⅴ

●この章で用いられる単語を覚えよう。

be lost　[ bí: lɔ́st / ビィ ロストゥ ] 道に迷っている，迷子になっている

begin　[ bigín / ビギン ] 動 〜を始める，始まる

start　[ stάrt / スタートゥ ] 動 〜を始める，始まる

become　[ bikʌ́m / ビカム ] 動 (衣装などが)〜に似合う，〜になる

taste　[ téist / テイストゥ ] 動 〜を味見する，〜な味がする

stand　[ stǽnd / スタンドゥ ] 動 〜を我慢する，立つ

run　[ rʌ́n / ラン ] 動 〜を経営する，〜を走らせる，走る

happen　[ hǽpn / ハプン ] 動 起こる，発生する

fall　[ fɔ́:l / フォール ] 動 落下する，落ちる

die　[ dái / ダイ ] 動 死ぬ，死亡する

overseas　[ òuvərsí:z / オーヴァースィーズ ] 副 海外で(へ)

stop　[ stάp / スタプ ] 動 やめる，中断する，止まる

move　[ mú:v / ムーヴ ] 動 移動する，動く，動かす

map　[ mǽp / マプ ] 名 地図

part　[ pάrt / パートゥ ] 名 部分，一部

ill　[ íl / イル ] 形 病気で，気分が悪い

great　[ gréit / グレイトゥ ] 形 素晴らしい

soup　[ sú:p / スープ ] 名 スープ，汁

alone　[ əlóun / アロウン ] 副 独りで，単独で

smell　[ smél / スメル ] 動 〜のにおいがする，〜のにおいをかぐ

flower　[ fláuər / フラウァァ ] 名 花

firefighter　[ fáiərfaitər / ファイアファイタ(ァ) ] 名 消防士

United States　[ junáitəd stéits / ユナイティドゥ ステイツ ] 名 アメリカ合衆国

heat　[ hí:t / ヒートゥ ] 名 暑いこと，高温

hotel　[ houtél / ホゥテル ] 名 ホテル，旅館

pass　[ pǽs / パス ] 動 〜に…を渡す

hand　[ hǽnd / ハンドゥ ] 動 〜に…を手渡す 名 手助け，助力

read　[ rí:d / リードゥ ] 動 〜に…を読み聞かせる

find　[ fáind / ファインドゥ ] 動 〜に…を見つけてあげる，〜を発見する

found　[ fáund / ファウンドゥ ] find の過去形

choose　[ tʃú:z / チューズ ] 動 〜に…を選んであげる

bring　[ bríŋ / ブリング ] 動 〜に〜を持ってくる

leave　[ lí:v / リーヴ ] 動 〜に…を残す

ask　[ ǽsk / アスク ] 動 〜に.…を尋ねる，〜に…をお願いする

puppy　[ pʌ́pi / パピィ ] 名 子犬

lift　[ líft / リフトゥ ] 名 (車にただで)乗せること

glass　[ glǽs / グラス ] 名 コップ，グラス，ガラス

a glass of　[ ə glǽs əv / ア グラス オブ ] 〜を一杯，一杯の

iced　[ áist / アイストゥ ] 形 氷で冷やした

iced coffee　[ áist kɔ́:fi / アイストゥ コーフィ ] アイスコーヒー

truth　[ trú: θ / トゥルース ] 名 本当のこと，真実

●左ページを隠して読みと意味を確認しよう。

| | |
|---|---|
| ☐ be lost | ☐ firefighter |
| ☐ begin | ☐ United States |
| ☐ start | ☐ heat |
| ☐ become | ☐ hotel |
| ☐ taste | ☐ pass |
| ☐ stand | ☐ hand |
| ☐ run | ☐ read |
| ☐ happen | ☐ find |
| ☐ fall | ☐ found |
| ☐ die | ☐ choose |
| ☐ overseas | ☐ bring |
| ☐ stop | ☐ leave |
| ☐ move | ☐ ask |
| ☐ map | ☐ puppy |
| ☐ part | ☐ lift |
| ☐ ill | ☐ glass |
| ☐ great | ☐ a glass of |
| ☐ soup | ☐ iced |
| ☐ alone | ☐ iced coffee |
| ☐ smell | ☐ truth |
| ☐ flower | |

20
章

## ●自動詞と他動詞

目的語（〜を）を直後に置くことができる動詞を**他動詞**，できない動詞を**自動詞**という。
動詞が自動詞となる場合と他動詞になる場合で意味が変わってくるので注意が必要である。

get ┨ 他動詞：〜を手に入れる，〜を買う，〜を取って来る，〜を理解する
　　 ┗ 自動詞：〜に達する，〜に着く，〜になる

walk ┨ 他動詞：〜を散歩させる
　　　┗ 自動詞：歩く

begin start ┨ 他動詞：〜を始める
　　　　　　 ┗ 自動詞：始まる

change ┨ 他動詞：〜を変える，〜を両替する
　　　　┗ 自動詞：変わる，乗り換える(to)

taste ┨ 他動詞：〜を味見する
　　　 ┗ 自動詞：〜な味がする

stand ┨ 他動詞：〜を我慢する，〜に耐える
　　　 ┗ 自動詞：立つ，建っている

run ┨ 他動詞：〜を経営する，〜を走らせる
　　┗ 自動詞：走る

【他動詞の例】I got an e-mail from him.　私は彼から電子メールを受けとりました。

【自動詞の例1】We got to the station.　私達はその駅に到着しました。（駅に達した）

【自動詞の例2】She got angry.　彼女は怒りました。（怒る状態に達した）

---

**自動詞にしかならない動詞**

※go（行く），※come（来る），arrive（到着する），listen（聴く），happen（起こる），
fall（落下する），die（死ぬ）　※特殊な意味で他動詞になることがある

---

### ●自動詞の go, come, arrive, listen, happen の使い方の注意事項

自動詞は直後に名詞を置くことはできず，後に名詞を置く場合は前置詞が必要である。

学校へ行く：× go school
　　　　　　○ go to school

パーティーに来る：× come the party
　　　　　　　　　○ come to the party

ラジオを聴く：× listen the radio
　　　　　　　○ listen to the radio

新宿に着く：× arrive Shinjuku
　　　　　　○ arrive at Shinjuku

私に起こる：× happen me
　　　　　　○ happen to me

### ●there, here, home, abroad, overseas の使い方の注意事項

there〔そこ(へ)〕，here〔ここ(に)〕，home〔自宅(に)〕，abroad〔外国へ(で)〕，overseas〔海外
へ(で)〕は名詞，副詞のどちらの品詞も存在するが，自動詞の直後は通常副詞として使う。

そこへ行く：×go to there
　　　　　　○go there

こちらに来る：×come to here
　　　　　　　○come here

外国へ行く：×go to abroad
　　　　　　○go abroad

そこに到着する：×arrive at there
　　　　　　　　○arrive there

帰宅する：×go to home
　　　　　○go home

※come to my <u>home</u> →my がついているためこの場合の home は名詞。よって to が必要。

**43** 次の英文を訳しなさい。また下線部の動詞は自動詞か他動詞か答えなさい。

(1) I <u>got</u> here at seven.　　　（ 自動詞・他動詞 ）訳：_____

(2) I <u>got</u> the e-mail today.　　（ 自動詞・他動詞 ）訳：_____

(3) I <u>got</u> sad then.　　　　　（ 自動詞・他動詞 ）訳：_____

(4) <u>Stop</u> it.　　　　　　　　　（ 自動詞・他動詞 ）訳：_____

(5) Please <u>stop</u> there.　　　　（ 自動詞・他動詞 ）訳：_____

(6) Don't <u>move</u>.　　　　　　　（ 自動詞・他動詞 ）訳：_____

(7) Don't <u>move</u> it.　　　　　　（ 自動詞・他動詞 ）訳：_____

(8) Our school <u>starts</u> in April.　（ 自動詞・他動詞 ）訳：_____

(9) Let's <u>start</u> today's lesson.　（ 自動詞・他動詞 ）訳：_____

(10) What <u>happened</u>?　　　　（ 自動詞・他動詞 ）訳：_____

**44** 次の誤った英文を，日本文に合うように正しなさい。ただし動詞は変えないこと。

(1) Listen me.（私の話を聴きなさい。）　　　(2) I got Ken's house.（私はケンの家に着いた。）

🎧 次の英文の読み書きの練習，及びリスニングの練習をしなさい。

**1** I'm lost. Where am I on this map?　私は道に迷っています。私はこの地図でどこにいますか？

**2** She gets sick often.　彼女はよく病気になります。

**3** Let's get together tonight.　今夜集まりましょう。

**4** My father got home very late.　私の父はとても遅く帰宅しました。

**5** I didn't get the last part.　私は最後の部分が理解できませんでした。

**6** You look ill.　あなたは具合が悪そうです。

**7** Are you still feeling sick?　あなたはまだ具合が悪いですか？

**8** Everything tastes great.　すべてがおいしいです。

**9** Can you taste this soup?　このスープを味見してくれませんか？

**10** It sounds interesting.　それは面白そうだね。

**11** Smell the flower. It smells like lemon.　その花を嗅(か)いでみて。レモンのような匂(にお)いがします。

**12** Did you go there alone?　あなたは独りでそこに行ったのですか？

**13** My brother became a firefighter.　私の兄は消防士になりました。

**14** School begins in September in the United States.　アメリカでは学校は9月に始まります。

**15** I was walking my dog then.　私はそのとき犬を散歩させていました。

**16** I can't stand the heat here.　私はここでの暑さには耐えられません。

**17** My parents run a small hotel.　私の両親は小さなホテルを経営しています。

**18** Did something happen to you?　あなたは何かあったのですか？

## ●主語＋動詞＋人＋物　（SVOO）

〔動詞＋人＋(物/事)〕の形は「人に物や情報を与える」という意味の構文。

〔動詞＋人＋(物/事)〕は〔動詞＋(物/事)＋(to / for)＋人〕と書き換えることができる。英語では後に置かれる語が強調され，物や事に焦点を当てたい場合は前者，人に焦点を当てたい場合は後者が用いられる。to を使うのか for を使うのかは動詞によって異なり，一つひとつ覚えるしかない。

!注意　人，物，情報の移動，往復，交換が起こる場合やそれが可能な場合は to，
　　　　一方的に利益や有用性が与えられる場合は for が用いられる傾向にある。

| 動詞＋人＋(物/事) ＝ 動詞＋(物/事)＋to＋人　の形になることができる動詞 |
|---|
| give＋人＋物　＝　give 物 to 人　「（人）に（物）を与える」 |
| teach＋人＋事　＝　teach 事 to 人　「（人）に（事）を教える」 |
| show＋人＋物　＝　show 物 to 人　「（人）に（物）を見せる」 |
| tell＋人＋事　＝　tell 事 to 人　「（人）に（事）を言う」 |
| lend＋人＋物　＝　lend 物 to 人　「（人）に（物）を貸す」 |
| send＋人＋物　＝　send 物 to 人　「（人）に（物）を送る」 |
| write＋人＋物　＝　write 物 to 人　「（人）に（物）を書く」 |
| pass＋人＋物　＝　pass 物 to 人　「（人）に（物）を渡す」 |
| hand＋人＋物　＝　hand 物 to 人　「（人）に（物）を手渡す」 |
| read＋人＋物　＝　read 物 to 人　「（人）に（物）を読み聞かせる」 |

例1　My friend gave me a puppy. ＝ My friend gave a puppy to me.
　　　友達が私に子犬をくれました。

| 動詞＋人＋(物/事) ＝ 動詞＋(物/事)＋for＋人　の形になることができる動詞 |
|---|
| make＋人＋物　＝　make 物 for 人　「（人）に（物）を作ってあげる」 |
| cook＋人＋物　＝　cook 物 for 人　「（人）に（物）を料理してあげる」 |
| buy＋人＋物　＝　buy 物 for 人　「（人）に（物）を買ってあげる」 |
| get＋人＋物　＝　get 物 for 人　「（人）に（物）を手に入れて（買ってきて）あげる」 |
| find＋人＋物　＝　find 物 for 人　「（人）に（物）を見つけてあげる」 |
| call＋人＋物　＝　call 物 for 人　「（人）のために（物）を呼んであげる」 |
| choose＋人＋物　＝　choose 物 for 人　「（人）に（物）を選んであげる」 |

例2　She cooked us dinner. ＝ She cooked dinner for us.
　　　彼女は私達のために夕食を作ってくれました。

| ★書き換えで to と for のどちらも用いることができる動詞 |
|---|
| bring　＋人＋物　＝　bring 物 (to／for) 人　「（人）に（物）を持ってくる」 |
| leave　＋人＋物　＝　leave 物 (to／for) 人　「（人）に（物）を残す」 |

例3　Can you bring me a newspaper? ＝ Can you bring a newspaper to(for) me?
　　　私のところに新聞を持ってきてくれませんか？

| ★ask＋人＋(質問，頼み事) ＝ ask＋(質問，頼み事)＋of＋人 |
|---|
| 「（人）に～(質問)を尋ねる」「（人）に～(頼み事)をお願いする」 |

例4　I asked her some questions. ＝ I asked some questions of her.
　　　私は彼女にいくつか質問をしました。

**45** 2つの英文が共に日本文に合うように空欄を埋めなさい。(指定された単語を用いること)

(1) 私は彼にプレゼント (present) をあげるつもりです。
　① I'm going to give (　　　　) a (　　　　　).
　② I'm going to give a (　　　　) (　　　　　) (　　　　　).

(2) 私にお塩 (salt) をとってくれませんか？
　① Can you pass (　　　) the (　　　　)?
　② Can you pass the (　　　) (　　　) (　　　　)?

(3) では私があなたのためにタクシー (taxi) を呼んであげましょう。
　① I'll call (　　　) a (　　　　). 　② I'll call a (　　　) (　　　) (　　　　).

(4) 彼が私達に数学 (math) を教えています。
　① He teaches (　　　) (　　　　). 　② He teaches (　　　) (　　　) (　　　　).

(5) ベスが私に道 (way) を教えてくれました。
　① Beth showed (　　　) the (　　　). 　② Beth showed the (　　　) (　　　) (　　　　).

(6) 彼女にお土産 (gift) を買っていってはどうですか？
　① Why don't you buy (　　　　) a (　　　　)?
　② Why don't you buy a (　　　　) (　　　) (　　　　)?

(7) 彼に手紙 (letter) を書いてみませんか？
　① Why don't we write (　　　　) a (　　　　)?
　② Why don't we write a (　　　) (　　　) (　　　　)?

(8) あなたのチケット (ticket) はあの男の人 (man) に手渡してください。
　① Please hand (　　　) (　　　) (　　　) (　　　　).
　② Please hand (　　　) (　　　) (　　　) (　　　) (　　　　).

🎧 次の英文の読み書きの練習，及びリスニングの練習をしなさい。

**19** My father gave me a puppy for my birthday. 　誕生日に父は子犬をくれました。

**20** Can you give me a hand? 　手を貸してくれませんか？（手伝ってくれませんか？）

**21** I'll give you a lift. 　ではあなたを車に乗せてあげますよ。

**22** Can you make me a glass of iced tea? 　私にアイスティーを一杯入れてくれませんか？

**23** He found me a good doctor. 　彼は私によい医者を見つけてくれました。

**24** Mary cooked us dinner. 　メアリーは私達に夕食を作ってくれました。

**25** I'll get you the ticket. 　では私があなたのためにそのチケットをとってあげましょう。

**26** Did Mark send you the e-mail? 　マークがその電子メールをあなたに送ったのですか？

**27** Tell me the truth. 　本当のことを私に言って。

**28** Can you lend me your bike tomorrow? 　明日あなたの自転車を貸してくれませんか？

**29** Can I ask you a question? 　質問を1つしてもいいですか？

●　★ 章 末 問 題 Ⓐ ★

日本文に合うように英単語を並べ替えなさい。

**1** 私は道に迷っています。私はこの地図でどこにいますか？
I I'm on lost am map this where

---

**2** 彼女はよく病気になります。※often は文末へ
※(often) she sick gets

**3** 今夜集まりましょう。
tonight get together let's

---

**4** 私の父はとても遅く帰宅しました。　got home father my late very

---

**5** 私は最後の部分が理解できませんでした。　I the didn't get part last

---

**6** あなたは具合が悪そうです。
you ill look

**7** あなたはまだ具合が悪いですか？
you sick are still feeling

---

**8** すべてがおいしいです。　great tastes everything

---

**9** このスープを味見してくれませんか？　taste you soup can this

---

**10** それは面白そうだね。　interesting sounds it

---

**11** その花を嗅いでみて。レモンのような匂いがします。　smell smells it the lemon flower like

---

**12** あなたは独りでそこに行ったのですか？　there you alone did go

---

**13** 私の兄は消防士になりました。　a my brother firefighter became

---

**14** アメリカでは学校は９月に始まります。　the begins in in school September United States

**15** 私はそのとき犬を散歩させていました。　I then walking was dog my

**16** 私はここでの暑さには耐えられません。　can't the I stand here heat

**17** 私の両親は小さなホテルを経営しています。　a my run parents hotel small

**18** あなたは何かあったのですか？　to you did happen something

**19** 誕生日に父は子犬をくれました。　a my my gave me for puppy birthday father

**20** 手を貸してくれませんか？
a me can you give hand

**21** ではあなたを車に乗せてあげますよ。
a give lift I'll you

**22** 私にアイスコーヒーを一杯入れてくれませんか？　a of iced glass make you me can tea

**23** 彼は私によい医者を見つけてくれました。　a me he found doctor good

**24** メアリーは私達に夕食を作ってくれました。　dinner us cooked Mary

**25** では私があなたのためにそのチケットをとってあげましょう。　ticket the get you I'll

**26** マークがその電子メールをあなたに送ったのですか？　the did email send you Mark

**27** 本当のことを私に言って。　the me truth tell

**28** 明日あなたの自転車を貸してくれませんか？　you your me can lend tomorrow bike

**29** 質問を1つしてもいいですか？　a ask I can you question

## ●　★ 章 末 問 題 B ★　●

日本文に合うように英単語を並べ替えなさい。

**1** 私は道に迷っています。私はこの地図でどこにいますか？
I I'm on lost am map this where

---

**2** 彼女はよく病気になります。※often は文末へ
※(often) she sick gets

**3** 今夜集まりましょう。
tonight get together let's

---

**4** 私の父はとても遅く帰宅しました。　got home father my late very

---

**5** 私は最後の部分が理解できませんでした。　I the didn't get part last

---

**6** あなたは具合が悪そうです。
you ill look

**7** あなたはまだ具合が悪いですか？
you sick are still feeling

---

**8** すべてがおいしいです。　great tastes everything

---

**9** このスープを味見してくれませんか？　taste you soup can this

---

**10** それは面白そうだね。　interesting sounds it

---

**11** その花を嗅いでみて。レモンのような匂いがします。　smell smells it the lemon flower like

---

**12** あなたは独りでそこに行ったのですか？　there you alone did go

---

**13** 私の兄は消防士になりました。　a my brother firefighter became

---

**14** アメリカでは学校は9月に始まります。　the begins in in school September United States

**15** 私はそのとき犬を散歩させていました。　I then walking was dog my

**16** 私はここでの暑さには耐えられません。　can't the I stand here heat

**17** 私の両親は小さなホテルを経営しています。　a my run parents hotel small

**18** あなたは何かあったのですか？　to you did happen something

**19** 誕生日に父は子犬をくれました。　a my my gave me for puppy birthday father

**20** 手を貸してくれませんか？
a me can you give hand

**21** ではあなたを車に乗せてあげますよ。
a give lift I'll you

**22** 私にアイスコーヒーを一杯入れてくれませんか？　a of iced glass make you me can tea

**23** 彼は私によい医者を見つけてくれました。　a me he found doctor good

**24** メアリーは私達に夕食を作ってくれました。　dinner us cooked Mary

**25** では私があなたのためにそのチケットをとってあげましょう。　ticket the get you I'll

**26** マークがその電子メールをあなたに送ったのですか？　the did email send you Mark

**27** 本当のことを私に言って。　the me truth tell

**28** 明日あなたの自転車を貸してくれませんか？　you your me can lend tomorrow bike

**29** 質問を1つしてもいいですか？　a ask I can you question

 確認テストⅣ

**46** 次の動詞の過去形を書きなさい。

(1) is    (          )    (2) are    (          )    (3) am    (          )

(4) do    (          )    (5) have    (          )    (6) say    (          )

(7) go    (          )    (8) read    (          )    (9) meet    (          )

(10) see    (          )    (11) cut    (          )    (12) buy    (          )

(13) eat    (          )    (14) come    (          )    (15) take    (          )

**47** 次の英語の短縮形を書きなさい。

(1) I will    (          )    (2) will not    (          )    (3) we will    (          )    (4) it will    (          )

**48** 英文が日本文に合うように，(          )内の語句を選択しなさい。

(1) 彼は電車で学校に行きます。        He ( goes school,  goes to school ) by train.

(2) 私は昨夜東京に着きました。        I ( arrived Tokyo,  arrived in Tokyo ) last night.

(3) 彼女はそこへ友達と行きました。    She ( went there,  went to there ) with her friends.

(4) 帰宅は遅くなりましたか？        Did you ( go home,  go to home ) late?

**49** 次の英単語を用いて，日本文を英文に書き換えなさい。

(1) 私があなたをそこまで連れて行ってあげます。 ( will,  there,  take )

----

(2) 電車は間違いなく時間通りに出ますか？ ( the train,  on time,  leave,  will )

----

(3) 私は今日の午後テニスをするつもりです。 ( tennis,  going,  play,  this afternoon )

----

(4) 彼女は友人と夕食をするつもりでした。 ( going,  have,  her friends,  dinner,  with )

----

(5) あなたは来月日本に来るつもりですか？ ( next month,  going,  come to,  Japan )

----

(6) 私はどのクラブにも入部するつもりはありません。 ( any clubs,  going,  join,  I'm )

----

**50** 2つの英文が共に日本文に合うように空欄を埋めなさい。(指定された語を用いること)

(1) 彼は私にプレゼント (present) をくれました。

He gave (　　　　　) a (　　　　　).

He gave a (　　　　　) (　　　　　) (　　　　　).

(2) ジェームズは私のためにラケット (racket) を選んでくれました。

James chose (　　　　　) a (　　　　　)?

James chose a (　　　　　) (　　　　　) (　　　　　)?

(3) 私は彼女に花 (some flowers) を贈<small>おく</small>りました。

I sent (　　　　　) (　　　　　) (　　　　　).

I sent (　　　　　) (　　　　　) (　　　　　) (　　　　　).

(4) どうか私のために私の財布 (wallet) を捜<small>さが</small>してください。

Please find (　　　　　) (　　　　　) (　　　　　).

Please find (　　　　　) (　　　　　) (　　　　　) (　　　　　).

**51** 次の英文を訳しなさい。また下線部の動詞は自動詞か他動詞か答えなさい。

(1) I <u>walk</u> to school.  ( 自動詞 ・ 他動詞 )

---

(2) I <u>walk</u> my dog every evening.  ( 自動詞 ・ 他動詞 )

---

(3) Can you <u>taste</u> this?  ( 自動詞 ・ 他動詞 )

---

(4) It <u>tastes</u> good.  ( 自動詞 ・ 他動詞 )

---

(5) My brother <u>runs</u> this shop.  ( 自動詞 ・ 他動詞 )

---

(6) What <u>happened</u> to you?  ( 自動詞 ・ 他動詞 )

---

(7) Let's <u>get</u> together tomorrow.  ( 自動詞 ・ 他動詞 )

---

## 52 次の英文を訳しなさい。

(1) I was busy yesterday.

(2) I was in Kyoto at that time.

(3) He was on the soccer team.

(4) I caught three fish.

(5) I got to the museum at eleven.

(6) I was having lunch then.

(7) We were swimming in the pool.

(8) Our bus is leaving at ten thirty.

(9) I'm going to lend Jack my car next Sunday.

(10) How many minutes will it take?

(11) We will be back by seven o'clock.

(12) She will pass the exam.

(13) My computer won't turn on.

(14) Does this bag belong to you?

(15) I'll cook that for you this evening.

(16) I asked Mr. Brown some questions.

(17) Show me your ticket, please.

(18) She taught us English.

(19) Why don't you buy him a gift?

(20) Can you bring me a cup of tea?

(21) Pass me the spoon.

(22) Please read us the letter.

(23) Can you get me a coffee?

(24) Who were you talking to on the phone?

(25) How many nights are you staying?　I'm staying one night.

(26) Where were you in this morning?　I was in the library.

# 21章 ‖‖ 助動詞Ⅰ

●この章で用いられる単語を覚えよう。

may ［méi / メイ］ 助 ～してもよい，～か もしれない

must ［mÁst / マストゥ］ 助 ～に違いない， ～しなければいけない

mustn't ［mÁsənt / マスントゥ］ must not の短 縮形

walk home ［wɔ́ːk hóum / ウォーク ホウム］ 歩 いて家に帰る

return ［ritə́rn / リターン］ 動 返す，返却す る

alcohol ［ǽlkəhɔ̀l / アルカホゥ］ 名 酒，アルコ ール飲料

explain ［ikspléin / イクスプレイン］ 動 説明す る，解説する

answer the phone ［ǽnsər ðə fóun / アンサ (ァ) ザ フォウン］ 電話に出る

take a look at ［téik ə lúk ət / テイク ア ルック ア トゥ］ ～をちょっと見る

course ［kɔ́rs / コース］ 副 もちろん，当然

of course ［əv kɔ́rs / アヴ コース］ もちろん

shift ［ʃíft / シフトゥ］ 名 交替勤務

work the night shift ［wərk ðə nait ʃíft / ワ ーク ザ ナイトゥ シフトゥ］ 夜勤の仕事をする

dangerous ［déindʒərəs / デインジャラス］ 形 危険な，危害を加える

because ［bikáːz / ビカーズ］ 接 何故なら

text ［tékst / テキストゥ］ 動 (携帯端末で)メ ールを書く，送信する

river ［rívər / リヴァ(ァ)］ 名 川

take off ［pút ɔf / プットゥ オフ］ 動 (衣服な どを)脱ぐ

textbook ［téks(t)bùk / テキストブック］ 名 テ キスト，教科書

worry ［wə́ːri / ウォーリィ］ 動 心配する，気 に病む

worry about ［wə́ːri əbáut / ウォーリィ アバゥトゥ］ ～について心配する，～に気を病む

small ［smɔ́ːl / スモール］ 形 ちょっとした

gift ［gíft / ギフトゥ］ 名 プレゼント，贈答 品

go home ［góu hóum / ゴウ ホウム］ 帰宅す る，家に帰る

come over to ［kÁm óuvər tú: / カム オウヴァ (ァ) トゥー］ 立ち寄る，来遊する

make a phone call ［méik ə fóun kɔl / メイク ア フォウン コール］ 電話をかける

●左ページを隠して読みと意味を確認しよう。

- ☐ may
- ☐ must
- ☐ mustn't
- ☐ walk home
- ☐ return
- ☐ alcohol
- ☐ explain
- ☐ answer the phone
- ☐ take a look at
- ☐ course
- ☐ of course
- ☐ shift
- ☐ work the night shift

- ☐ dangerous
- ☐ because
- ☐ text
- ☐ river
- ☐ take off
- ☐ textbook
- ☐ worry
- ☐ worry about
- ☐ small
- ☐ gift
- ☐ go home
- ☐ come over to
- ☐ make a phone call

21
章

## ●様々な助動詞

助動詞は動詞の前に置かれる語で，動詞を助ける働きがある。

| 助動詞 | 現在形の意味 | | 慣用表現と関連熟語 | |
|---|---|---|---|---|
| can | ① 〜できる（可能） | | Can you…? | 〜してくれない？（気軽な依頼） |
| | ② 〜してもよい（許可） | | Will you…? | 〜してくれる？（丁寧な命令） |
| will | ① （では）〜します（今決めた意志） | | Can I…? | 〜してもいいですか? |
| | ② きっと〜する（確信ある予測） | | May I…? | |
| must | ① 〜に違いない（推量） | | have to | 〜する必要がある |
| | ② 〜しなければいけない（義務） | | has to | 〜しなければならない |
| may | ① 〜してもよい（許可） | | had to | 〜する必要があった |
| | ② 〜かもしれない（推量） | | | 〜しなければならなかった |

| not を含む慣用表現と関連熟語 | | | |
|---|---|---|---|
| must not | 〜してはいけない | don't have to | 〜する必要はない |
| may not | 〜は禁止されている | doesn't have to | |
| | | didn't have to | 〜する必要はなかった。 |

!注意　助動詞及び上記熟語の to の後に続く動詞は必ず原形にする。

●肯定文の語順：[主語]→[助動詞]→[動詞の原形]

例1　I will order this. （では）私はこれを注文します。

例2　You must be tired. あなたは疲れているはずです。

●否定文の語順：[主語]→[助動詞＋not]→[動詞の原形]

例　You cannot sit in this seat. あなたはこの席には座れません。

●疑問文の語順：[助動詞]→[主語]→[動詞の原形]

例　May I eat this? これを食べてもいいですか？

●have to／has to

主語が3人称単数のときは，has to，doesn't have to が用いられることに注意する。

例1　I have to get up early tomorrow. 私は明日早く起きる必要があります。

例2　He has to go there tonight. 彼は今夜そこに行かなければいけません。

例3　You don't have to buy that. あなたはそれを買う必要はありません。

例4　She doesn't have to take the exam. 彼女は試験を受ける必要はありません。

例5　I had to walk home. 私は歩いて帰宅しなければならなかった。

例6　You didn't have to return this to me. これは私に返してくれなくてもよかったのに。

●似た意味を持つ語句の比較

must／have to …must は主観的義務，have to は外的要因による必要性の意味合いが強い。

must not／may not …must not は強い主観的禁止，may not は軽い禁止，公の禁止を表す。

Can I／May I …May I は丁寧な表現では目上や初対面の人に使われることが多い。Can I はカジュアルな表現で親しい人に対して使われることが多い。

🎧 次の英文の読み書きの練習，及びリスニングの練習をしなさい。

**1** I can't drink alcohol.　私はアルコールは飲めません。

**2** Can I borrow this?　これ借りてもいい？

**3** Can you please explain it again?　もう一度それを説明してくれない？

**4** Can someone answer the phone?　誰か電話に出てくれない？

**5** Can I take a look at that bag?　あのカバンをちょっと見てもいいですか？
　Of course.　　　　　　　　　　　　もちろんです。

**6** I'll take this one.　（買い物で）ではこれをもらいます。（買います）

**7** It won't be cold today.　今日はきっと寒くならないよ。

**8** Will you help me?　Of course, I will.　手伝ってくれる？　もちろん，いいよ。

**9** I'll text you later.　ではあとであなたにメッセージ送りますね。

**10** Will you be at home this evening?　　　　　　今晩は家にいますか？
　No, I won't. I have to work the night shift today.　いいえ，いません。今日は夜勤の仕事を
　　　　　　　　　　　　　　　　　　　　　　　　　　　　しなければいけません。

**11** I must attend the meeting.　私は会議に出席しなくちゃいけないんです。

**12** You must be tired from the long trip.　あなたは長旅で疲れたでしょう。

**13** Must I do that today?　私は今日それをやらなければいけませんか？
　No, you don't have to.　いいえ，その必要はありません。

**14** She must know the truth.　彼女は本当のことを知っているはずだ。

**15** You must not swim in this river　あなたはこの川で泳いではいけません。なぜなら危険
　because it is dangerous.　　　　　だからです。

**16** Do I have to take my shoes off here?　私はここで靴を脱ぐ必要はありますか？

**17** Everyone has to buy this textbook.　みんなこのテキストを買う必要があります。

**18** I had to wait for fifty minutes.　私は 50 分待たなければならなかった。

**19** You don't have to worry about it.　あなたはそれについて心配する必要はありません。

**20** He doesn't have to take the exam.　彼はその試験を受ける必要はありません。

**21** I have a small gift for you.　あなたへのちょっとしたプレゼントがあります。
　Oh, you didn't have to!　　まぁ，そんなことしなくてよかったのに！

**22** You may go home.　あなたは帰宅してもいいですよ。

**23** That may be true.　それは本当かもしれない。

**24** May I have your name?　あなたの名前を伺ってもいいですか？

**25** May I try these shoes on?　Yes, please.　この靴を試着してもいいですか？　はい，どうぞ。

**26** Lisa may come over to your place.　リサがあなたのところに立ち寄るかもしれません。

**27** You may not make phone calls here.　ここでの電話のご利用はご遠慮ください。

21
章

# ★ 章 末 問 題 Ⓐ ★

日本文に合うように英単語を並べ替えなさい。

**1** 私はアルコールは飲めません。
can't I alcohol drink

**2** これ借りてもいい？
I this borrow can

**3** もう一度それを説明してくれない？　you it explain again can please

**4** 誰か電話に出てくれない？　the can answer phone someone

**5** あのカバンをちょっと見てもいいですか？　もちろんです。
a at I of can bag take look that course

**6** （買い物で）ではこれをもらいます。（買います）　one I'll this take

**7** 今日はきっと寒くならないよ。　won't cold it today be

**8** 手伝ってくれる？　もちろん，いいよ。　will will of you I me help course

**9** ではあとであなたにメッセージ送りますね。　text I'll later you

**10** 今晩は家にいますか？　at be evening will you this home

　　いいえ，いません。今日は夜勤の仕事をしなければいけません。
I I to no the won't night have shift today work

**11** 私は会議に出席しなくちゃいけないんです。　I the meeting must attend

**12** あなたは長旅で疲れたでしょう。　the must tired you be from long trip

**13** 私は今日それをやらなければいけませんか？　いいえ，その必要はありません。
don't do to no must I you today have that

**14** 彼女は本当のことを知っているはずだ。　the she know must truth

**15** あなたはこの川で泳いではいけません。なぜなら危険だからです。
it in is must swim river you not this dangerous because

**16** 私はここで靴を脱ぐ必要はありますか？　do my I take to off have here shoes

**17** みんなこのテキストを買う必要があります。　to buy has this textbook everyone

**18** 私は50分待たなければならなかった。　I to had wait for minutes fifty

**19** あなたはそれについて心配する必要はありません。　don't to you have worry it about

**20** 彼はその試験を受ける必要はありません。　he the to have take doesn't exam

**21** あなたへのちょっとしたプレゼントがあります。　まぁ，そんなことしなくてよかったのに！
a I have have didn't to gift for you oh you small

**22** あなたは帰宅してもいいですよ。
go may home you

**23** それは本当かもしれない。
may true that be

**24** あなたの名前を伺ってもいいですか？　I your may name have

**25** この靴を試着してもいいですか？　はい，どうぞ。　on may I try these shoes yes please

**26** リサがあなたのところに立ち寄るかもしれません。　to may your come Lisa place over

**27** ここでの電話のご利用はご遠慮ください。　not may here phone you make calls

# ★ 章 末 問 題 Ⓑ ★

日本文に合うように英単語を並べ替えなさい。

**1** 私はアルコールは飲めません。
can't I alcohol drink

**2** これ借りてもいい？
I this borrow can

---

**3** もう一度それを説明してくれない？　you it explain again can please

---

**4** 誰か電話に出てくれない？　the can answer phone someone

---

**5** あのカバンをちょっと見てもいいですか？　もちろんです。
a at I of can bag take look that course

---

**6** （買い物で）ではこれをもらいます。（買います）　one I'll this take

---

**7** 今日はきっと寒くならないよ。　won't cold it today be

---

**8** 手伝ってくれる？　もちろん，いいよ。　will will of you I me help course

---

**9** ではあとであなたにメッセージ送りますね。　text I'll later you

---

**10** 今晩は家にいますか？　at be evening will you this home

---

いいえ，いません。今日は夜勤の仕事をしなければいけません。
I I to no the won't night have shift today work

---

**11** 私は会議に出席しなくちゃいけないんです。　I the meeting must attend

---

**12** あなたは長旅で疲れたでしょう。　the must tired you be from long trip

---

**13** 私は今日それをやらなければいけませんか？　いいえ，その必要はありません。
don't do to no must I you today have that

---

**14** 彼女は本当のことを知っているはずだ。　the she know must truth

**15** あなたはこの川で泳いではいけません。なぜなら危険だからです。
it in is must swim river you not this dangerous because

**16** 私はここで靴を脱ぐ必要はありますか？　do my I take to off have here shoes

**17** みんなこのテキストを買う必要があります。　to buy has this textbook everyone

**18** 私は50分待たなければならなかった。　I to had wait for minutes fifty

**19** あなたはそれについて心配する必要はありません。　don't to you have worry it about

**20** 彼はその試験を受ける必要はありません。　he the to have take doesn't exam

**21** あなたへのちょっとしたプレゼントがあります。　まぁ，そんなことしなくてよかったのに！
a I have have didn't to gift for you oh you small

**22** あなたは帰宅してもいいですよ。
go may home you

**23** それは本当かもしれない。
may true that be

**24** あなたの名前を伺ってもいいですか？　I your may name have

**25** この靴を試着してもいいですか？　はい，どうぞ。　on may I try these shoes yes please

**26** リサがあなたのところに立ち寄るかもしれません。　to may your come Lisa place over

**27** ここでの電話のご利用はご遠慮ください。　not may here phone you make calls

# 22章　助動詞Ⅱ

●この章で用いられる単語を覚えよう。

make tea for　［méik tí: fɔ́r / メイク ティー フォー ］
人にお茶(紅茶)をいれる

see a doctor　［sí: ə dáktər / スィー ア ドクタァ ］
医者に診てもらう，診察を受ける

catch　［kǽtʃ / キャッチ ］ 動 理解する，聞き取る

like　［láik / ライク ］ 動 〜をほしいと思う

delay　［diléi / ディレイ ］ 動 遅らせる，〜の時期を後ろにずらす

checkout　［tʃékàut / チェックアウトゥ ］ 名 チェックアウト

message　［mésidʒ / メッセージ ］ 名 伝言，メッセージ

leave a message　［lí:v ə mésidʒ / リーヴ ア メッセージ ］ 伝言を残す

pay　［péi / ペイ ］ 動 代金を支払う

another　［ənʌ́ðər / アナザ(ァ) ］ 形 もう一杯(一つ)の，他の

book　［búk / ブック ］ 動 予約する

at a time like this　［ət ə táim láik ðís / アットゥ ア タイム ライク ディス ］ こんな時(は)

hair　［héər / ヘァ ］ 名 髪の毛，毛

do one's hair　［dú: wʌ́nz héər / ドゥー ワンズ ヘァ ］(自分で)髪(ヘアスタイル)を直す，整髪する

take　［téik / テイク ］ 動 (乗り物に)乗る，(乗り物を)利用する

go for a walk　［góu fɔ́r ə wɔ́:k / ゴウ フォー ア ウォーク ］ 散歩に出かける

pick　［pík / ピク ］ 動 摘み取る

pick ~ up　［pík ʌp / ピク アプ ］ 〜を車で迎えに行く，〜を車で拾う

air　［éər / エア ］ 名 空の旅，空輸，空気

by air　［bái éər / バイ エア ］ 飛行機で

●左ページを隠して読みと意味を確認しよう。

| | |
|---|---|
| ☐ make tea for | ☐ book |
| ☐ see a doctor | ☐ at a time like this |
| ☐ catch | ☐ hair |
| ☐ like | ☐ do one's hair |
| ☐ delay | ☐ take |
| ☐ checkout | ☐ go for a walk |
| ☐ message | ☐ pick |
| ☐ leave a message | ☐ pick ~ up |
| ☐ pay | ☐ air |
| ☐ another | ☐ by air |

22
章

## ●助動詞の現在形と過去形

| 現在形 | 過去形 |
|---|---|
| can [kæn] | could [kúd] クドゥ |
| will [wíl] | would [wúd] ウドゥ |
| may [méi] | might [máit] マイトゥ |
| shall [ʃəl] シャル | should [ʃúd] シュドゥ |

　助動詞には右のように現在形と過去形が存在するものがある。ただし過去形でも過去の意味にならない場合があり，元々の意味の**控えめな表現**として用いられることがある。

| 助動詞 | 現在形の意味 | 過去形 | 過去形の意味 |
|---|---|---|---|
| can | ～できる（可能）<br>～しうる，～のこともある（可能性） | could | （習慣的に）～できていた（過去の能力）<br>※～not：～できなかった<br>場合によっては～だろう（低い可能性） |
| will | では～します（今決めた意志）<br>きっと～する（確信ある予測） | would | …だったら～するだろう（意志）<br>恐らく～だろう（推量） |
| may | ～してもよい（許可）<br>～かもしれない（推量） | might | ひょっとして～かもしれない（推量） |
| shall | ～するつもりだ（強い決意）<br>～するものとする（規約などの義務）<br>Shall we～？ ： ～しませんか？<br>Shall I～？ ：～いたしましょうか？ | should | ～したほうがいい（必要）<br>～するはずだ（推量） |

## ●Shall we…？の答え方

例　Shall we go to the park?　公園へ行きませんか？
　　Yes, let's go. はい，そうしましょう。／　No, let's not.　いいえ，やめておきましょう。

## ●Shall I…？ の答え方

例　Shall I make tea for you?　お茶をお入れしましょうか？
　　Yes, please.　はい，お願いします。
　　No, thank you.（No thanks.）いいえ，結構です。　　I'm fine.　私は大丈夫です。

⚠注意　That's fine. とすると，「それで大丈夫」「それで構わない」という意味になる。

## ●慣用表現と関連熟語

| Can you ～ | ～してくれない？ | Could you ～ | ～していただけませんか？ |
|---|---|---|---|
| Will you ～ | ～してくれる？ | Would you ～ | |
| Can I ～<br>May I ～ | ～してもいいですか？<br>※may のほうが丁寧 | Could I ～ | ～してもよろしいですか？ |
| would like 名詞<br>would like to have | （できれば）～が欲しい<br>～をいただきたい | would like to | （できれば）～したい |
| Will you have～ | ～はいかが？ | Would you like～ | ～はいかがですか？ |

⚠注意　I would の短縮形：I'd [aid]

| had better 原形動詞 | ～しないとまずい，～したほうが身のためだ，～したほうがいい |
|---|---|
| had better not 原形動詞 | ～しないほうがいい，～しないほうが身のためだ |

⚠注意　You had better の短縮形：You'd better　※you'd [ju:d]

例　You'd better see a doctor.　あなたは医者に診てもらったほうがいいです。

🎧 次の英文の読み書きの練習，及びリスニングの練習をしなさい。

**1** He could run 100 meters in 11 seconds 　彼は学生時代 100 メートルを 11 秒で走れていました。
in his school days.

**2** I couldn't catch the first part. 　最初の部分が聞こえませんでした。
Could you say it again? 　　　その部分をもう一度言っていただけませんか？

**3** I would like a map of the city. 　私は市内地図が欲しいのですが。

**4** I'd like to book a single room for one night. 　私はシングルの部屋を一泊予約したいのですが。

**5** I'd like to delay my checkout. 　チェックアウトを遅らせたいのですが。

**6** Would you like to leave a message? 　伝言を残していかれますか？

**7** How would you like to pay? 　お支払い方法はどうなさいますか？

**8** How would you like your steak? 　ステーキの焼き加減はどうなさいますか？

**9** What would you say at a time like this? 　あなただったらこんなときどう言いますか？

**10** You should do your hair. 　あなたは髪の毛をとかしたほうがいいですよ。

**11** Should I take this bus? 　私はこのバスに乗ったほうがよいですか？

**12** What should I eat there? 　私はそこで何を食べたほうがいいですか？

**13** How should I get there? 　私はそこへどうやって行った方がいいですか？

**14** Shall I take a picture for you? 　あなた達のために私が写真をお撮りしましょうか？
Yes, please. 　　　　　　　　はい，お願いします。

**15** Shall we have lunch here? 　ここで昼食をとりませんか？
Yes, let's do it. 　　　　　　はい，そうしましょう。

**16** Shall we go for a walk? 　No, let's not. 　散歩をしませんか？　いいえ，やめておきましょう。

**17** What time shall I pick you up? 　何時にお迎えに伺いましょうか？

**18** What shall we do this afternoon? 　今日の午後は何をしましょうか？

**19** Would you like another cup of tea? 　もう一杯お茶を飲みますか？
No, thanks. 　I'm fine. 　　　　　　いいえ，大丈夫です。

**20** Where shall we eat today? 　今日はどこで食べましょうか？

**21** You'd better go by air. 　あなたは飛行機で行かないと大変ですよ。

**22** You had better not eat that, it's old. 　それは食べないほうがいいよ，古いから。

**23** May I sit here? 　ここに座ってもよろしいですか？

**24** I might be late. 　私はひょっとしたら遅れるかもしれません。

**25** Could I borrow your pen? 　あなたのペンをお借りしてもよろしいですか？

**26** May I help you? 　（店などで）よろしければご案内しますが？

**27** How may I help you? 　（電話で）どういったご用件でしょうか？

● ★ 章 末 問 題 Ⓐ ★ ●

日本文に合うように英単語を並べ替えなさい。

**1** 彼は学生時代 100 メートルを 11 秒で走れていました。
in in he his days run meters school seconds could 100 11

---

**2** 最初の部分が聞こえませんでした。　I first part catch the couldn't
その部分をもう一度言っていただけませんか？　say again you it could

---

**3** 私は市内地図が欲しいのですが。　of a I the city like map would

---

**4** 私はシングルの部屋を一泊予約したいのですが。　a one for to I'd book room like single night

---

**5** チェックアウトを遅らせたいのですが。　like to my I'd checkout delay

---

**6** 伝言を残していかれますか？　to a would you leave like message

---

**7** お支払い方法はどうなさいますか？　would like pay to you how

---

**8** ステーキの焼き加減はどうなさいますか？　would like steak how you your

---

**9** あなただったらこんなときどう言いますか？　at a say like this time would what you

---

**10** あなたは髪の毛をとかしたほうがいいですよ。　should you your hair do

---

**11** 私はこのバスに乗ったほうがよいですか？　I take bus this should

---

**12** 私はそこで何を食べたほうがいいですか？　I eat should there what

---

**13** 私はそこへどうやって行った方がいいですか？　I get how there should

---

**14** あなた達のために私が写真をお撮りしましょうか？　はい，お願いします。
　　a for I you picture shall yes take please

---

**15** ここで昼食をとりませんか？　はい，そうしましょう。　it do let's yes we have lunch shall here

---

**16** 散歩をしませんか？　いいえ，やめておきましょう。　go a for no not we let's walk shall

---

**17** 何時にお迎えに伺いましょうか？　I you what pick shall time up

---

**18** 今日の午後は何をしましょうか？　do shall this we afternoon what

---

**19** もう一杯お茶を飲みますか？　of cup you like another tea would
　　いいえ，大丈夫です。　I'm no fine thanks

---

**20** 今日はどこで食べましょうか？　shall today where eat we

---

**21** あなたは飛行機で行かないと大変ですよ。　air better by go you'd

---

**22** それは食べないほうがいいよ，古いから。　it's that not old you better eat had

---

**23** ここに座ってもよろしいですか？　I here sit may

---

**24** 私はひょっとしたら遅れるかもしれません。　I be late might

---

**25** あなたのペンをお借りしてもよろしいですか？　I your borrow could pen

---

**26** （店などで）よろしければご案内しますが？　I may you help

---

**27** （電話などで）どういったご用件でしょうか？　you I help how may

## ● ★ 章 末 問 題 Ⓑ ★

日本文に合うように英単語を並べ替えなさい。

**1** 彼は学生時代 100 メートルを 11 秒で走れていました。
　 in in he his days run meters school seconds could 100 11

---

**2** 最初の部分が聞こえませんでした。 I first part catch the couldn't
　 その部分をもう一度言っていただけませんか？ say again you it could

---

**3** 私は市内地図が欲しいのですが。 of a I the city like map would

---

**4** 私はシングルの部屋を一泊予約したいのですが。 a one for to I'd book room like single night

---

**5** チェックアウトを遅らせたいのですが。 like to my I'd checkout delay

---

**6** 伝言を残していかれますか？ to a would you leave like message

---

**7** お支払い方法はどうなさいますか？ would like pay to you how

---

**8** ステーキの焼き加減はどうなさいますか？ would like steak how you your

---

**9** あなただったらこんなときどう言いますか？ at a say like this time would what you

---

**10** あなたは髪の毛をとかしたほうがいいですよ。 should you your hair do

---

**11** 私はこのバスに乗ったほうがよいですか？ I take bus this should

---

**12** 私はそこで何を食べたほうがいいですか？ I eat should there what

---

**13** 私はそこへどうやって行った方がいいですか？ I get how there should

---

**14** あなた達のために私が写真をお撮りしましょうか？　はい，お願いします。
　　a for I you picture shall yes take please

---

**15** ここで昼食をとりませんか？　はい，そうしましょう。　it do let's yes we have lunch shall here

---

**16** 散歩をしませんか？　いいえ，やめておきましょう。　go a for no not we let's walk shall

---

**17** 何時にお迎えに伺いましょうか？　I you what pick shall time up

---

**18** 今日の午後は何をしましょうか？　do shall this we afternoon what

---

**19** もう一杯お茶を飲みますか？　of cup you like another tea would
　　いいえ，大丈夫です。　I'm no fine thanks

---

**20** 今日はどこで食べましょうか？　shall today where eat we

---

**21** あなたは飛行機で行かないと大変ですよ。　air better by go you'd

---

**22** それは食べないほうがいいよ，古いから。　it's that not old you better eat had

---

**23** ここに座ってもよろしいですか？　I here sit may

---

**24** 私はひょっとしたら遅れるかもしれません。　I be late might

---

**25** あなたのペンをお借りしてもよろしいですか？　I your borrow could pen

---

**26** （店などで）よろしければご案内しますが？　I may you help

---

**27** （電話などで）どういったご用件でしょうか？　you I help how may

# 23章 ‖‖ 接続詞Ⅰ

●この章で用いられる単語を覚えよう。

and ［ən(d) / アンドゥ］ 接 そして，〜と，そうすれば

but ［bʌt / バトゥ］ 接 しかし

so ［sóu / ソウ］ 接 だから，それで，すると

or ［ɔ́ːr / オァ］ 接 または，〜か，そうでなければ，そうでないと，さもないと

fishing ［fíʃiŋ / フィシング］ 名 魚つり，漁業

do fishing ［dúː fíʃiŋ / ドゥー フィシング］ 魚つりをする

coat ［kóut / コウトゥ］ 名 コート，上着

put on ［pút ɔn / プットゥ オン］ (衣服を)身に付ける，着る

if ［íf / イフ］ 接 〜かどうか

come back ［kʌ́m bǽk / カム バク］ (人や動物が場所に)戻る，帰る

cab ［kǽb / キャブ］ 名 タクシー ≒taxi

catch a cab ［kǽtʃ ə kǽb / キャッチ ア キャブ］ タクシーを拾う(つかまえる)

airport ［éəpɔ̀ːt / エアポートゥ］ 名 空港，飛行場

straight ［stréit / ストレイトゥ］ 副 まっすぐに，一直線に

go straight on ［góu stréit ɔn / ゴウ ストレイトゥ オン］ まっすぐに進む，直進する

go to sleep ［góu túː slíːp / ゴウ トゥー スリープ］ 眠りにつく，寝始める

Korean ［kəríːən / コリアン］ 名 韓国人(の)，朝鮮人(の)

glad ［glǽd / グラドゥ］ 形 嬉しく思う

sure ［ʃúər / シュア］ 形 確信している

fever ［fíːvər / フィーヴァ(ァ)］ 名 (病気などによる)熱，発熱

have a fever ［hǽv ə fíːvər / ハヴ ア フィーヴァ(ァ)］ 熱がある，発熱している

have a cold ［hǽv ə kóuld / ハヴ ア カウルドゥ］ かぜを引いている

miss the bus ［mís ðə bʌ́s / ミス ザ バス］ バスに乗り遅れる

useful ［júːsfl / ユースフォウ］ 形 役に立つ，便利な

kid ［kíd / キドゥ］ 名 子ども

twin ［twín / トゥイン］ 形 双子の

twin brother ［twín brʌ́ðər / トゥイン ブラザ(ァ)］ 双子の兄(弟)

get well ［gét wél / ゲトゥ ウェル］ (健康状態が)よくなる，(病気が)治る

win ［wín / ウィン］ 動 勝つ，勝利する

many of ［méni əv / メニー オブ］ 〜の(中の)多く

call ［kɔ́ːl / コール］ 名 電話(で話すこと)

miss your call ［mís júər kɔ́ːl / ミス ユア コール］ あなたからの電話を逃す(電話に出られない)

wrong number ［rɔ́ŋ nʌ́mbər / ロング ナムバ］ 間違い電話，間違った(電話)番号

correct ［kərékt / コレクトゥ］ 形 正しい，間違っていない

safe ［séif / セイフ］ 形 無事な，安全な

●左ページを隠して読みと意味を確認しよう。

| | |
|---|---|
| ☐ and | ☐ sure |
| ☐ but | ☐ fever |
| ☐ so | ☐ have a fever |
| ☐ or | ☐ have a cold |
| ☐ fishing | ☐ miss the bus |
| ☐ do fishing | ☐ useful |
| ☐ coat | ☐ kid |
| ☐ put on | ☐ twin |
| ☐ if | ☐ twin brother |
| ☐ come back | ☐ get well |
| ☐ cab | ☐ win |
| ☐ catch a cab | ☐ many of |
| ☐ airport | ☐ call |
| ☐ straight | ☐ miss your call |
| ☐ go straight on | ☐ wrong number |
| ☐ go to sleep | ☐ correct |
| ☐ Korean | ☐ safe |
| ☐ glad | |

## ●等位接続詞

2つの語句や2つの文の間に入って前後関係を明らかにする接続詞を**等位接続詞**という。

| and | そして，〜と，そうすれば |
|---|---|
| but | しかし |
| so | だから，それで，すると |
| or | または，〜か，そうでなければ |

例1　I was tired, so I went to bed early.
　　　私は疲れていたので早く寝ました。

例2　We went to the river and did fishing.　私達は川に行って釣りをしました。

例3　I went to the library but borrowed nothing.　私は図書館に行ったが何も借りませんでした。

!注意　主語が前文と同じ場合，接続詞の後の主語は省略できる。

### ●忠告・命令の後の and と or

この構文では，and と or は次の意味になる。　and：そうすれば　or：そうでないと，さもないと

例4　You should leave now, and you will catch the plane.
　　　あなたは今すぐ出発したほうがいい，そうすれば飛行機にきっと間に合います。

例5　Put your coat on, or you'll catch a cold.　コートを着なさい，そうでないと風邪を引くよ。

## ●名詞節を導く従属接続詞

名詞と動詞を含む語が1単位となって特定の品詞の役割を果たすとき，その1単位を**節**といい，それが名詞の役割を果たすものを**名詞節**という。

| 名詞節 | 意味 |
|---|---|
| that＋名詞＋動詞 | 〜ということ |
| if＋名詞＋動詞 | 〜かどうか |

また，節を導く接続詞を**従属接続詞**といい，従属接続詞の that は『〜ということ』，if は「〜かどうか」という意味がある。**従属接続詞の that は省略可能**なので注意が必要である。

例1　I think <u>that he likes it.</u>　私は彼はそれを気に入ると思います。

例2　I hear <u>she is British.</u>　私は彼女はイギリス人だと聞いています。（that が省略）

例3　I don't know <u>if I can do it.</u>　私はそれができるかどうかわかりません。

### ●従属節の時制の違い

従属節（名詞節や副詞節）の時制が現在なのか過去なのかで若干の意味の違いが出る。

例　彼は自分はすぐに戻ると言いました。

① He said that he <u>will</u> come back soon.　　② He said that he <u>would</u> come back soon.

①は現在から見て彼が戻るのが未来の場合，②はすでに戻っていたり，すぐに戻ることが実現していない場合。ただし主節動詞（said）が過去なので，区別なく②で用いられる場合もある。

## ●副詞節を導く that や if

形容詞の後に節が続き，その節が副詞の役割を果たすとき，その節を**副詞節**という。

| be sure that | 〜だと確信している，きっと〜すると思う |
|---|---|
| be not sure if | 〜かどうかわからない，〜かどうかは確信がない |
| be afraid that | 確信はないが〜だと思う，残念ながら〜だと思う |
| be sorry that | 〜をすまないと思う |
| be happy that／be glad that | 〜してうれしい，〜をうれしく思う |

🎧 次の英文の読み書きの練習，及びリスニングの練習をしなさい。

**1** She caught a cab and went to the airport.　彼女はタクシーを拾い，空港へ行きました。

**2** Go straight on, and you will find a white building.　ずっとまっすぐ進んでください，そうすると白い建物が見えます。

**3** Beth had a fever, but she was present in class.　ベスは熱がありましたが，授業には出席していました。

**4** I'm sorry but I don't have time.　すみませんが，私には時間がありません。

**5** Fred has a cold, so he is absent from school.　フレッドは風邪を引いているので，学校を欠席しています。

**6** Is he British or American?　彼はイギリス人ですか，それともアメリカ人ですか？

**7** You had better go to sleep early, or you will miss the bus tomorrow.　あなたは早く寝たほうがいい，そうでないと明日バスに乗り遅れますよ。

**8** I think that it is very useful to you.　それはあなたにとってとても役に立つと私は思います。

**9** I don't think he is wrong.　私は彼が間違っているとは思えません。

**10** I think the kids like it.　子供たちはそれを気に入ると私は思います。

**11** I never thought I would see you here.　ここであなたに会うとは思ってもいませんでした。

**12** I heard that she is Korean.　彼女は韓国人だそうです。

**13** I hear you bought a new car.　あなたは新しい車を買ったそうですね。

**14** Do you know that he has a twin brother?　あなたは彼には双子の兄弟がいることを知っていますか？

**15** We hope you get well soon.　私達はあなたが早く元気になることを望んでいます。

**16** He said that he would be back soon.　彼は(自分は)すぐに戻ってくると言いました。

**17** I'm sure that he will win the game.　私は彼が試合に勝つと確信しています。

**18** Many of us were sure that he would win the game.　私達の多くは，彼が試合に勝つと確信していました。

**19** I'm sorry I missed your call.　電話に出られなくてすみません。

**20** I'm afraid you have the wrong number.　恐れ入りますが番号をお間違えのようです。

**21** I don't know if I can do it.　私にそれができるかどうか，私にはわかりません。

**22** I'm not sure if that is correct.　それが正しいかどうか私にはわかりません。

**23** I am glad that you are safe.　あなたが無事でうれしいです。

**24** I'm happy that you will join us.　あなたが私達に加わってくれるなんてうれしいです。

**25** Are you sure you can carry all of these?　本当にあなたはこれらのすべてを運ぶことができますか？

23章

## ★ 章 末 問 題 Ⓐ ★

日本文に合うように英単語を並べ替えなさい。

**1** 彼女はタクシーを拾い，空港へ行きました。　a to and the she went caught cab airport

**2** ずっとまっすぐ進んでください，そうすると白い建物が見えます。
a go and will on find you white building straight

**3** ベスは熱がありましたが，授業には出席していました。
in a she but was fever had present class Beth

**4** すみませんが，私には時間がありません。　but have sorry don't time I I'm

**5** フレッドは風邪を引いているので，学校を欠席しています。
a is cold has so from he absent Fred school

**6** 彼はイギリス人ですか，それともアメリカ人ですか？　or is he American British

**7** あなたは早く寝たほうがいい，そうでないと明日バスに乗り遅れますよ。
or to go the had will bus you you miss sleep better early tomorrow

**8** それはあなたにとってとても役に立つと私は思います。　is it I you to that useful very think

**9** 私は彼が間違っているとは思えません。　he I wrong is think don't

**10** 子供たちはそれを気に入ると私は思います。　the I it kids think like

**11** ここであなたに会うとは思ってもいませんでした。　I I you see never here would thought

**12** 彼女は韓国人だそうです。　is she I Korean that heard

**13** あなたは新しい車を買ったそうですね。　a I you car new bought hear

**14** あなたは彼には双子の兄弟がいることを知っていますか？
a he you do know has that brother twin

**15** 私達はあなたが早く元気になることを望んでいます。　well you we hope get soon

**16** 彼は(自分は)すぐに戻ってくると言いました。　be back he he that soon said would

**17** 私は彼が試合に勝つと確信しています。　he the I'm that sure game will win

**18** 私達の多くは，彼が試合に勝つと確信していました。
he us the of win many that were game sure would

**19** 電話に出られなくてすみません。　I'm I missed call sorry your

**20** 恐れ入りますが番号をお間違えのようです。　the you I'm wrong have afraid number

**21** 私にそれができるかどうか，私にはわかりません。　do if it I I know don't can

**22** それが正しいかどうか私にはわかりません。　is if I'm not sure correct that

**23** あなたが無事でうれしいです。　you I am glad safe are that

**24** あなたが私達に加わってくれるなんてうれしいです。　you I'm us that join will happy

**25** 本当にあなたはこれらのすべてを運ぶことができますか？
of can all are you you these carry sure

**● ★ 章 末 問 題 B ★ ●**

日本文に合うように英単語を並べ替えなさい。

**1** 彼女はタクシーを拾い，空港へ行きました。  a to and the she went caught cab airport

_____

**2** ずっとまっすぐ進んでください，そうすると白い建物が見えます。
a go and will on find you white building straight

_____

**3** ベスは熱がありましたが，授業には出席していました。
in a she but was fever had present class Beth

_____

**4** すみませんが，私には時間がありません。  but have sorry don't time I I'm

_____

**5** フレッドは風邪を引いているので，学校を欠席しています。
a is cold has so from he absent Fred school

_____

**6** 彼はイギリス人ですか，それともアメリカ人ですか？  or is he American British

_____

**7** あなたは早く寝たほうがいい，そうでないと明日バスに乗り遅れますよ。
or to go the had will bus you you miss sleep better early tomorrow

_____

**8** それはあなたにとってとても役に立つと私は思います。  is it I you to that useful very think

_____

**9** 私は彼が間違っているとは思えません。  he I wrong is think don't

_____

**10** 子供たちはそれを気に入ると私は思います。  the I it kids think like

_____

**11** ここであなたに会うとは思ってもいませんでした。  I I you see never here would thought

_____

**12** 彼女は韓国人だそうです。  is she I Korean that heard

_____

**13** あなたは新しい車を買ったそうですね。　a I you car new bought hear

**14** あなたは彼には双子の兄弟がいることを知っていますか？
a he you do know has that brother twin

**15** 私達はあなたが早く元気になることを望んでいます。　well you we hope get soon

**16** 彼は(自分は)すぐに戻ってくると言いました。　be back he he that soon said would

**17** 私は彼が試合に勝つと確信しています。　he the I'm that sure game will win

**18** 私達の多くは，彼が試合に勝つと確信していました。
he us the of win many that were game sure would

**19** 電話に出られなくてすみません。　I'm I missed call sorry your

**20** 恐れ入りますが番号をお間違えのようです。　the you I'm wrong have afraid number

**21** 私にそれができるかどうか，私にはわかりません。　do if it I I know don't can

**22** それが正しいかどうか私にはわかりません。　is if I'm not sure correct that

**23** あなたが無事でうれしいです。　you I am glad safe are that

**24** あなたが私達に加わってくれるなんてうれしいです。　you I'm us that join will happy

**25** 本当にあなたはこれらのすべてを運ぶことができますか？
of can all are you you these carry sure

# 24章 ‖‖‖ 接続詞Ⅱ

●この章で用いられる単語を覚えよう。

someone [sʌ́mwʌ̀n / サムワン] 代 誰か

over [óuvər / オウヴァ(ア)] 形 終わって，済んで

blossom [blásəm / ブラサム] 動 （木に）花が咲く

spring [spríŋ / スプリング] 名 春

earthquake [ə́rθkwèik / アースクウェイク] 名 地震

occur [əkə́r / オカー] 動 起こる，発生する

kindergarten [kíndərgàrtən / キンダーガートゥン] 名 幼稚園

finish [fíniʃ / フィニシュ] 動 (学校を)卒業する，〜を終える

college [kálidʒ / カリジ] 名 大学，カレッジ

engineer [èndʒəníər / エンジニア] 名 エンジニア，技師

get on [gét ɔn / ゲトゥ オン] (電車，バスなどに)乗る，乗車する

get lost [gét lɔ́st / ゲトゥ ロストゥ] 道に迷う，迷子になる

get in touch with [gét in tʌ́tʃ wíð / ゲトゥ イン タッチ ウィズ] 〜に連絡する，〜と連絡を取る

this time [ðís táim / ディス タイム] 今回は

fail [féil / フェイル] 動 失敗する，しくじる

text [tékst / テキストゥ] 動 (携帯電話で)メールを書く，送信する

thin [θín / スィン] 形 やせた，薄い，細い

correct [kərékt / コレクトゥ] 動 直す，訂正する

discount [dískaunt / ディスカウントゥ] 名 値引き，割引き

give a discount [gív ə dískaunt / ギヴ ア ディスカウントゥ] 値引きする

country [kʌ́ntri / カントゥリィ] 名 国，地方

fasten [fǽsn / ファスン] 動 締める，結び付ける

belt [bélt / ベルトゥ] 名 ベルト，帯

seat belt [síːt bélt / スィートゥ ベルトゥ] シートベルト

look like [lúk láik / ルック ライク] 〜のように見える

remove [rimúːv / リムーヴ] 動 削除する，取り除く

file [fáil / ファイル] 名 ファイル，書類とじ

be sick in bed [bíː sík in béd / ビー スィック イン ベッドゥ] 病気で寝ている

a lot (of) [ə lát (əv) / ア ラトゥ (オブ)] たくさん(の)，多数(の)

●左ページを隠して読みと意味を確認しよう。

| | |
|---|---|
| ☐ someone | ☐ text |
| ☐ over | ☐ thin |
| ☐ blossom | ☐ correct |
| ☐ spring | ☐ discount |
| ☐ earthquake | ☐ give a discount |
| ☐ occur | ☐ country |
| ☐ kindergarten | ☐ fasten |
| ☐ finish | ☐ belt |
| ☐ college | ☐ seat belt |
| ☐ engineer | ☐ look like |
| ☐ get on | ☐ remove |
| ☐ get lost | ☐ file |
| ☐ get in touch with | ☐ be sick in bed |
| ☐ this time | ☐ a lot (of) |
| ☐ fail | |

24
章

### ●様々な従属接続詞

「接続詞＋名詞＋動詞…」の従属節が，**時**，**条件**，**理由**，**譲歩**，**様態**などを表す**副詞節**や**形容詞節**になることもできる。このような従属節を導く接続詞には次のようなものがある。

| ホウェン<br>when [hwén] | ～するとき | イフ<br>if [íf] | ① もし～ならば<br>② たとえ～でも |
|---|---|---|---|
| ビフォア<br>before [bifɔ́r] | ～する前に | アフター<br>after [ǽftər] | ～する後に |
| ビコーズ<br>because [bikɔ́z] | ① ～なので<br>② 何故なら～ | アズ スーン アズ<br>as soon as<br>[əz súːn əz] | ～するとすぐに<br>～だけすぐに |
| ホワイル<br>while [hwáil] | ～する間 | ライク<br>like [láik] | ～のように |
| ティル<br>till [til]<br>アンティル<br>until [əntíl] | ～までずっと | ゾウ<br>though [ðóu]<br>オール ザウ<br>although [ɔːlðóu] | ～だけれど |

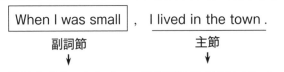

When I was small  ,  I lived in the town .

　　　副詞節　　　　　　　主節

私は小さかったとき，　その街に住んでいました。

**!注意** 副詞節が先にくるときはその後にカンマを付ける！

以下のように副詞節を文末に置いても意味は変わらない。

I lived in the town  when I was small  .

　　主節　　　　　　　　副詞節

**例1** Because my mom was sick in bed, I made dinner.
母は体調をくずして寝ていたので，私が夕食を作りました。

　= I made dinner because my mom was sick.

別訳：私が夕食を作りました。なぜなら母は体調をくずしていたので。

**例2** When the meeting is over, I'll call you.
ではミーティングが終わったらあなたに電話しますね。

　= I'll call you when the meeting is over.

**例3** My dad can cook like my mom can.　父は母がするように料理ができます。

**例4** Wait till the rain stops.　雨が止むまで待ちなさい。

**53** 次の英文を訳しなさい。

(1) When I lived in Tokyo, I often went to the restaurant.

.................................................................

(2) Because it was raining, we went home soon.

.................................................................

(3) Wash your hands before you eat.

.................................................................

24
章

🎧 次の英文の読み書きの練習，及びリスニングの練習をしなさい。

**1** What were you doing when the earthquake occurred?　I was on a train.　地震が起こったときあなたは何をしていましたか？　私は電車の中にいました。

**2** The tree is very beautiful when it blossoms in spring　その木は春に花が咲くときとてもきれいです。

**3** Someone visited you while you were out.　あなたが外出中に誰かがあなたを訪ねてきましたよ。

**4** I'll text you after school is over.　では学校が終わったらあなたにメッセージを送りますね。

**5** Lucy became a kindergarten teacher after she finished college.　ルーシーは大学を卒業した後，幼稚園の先生になりました。

**6** Before he came to Japan, he worked as an engineer.　彼は日本に来る前，技術者として働いていました。

**7** You have to buy a ticket before you get on the bus.　あなたはバスに乗る前にチケットを買う必要があります。

**8** Though I failed this time, I will try again.　私は今回は失敗したけれど，また挑戦してみます。

**9** Linda is thin though she eats a lot.　リンダはたくさん食べるのに痩せています。

**10** He will help you if you ask him.　彼に頼めば彼はあなたを手伝ってくれるはずです。

**11** Correct me if I am wrong.　もし私が間違っていたら直して。

**12** Can you give me a discount if I buy two?　2つ買ったら値引きしてもらえますか？

**13** If you get lost, please call me.　もし道に迷ったら私に電話してください。

**14** Because I had a cold, I stayed at home.　私は風邪を引いていたので家にいました。

**15** I was late for class because I overslept.　私は寝坊したので授業に遅れました。

**16** Stay here till I come back.　私が戻ってくるまでここにいてください。

**17** Let's wait until the rain stops.　雨が止むまで待ちましょう。

**18** He visited a lot of countries when he was young.　彼は若い頃たくさんの国を訪れました。

**19** Eat it while it is hot.　それは温かいうちに食べてね。

**20** I'll get in touch with you as soon as I arrive.　では私は着いたらすぐにあなたに連絡します。

**21** Please fasten your seat belt when I drive.　私が運転するときはシートベルトを締めてください。

**22** Come as soon as you can.　できるだけ早く来て。

**23** I can't do it like you do.　私はあなたがするようにはできません。

**24** He looks like he is lying.　彼は嘘をついているように見えます。

**25** Is it OK if I turn off that light?　あの照明は消しても大丈夫ですか？

**26** Is it alright if I remove this file?　このファイルは削除しても構いませんか？

## ★ 章 末 問 題 A ★

日本文に合うように英単語を並べ替えなさい。ただし(　　)内の語で始めること。

**1** 地震が起こったときあなたは何をしていましたか？　私は電車の中にいました。
(what) you I the on a was were when train doing earthquake occurred

**2** その木は春に花が咲くときとてもきれいです。
(the) is in it tree beautiful spring very blossoms when

**3** あなたが外出中に誰かがあなたを訪ねてきましたよ。 (someone) you you were visited out while

**4** では学校が終わったらあなたにメッセージを送りますね。　(I'll) is you text over school after

**5** ルーシーは大学を卒業した後，幼稚園の先生になりました。
(Lucy) a she after kindergarten became teacher college finished

**6** 彼は日本に来る前，技術者として働いていました。
(before) he he as to an came engineer worked Japan

**7** あなたはバスに乗る前にチケットを買う必要があります。
(you) a the on to you bus get buy have ticket before

**8** 私は今回は失敗したけれど，また挑戦してみます。 (though) I I again failed this try will time

**9** リンダはたくさん食べるのに痩せています。　(Linda) a is eats thin lot she though

**10** 彼に頼めば彼はあなたを手伝ってくれるはずです。　(he) you you ask help him will if

**11** もし私が間違っていたら直して。　(correct) I if wrong me am

**12** 2つ買ったら値引きしてもらえますか？ (can) a you me if I two buy discount give

**13**　もし道に迷ったら私に電話してください。　(if) you lost call get me please

---

**14**　私は風邪を引いていたので家にいました。　(because) I I a at had cold home stayed

---

**15**　私は寝坊したので授業に遅れました。　(I) I late for overslept class was because

---

**16**　私が戻ってくるまでここにいてください。　(stay) I back here come till

---

**17**　雨が止むまで待ちましょう。　(let's) the stops until wait rain

---

**18**　彼は若い頃たくさんの国を訪れました。　(he) a was of he lot countries when visited young

---

**19**　それは温かいうちに食べてね。　(eat) it it is hot while

---

**20**　では私は着いたらすぐにあなたに連絡します。　(I'll) I as as get in with arrive touch soon you

---

**21**　私が運転するときはシートベルトを締めてください。
(please) I your fasten belt drive seat when

---

**22**　できるだけ早く来て。　(come) as as can you soon

---

**23**　私はあなたがするようにはできません。　(I) do do it can't you like

---

**24**　彼は嘘をついているように見えます。　(he) is looks lying he like

---

**25**　あの照明は消しても大丈夫ですか？　(is) if I off it that OK turn light

---

**26**　このファイルは削除しても構いませんか？　(is) I it file this alright if remove

---

● ★ 章 末 問 題 B ★ ●

日本文に合うように英単語を並べ替えなさい。ただし（　　　）内の語で始めること。

**1** 地震が起こったときあなたは何をしていましたか？　私は電車の中にいました。
(what) you I the on a was were when train doing earthquake occurred

**2** その木は春に花が咲くときとてもきれいです。
(the) is in it tree beautiful spring very blossoms when

**3** あなたが外出中に誰かがあなたを訪ねてきましたよ。(someone) you you were visited out while

**4** では学校が終わったらあなたにメッセージを送りますね。 (I'll) is you text over school after

**5** ルーシーは大学を卒業した後，幼稚園の先生になりました。
(Lucy) a she after kindergarten became teacher college finished

**6** 彼は日本に来る前，技術者として働いていました。
(before) he he as to an came engineer worked Japan

**7** あなたはバスに乗る前にチケットを買う必要があります。
(you) a the on to you bus get buy have ticket before

**8** 私は今回は失敗したけれど，また挑戦してみます。(though) I I again failed this try will time

**9** リンダはたくさん食べるのに痩せています。 (Linda) a is eats thin lot she though

**10** 彼に頼めば彼はあなたを手伝ってくれるはずです。 (he) you you ask help him will if

**11** もし私が間違っていたら直して。 (correct) I if wrong me am

**12** 2つ買ったら値引きしてもらえますか？ (can) a you me if I two buy discount give

**13** もし道に迷ったら私に電話してください。　(if) you lost call get me please

---

**14** 私は風邪を引いていたので家にいました。　(because) I I a at had cold home stayed

---

**15** 私は寝坊したので授業に遅れました。　(I) I late for overslept class was because

---

**16** 私が戻ってくるまでここにいてください。　(stay) I back here come till

---

**17** 雨が止むまで待ちましょう。　(let's) the stops until wait rain

---

**18** 彼は若い頃たくさんの国を訪れました。　(he) a was of he lot countries when visited young

---

**19** それは温かいうちに食べてね。　(eat) it it is hot while

---

**20** では私は着いたらすぐにあなたに連絡します。　(I'll) I as as get in with arrive touch soon you

---

**21** 私が運転するときはシートベルトを締めてください。
(please) I your fasten belt drive seat when

---

**22** できるだけ早く来て。　(come) as as can you soon

---

**23** 私はあなたがするようにはできません。　(I) do do it can't you like

---

**24** 彼は嘘をついているように見えます。　(he) is looks lying he like

---

**25** あの照明は消しても大丈夫ですか？　(is) if I off it that OK turn light

---

**26** このファイルは削除しても構いませんか？　(is) I it file this alright if remove

---

# 25章 ||| there 構文

●この章で用いられる単語を覚えよう。

ruler ［ rúːlər / ルーラ(ァ) ］ 名 定規, 物差し

forest ［ fɔ́rist / フォリストゥ ］ 名 森, 森林

village ［ vílidʒ / ヴィレジ ］ 名 村

kitten ［ kítn / キトゥン ］ 名 子猫

passport ［ pǽspɔ̀rt / パスポートゥ ］ 名 パスポート, 旅券

by the sea ［ bái ðə síː / バイ ザ スィー ］ 海のそばに, 海辺に

garden ［ gárdn / ガーデン ］ 名 庭, 庭園

spring ［ spríŋ / スプリング ］ 名 泉, 湧水

hot spring ［ hát spríŋ / ホットゥ スプリング ］ 温泉

mailbox ［ méilbàks / メイルバクス ］ 名 郵便ポスト(受け)

tourist ［ túərist / トゥアリストゥ ］ 名 ツーリスト, 観光旅行者(客)

information ［ ìnfərméiʃən / インフォメイション ］ 名 案内所, インフォメーション

around ［ əráund / アラウンドゥ ］ 前 ～の周囲に, ～の近くに

top of ～ ［ táp əv / トップ オブ ］ ～の最上部

refrigerator ［ rifrídʒərèitər / リフリジェレイタァ ］ 名 冷蔵庫

fridge ［ frídʒ / フリジ ］ 冷蔵庫 ※ refrigerator の短縮語

freezer ［ fríːzər / フリーザァ ］ 名 冷凍庫

drink ［ dríŋk / ドゥリンク ］ 名 飲み物

ice ［ áis / アイス ］ 名 氷

shelf ［ ʃélf / シェルフ ］ 名 棚（たな）

bookshelf ［ búkʃèlf / ブックシェルフ ］ 名 本棚

near ［ níər / ニア ］ 前 ～の近くに, 身近に

traffic ［ trǽfik / トゥラフィク ］ 名 交通(量)

accident ［ ǽks(i)dənt / アクスィデントゥ ］ 名 事故, 災難

bookstore ［ búkstòr / ブックストァ ］ 名 本屋, 書店

town ［ táun / タウン ］ 名 町

reply ［ riplái / リプライ ］ 名 返事, 回答

including ［ inklúːdiŋ / インクルーディング ］ 前 ～を含めて, ～を含む

change ［ tʃéindʒ / チェインジ ］ 名 おつり, つり銭

salt ［ sɔ́ːlt / ソルトゥ ］ 名 塩, 食塩

sure ［ ʃúər / シュア ］ 副 (返答として)もちろん, 承知しました

strange ［ stréindʒ / ストレンジ ］ 形 おかしい, 奇妙な

sentence ［ séntəns / センテンス ］ 名 文

25章

●左ページを隠して読みと意味を確認しよう。

- □ ruler
- □ forest
- □ village
- □ kitten
- □ passport
- □ by the sea
- □ garden
- □ spring
- □ hot spring
- □ mailbox
- □ tourist
- □ information
- □ around
- □ top of ～
- □ refrigerator
- □ fridge
- □ freezer

- □ drink
- □ ice
- □ shelf
- □ bookshelf
- □ near
- □ traffic
- □ accident
- □ bookstore
- □ town
- □ reply
- □ including
- □ change
- □ salt
- □ sure
- □ strange
- □ sentence

## ●there 構文

不特定の名詞（a や an がつく可算名詞，無冠詞の複数名詞，無冠詞の不可算名詞，代名詞の所有格を伴わない名詞など）の存在を伝えるとき，次のような構文が使われる。

| | |
|---|---|
| There is ＋〔不特定の単数名詞〕<br>There are ＋〔不特定の複数名詞〕 | 「…があります」「…がいます」 |
| There was ＋〔不特定の単数名詞〕<br>There were ＋〔不特定の複数名詞〕 | 「…がありました」「…がいました」 |

!注意　否定文は be 動詞の後に no や not が付き，疑問文は there と be 動詞の語順が逆になる。

例1　There is a ruler on that desk.　あの机の上に定規が1つあります。

例2　There are some students in the classroom.　教室に生徒が何人かいます。

例3　Is there a computer in your room? あなたの部屋にパソコンはありますか?
　　　Yes, there is. ／ No, there isn't.　はい，あります。／いいえ，ありません。

例4　Are there any students in the classroom? 教室に誰か生徒がいますか?
　　　Yes, there are. ／ No, there aren't.　はい，います。／いいえ，いません。

例5　There was a man at the door.　ドアのところに男の人がいました。

例6　There were a lot of animals in the forest. その森にはたくさんの動物がいました。

例7　Was there a kitten in the room?　その部屋に子猫が一匹いましたか?
　　　Yes, there was. ／ No, there wasn't.　はい，いました。／いいえ，いませんでした。

例8　Were there kittens in the room?　その部屋に子猫はいましたか?
　　　Yes, there were. ／ No, there weren't.　はい，いました。／いいえ，いませんでした。

## ●no と not の違い

単に「〜がない」と表現する場合は「no」を用い，「〜が全くない」と強調する場合は「not」が用いられる。no の後の可算名詞は特殊な場合を除き複数形にする。

例1　There are no restaurants in the village.　その村には飲食店はありません。

例2　There wasn't a restaurant in the village.　その村には飲食店が一軒もありませんでした。

例3　There aren't any drinks in the fridge.　冷蔵庫の中に飲み物が全くありません。

## ●there 構文が適切な場合と不適切な場合

◇特定の名詞の存在を伝えるときは，普通 there 構文を用いない

　× There is the pen on the desk.　（the がつくものはすでに話題の中で特定されている）

　○ The pen is on the desk.　そのペンは机の上にあります。

　× There is his house by the sea.　（his がつくものはすでに話題の中で特定されている）

　○ His house is by the sea.　彼の家は海のそばにあります。

◇不特定の名詞の存在を伝えるときは，普通 there 構文を用いる

　× A dog is in the garden.　（a や an がつくものは話題の中で不特定）

　○ There is a dog in the garden.　庭に一匹の犬がいます。

!注意 英語では未知の情報を文頭に置くことは好まれない。

25章

● here の慣用表現

Here is (are) …とすると「ここに…があります」「ここは…です」という意味になる。

例1　Here is my camera.　こちらが私のカメラです。（ここに私のカメラがあります）

例2　Passport, please?　Here you are. パスポートをお見せください。はい，こちらです。

　　　※Here you are.≒ Here it is.≒ Here you go.（はい，こちらです。さぁ，どうぞ。）

🎧 次の英文の読み書きの練習，及びリスニングの練習をしなさい。

**1** There is a bus stop over there.　向こうにバス停があります。

**2** There are many hot springs in Japan.　日本には温泉がたくさんあります。

**3** Is there a mailbox near here?　この近くに郵便ポストはありますか？
Yes, there is.　　　　　　　　　　はい，あります。

**4** Is there a tourist information office　この辺りに観光案内所はありますか？
around here?　No, there isn't.　　　いいえ，ありません。

**5** Are there hotels near the station?　その駅の近くにホテルはありますか？
Yes, there are.　　　　　　　　　　はい，あります。

**6** Are there any questions?　No, there aren't.　何か質問はありますか？ いいえ，ありません。

**7** There was a traffic accident yesterday　昨日私の家の前で交通事故がありました。
in front of my house.

**8** There were a lot of people in the park.　公園には大勢の人がいました。

**9** There are no large bookstores in my town.　私の町には大きい本屋がありません。

**10** There weren't any restaurants in the village.　その村に飲食店は一軒もありませんでした。

**11** There was no reply from her.　彼女からの返事はありませんでした。

**12** There is a cat on the top of the bookshelf.　本棚の上に猫が一匹います。

**13** The cat is on the top of the bookshelf.　その猫は本棚の上にいます。

**14** There isn't any ice in the freezer.　冷凍庫の中には氷は全くありません。

**15** Are there any doctors here?　この中にお医者さんはいませんか？

**16** Here is the kitchen.　ここが台所です。

**17** Here I am!　さぁ着いた！

**18** Here we are!　さぁ（私達は）着いた！

**19** Here's your change.　こちらがお釣りです。

**20** Can you pass me the salt?　Here you are.　お塩をとってくれますか？ はいどうぞ。

**21** May I see the menu?　Here it is.　メニューを見せてもらえますか？ はいどうぞ。

**22** Can you lend me a pen?　ペンを貸してくれませんか？
Sure. Here you go.　　　いいですよ。はいどうぞ。

**23** Is there anything strange about　これらの文の中で何かおかしいところはありますか？
these sentences?

**24** How many people are there in your family?　あなたの家族は何人いますか？
Including me, there are four people.　私を含めると４人です。

## ●　★ 章 末 問 題 Ⓐ ★　●

日本文に合うように英単語を並べ替えなさい。

**1** 向こうにバス停があります。　a is there there stop over bus

---

**2** 日本には温泉がたくさんあります。　hot in are there springs many Japan

---

**3** この近くに郵便ポストはありますか？　はい，あります。
a is is there there yes here mailbox near

---

**4** この辺りに観光案内所はありますか？　いいえ，ありません。
a no is isn't there there here tourist office around information

---

**5** その駅の近くにホテルはありますか？　はい，あります。
the are are there there yes hotels station near

---

**6** 何か質問はありますか？　いいえ，ありません。　no are aren't any there there questions

---

**7** 昨日私の家の前で交通事故がありました。
a of in my was there front traffic house yesterday accident

---

**8** 公園には大勢の人がいました。　a in of the lot were park there people

---

**9** 私の町には大きい本屋がありません。　in no my are large bookstores town there

---

**10** その村に飲食店は一軒もありませんでした。　in any the there village weren't restaurants

---

**11** 彼女からの返事はありませんでした。　a no her there reply was from

---

**12** 本棚の上に猫が一匹います。　is a on of the the top cat there bookshelf

**13** その猫は本棚の上にいます。　is of on the the the cat top bookshelf

**14** 冷凍庫の中には氷は全くありません。　in the ice isn't any there freezer

**15** この中にお医者さんはいませんか？　any are here there doctors

**16** ここが台所です。　is the kitchen here

**17** さぁ着いた！　am I here

**18** さぁ(私達は)着いた！　we here are

**19** こちらがお釣りです。　change here's your

**20** お塩をとってくれますか？　はいどうぞ。　the you you can are me salt here pass

**21** メニューを見せてもらえますか？　はいどうぞ。　I is it see the may here menu

**22** ペンを貸してくれませんか？　いいですよ。はいどうぞ。
a go pen can lend sure you me you here

**23** これらの文の中で何かおかしいところはありますか？
is these there anything about sentences strange

**24** あなたの家族は何人いますか？　in are your how many there people family
私を含めると4人です。　are me four there including people

## ★ 章末問題 Ⓑ ★

日本文に合うように英単語を並べ替えなさい。

**1** 向こうにバス停があります。　a is there there stop over bus

**2** 日本には温泉がたくさんあります。　hot in are there springs many Japan

**3** この近くに郵便ポストはありますか？　はい，あります。
a is is there there yes here mailbox near

**4** この辺りに観光案内所はありますか？　いいえ，ありません。
a no is isn't there there here tourist office around information

**5** その駅の近くにホテルはありますか？　はい，あります。
the are are there there yes hotels station near

**6** 何か質問はありますか？　いいえ，ありません。　no are aren't any there there questions

**7** 昨日私の家の前で交通事故がありました。
a of in my was there front traffic house yesterday accident

**8** 公園には大勢の人がいました。　a in of the lot were park there people

**9** 私の町には大きい本屋がありません。　in no my are large bookstores town there

**10** その村に飲食店は一軒もありませんでした。　in any the there village weren't restaurants

**11** 彼女からの返事はありませんでした。　a no her there reply was from

**12** 本棚の上に猫が一匹います。　is a on of the the top cat there bookshelf

**13** その猫は本棚の上にいます。　is of on the the the cat top bookshelf

**14** 冷凍庫の中には氷は全くありません。　in the ice isn't any there freezer

**15** この中にお医者さんはいませんか？　any are here there doctors

**16** ここが台所です。　is the kitchen here

**17** さぁ着いた！　am I here

**18** さぁ(私達は)着いた！　we here are

**19** こちらがお釣りです。　change here's your

**20** お塩をとってくれますか？　はいどうぞ。　the you you can are me salt here pass

**21** メニューを見せてもらえますか？　はいどうぞ。　I is it see the may here menu

**22** ペンを貸してくれませんか？　いいですよ。はいどうぞ。
a go pen can lend sure you me you here

**23** これらの文の中で何かおかしいところはありますか？
is these there anything about sentences strange

**24** あなたの家族は何人いますか？　in are your how many there people family
私を含めると4人です。　are me four there including people

# 確認テストⅤ

**54** 与えられた英単語のいくつかを用いて日本文を英文に書き換えなさい。

(1) a cinema, in the town, there　　※cinema [ sínəmə / スィナマ ] 映画，映画館

　　ア．その町には映画館があります。　　イ．その町には映画館がありません。
　　ウ．その町には映画館がありますか？　　はい，あります。

ア. ............................................................................................................

イ. ............................................................................................................

ウ. ............................................................................................................

(2) in the park, people, a lot of, there

　　ア．公園には大勢の人がいました。　　イ．公園には大勢の人がいませんでした。
　　ウ．公園には大勢の人はいましたか？　　はい，いました。

ア. ............................................................................................................

イ. ............................................................................................................

ウ. ............................................................................................................

(3) near here, bookstores, some, any, there

　　ア．この近くにいくつか本屋があります。　　イ．この近くに本屋は全くありません。
　　ウ．この近くに本屋はいくつかありますか？　　いいえ，ありません。

ア. ............................................................................................................

イ. ............................................................................................................

ウ. ............................................................................................................

(4)　library, village, there

　　ア．その村には図書館がありました。　　イ．その村には図書館がありませんでした。
　　ウ．その村には図書館はありましたか？　　いいえ，ありませんでした。

ア. ............................................................................................................

イ. ............................................................................................................

ウ. ............................................................................................................

**55** 英文が日本文と合うように空欄に and, but, so, or のいずれかをいれなさい。

(1) すみませんが，私には時間がありません。

I'm sorry, (　　　　　　) I don't have time.

(2) 彼はタクシーを拾い，空港へ行きました。

She caught a taxi (　　　　　　) went to the airport.

(3) コートを着なさい，そうでないと風邪を引きますよ。

Put your coat on (　　　　　　) you'll catch a cold.

(4) フレッドは風邪を引いているので，学校を欠席しています。

Fred has a cold, (　　　　　　) he is absent from school.

**56** 英文が日本文と合うように，(　　　)内の語を選択しなさい。

(1) パスポートをお見せください。　はい，こちらです。

Passport, please?　Here (　I,　you,　we　) go.

(2) このビーチでの飲酒は禁止されています。

You (　don't have to,　may not　) drink alcohol on this beach.

(3) 彼は試験を受ける必要はありません。

He (　had better not,　doesn't have to　) take the exam.

(4) 公園へ行きませんか？　はい，そうしましょう。

Shall (　I,　we　) go to the park?　Yes, let's do it.

(5) 私は今日それをやらなければいけませんか？

(　Must,　Can　) I do that today?

(6) あなたの新しいスマートフォンをちょっと見てもいいですか？　もちろんです。

(　Shall,　May　) I take a look at your new smartphone?　Of course.

(7) あなたは髪を整えたほうがいいですよ。

You (　shall,　should　) do your hair.

(8) 私はバスに乗る前にチケットを買わなければいけませんか？

Do I (　have to,　must　) buy a ticket before I get on the bus?

**57** 英文が日本文と合うように空欄に入る語を記号で選択しなさい。

(1) お茶をお入れしましょうか？　いいえ結構です。私は大丈夫です。

(　　　　) I make tea for you?　No, thank you. I'm fine.

ア. Will　　　　イ. Would　　　　ウ. Shall　　　　エ. Should

(2) 私はいつかイタリアに行ってみたいです。

I (　　　　) like to go to Italy someday.

ア. will　　　　イ. would　　　　ウ. can　　　　エ. could

(3) 最初の部分が聞こえませんでした。

I (　　　　) catch the first part.

ア. won't　　　　イ. wouldn't　　　　ウ. can't　　　　エ. couldn't

(4) 彼女は本当のことを知っているはずだ。

She (　　　　) know the truth.

ア. may　　　　イ. might　　　　ウ. must　　　　エ. have to

(5) この靴を試着してもいいですか？

(　　　　) I try these shoes on ?

ア. May　　　　イ. Shall　　　　ウ. Will　　　　エ. Must

(6) 彼女はひょっとしたらあなたのところに立ち寄るかもしれません。

She (　　　　) come over to your place.

ア. will　　　　イ. has to　　　　ウ. should　　　　エ. might

**58** 次の英文を訳しなさい。

(1) I'm afraid you have the wrong number.

(2) Because I had a cold, I stayed home.

(3) I heard that she is from Britain.

(4) I'm not sure if I passed the exam this time.

(5) You mustn't park here.    ※park [párk]：駐車する

(6) Though I failed this time, I will try again.

(7) I'll text you when school is over.

(8) I cannot do that like you did.

(9) You have to fasten your seat belt when you drive your car.

(10) Come as soon as you can.

(11) I think you may have a fever.

(12) You should go to bed if you are tired.

(13) How many students are there in your class?

(14) You'd better go by train.

(15) You look tired, so you'd better not drive.

(16) We had to wait for two hours at the airport.

(17) Someone visited you while you were out.

260

●不規則動詞（ABB型）

| 原形 | 過去形 | 過去分詞形 | 意味 |
|---|---|---|---|
| バイ<br>buy [bái] | ボートゥ<br>bought [bɔ:t] | ボートゥ<br>bought [bɔ:t] | 買う |
| ビルドゥ<br>build [bíld] | ビルトゥ<br>built [bílt] | ビルトゥ<br>built [bílt] | 建てる |
| ブリング<br>bring [bríŋ] | ブロートゥ<br>brought [brɔt] | ブロートゥ<br>brought [brɔt] | 持ってくる，もたらす |
| キャッチ<br>catch [kætʃ] | コートゥ<br>caught [kɔ́:t] | コートゥ<br>caught [kɔ́:t] | 捕まえる |
| フィードゥ<br>feed [fí:d] | フェドゥ<br>fed [féd] | フェドゥ<br>fed [féd] | 食べ物を与える |
| ファインドゥ<br>find [faind] | ファウンドゥ<br>found [fáund] | ファウンドゥ<br>found [fáund] | 見つける |
| ファイトゥ<br>fight [fáit] | フォートゥ<br>fought [fɔt] | フォートゥ<br>fought [fɔt] | 対戦する |
| ファゲットゥ<br>forget [fərgét] | ファゴットゥ<br>forgot [fərgát] | ファゴットゥ forgot [fərgát]<br>ファガトゥン forgotten [fərgátən] | 忘れる |
| フィール<br>feel [fí:l] | フェルトゥ<br>felt [félt] | フェルトゥ<br>felt [félt] | 感じる |
| ゲットゥ<br>get [gɛt] | ガットゥ<br>got [gat] | ガットゥ got [gat]<br>ガトゥン gotten [gátən] | 得る，達する |
| ハング<br>hang [hæŋ] | ハング<br>hung [hʌŋ] | ハング<br>hung [hʌŋ] | 吊るす，掛ける |
| ハヴ<br>have [həv] | ハッドゥ<br>had [hæd] | ハッドゥ<br>had [hæd] | 持っている　食べる・飲む |
| ヒア<br>hear [hir] | ハードゥ<br>heard [hərd] | ハードゥ<br>heard [hərd] | 聞く，耳にする |
| ホウルドゥ<br>hold [hóuld] | ヘルドゥ<br>held [héld] | ヘルドゥ<br>held [héld] | 手に持つ，抑える，催す |
| キープ<br>keep [kí:p] | ケプトゥ<br>kept [képt] | ケプトゥ<br>kept [képt] | 保つ |
| レドゥ<br>lead [léd] | レドゥ<br>led [léd] | レドゥ<br>led [léd] | 導く ※発音はすべて同じ |
| レンドゥ<br>lend [lénd] | レントゥ<br>lent [lént] | レントゥ<br>lent [lént] | 貸す |
| リーヴ<br>leave [lí:v] | レフトゥ<br>left [léft] | レフトゥ<br>left [léft] | 離れる，残す |
| ルーズ<br>lose [luz] | ロストゥ<br>lost [lɔst] | ロストゥ<br>lost [lɔst] | 失う，迷う，負ける |
| メイク<br>make [méik] | メイドゥ<br>made [méid] | メイドゥ<br>made [méid] | 作る |
| ミーン<br>mean [mí:n] | メントゥ<br>meant [mént] | メントゥ<br>meant [mént] | 意味する |
| ミートゥ<br>meet [mí:t] | メットゥ<br>met [mét] | メットゥ<br>met [mét] | 会う，会合する |
| oversleep [òuvərslí:p] | overslept [òuvərslépt] | overslept [òuvərslépt] | 寝過ごす，寝坊する |
| ペイ<br>pay [péi] | ペイドゥ<br>paid [péid] | ペイドゥ<br>paid [péid] | 支払う |
| セイ<br>say [sei] | セッドゥ<br>said [séd] | セッドゥ<br>said [séd] | 声に出して言う |
| スィーク<br>seek [sí:k] | ソートゥ<br>sought [sɔt] | ソートゥ<br>sought [sɔt] | 探し求める |
| センドゥ<br>send [sénd] | セントゥ<br>sent [sént] | セントゥ<br>sent [sént] | 送る |
| スィットゥ<br>sit [sít] | サットゥ<br>sat [sæt] | サットゥ<br>sat [sæt] | 座る |
| スリープ<br>sleep [slí:p] | スレプトゥ<br>slept [slépt] | スレプトゥ<br>slept [slépt] | 眠る |
| スペンドゥ<br>spend [spɛnd] | スペントゥ<br>spent [spént] | スペントゥ<br>spent [spént] | 費やす，過ごす |
| スタンドゥ<br>stand [stænd] | ストゥッドゥ<br>stood [stúd] | ストゥッドゥ<br>stood [stúd] | 立つ，建っている |
| スウィープ<br>sweep [swí:p] | スウェプトゥ<br>swept [swépt] | スウェプトゥ<br>swept [swépt] | 掃く |
| セル<br>sell [sel] | ソウルドゥ<br>sold [sóuld] | ソウルドゥ<br>sold [sóuld] | 売る |
| テル<br>tell [tél] | トウルドゥ<br>told [tóuld] | トウルドゥ<br>told [tóuld] | 言う，伝える |
| ティーチ<br>teach [tí:tʃ] | トートゥ<br>taught [tɔ:t] | トートゥ<br>taught [tɔ:t] | 教える，指導する |
| スィンク<br>think [θíŋk] | ソートゥ<br>thought [θɔt] | ソートゥ<br>thought [θɔt] | 思う，考える |

| understand [ʌndərstǽnd] アンダースタンドゥ | understood [ʌndərstúd] アンダーストゥッドゥ | understood [ʌndərstúd] アンダーストゥッドゥ | 理解している |
|---|---|---|---|
| wake [wéik] ウェイク | woke [wóuk] ウォウク | woke [wóuk] ウォウク | 目が覚める |
| win [wín] ウィン | won [wʌ́n] ワン | won [wʌ́n] ワン | 勝つ，勝ち取る |

## ●不規則動詞（ABC 型）

| 原形 | 過去形 | 過去分詞形 | 意味 |
|---|---|---|---|
| be [bí:] ビィ | was [wəz] ワズ / were [wər] ワー | been [bín] ビン | ～である，いる，ある |
| bear [béər] ベア | bore [bɔr] ボア | born [bɔ́rn] ボーン | ※be born（生まれる）の場合 |
| | | borne [bɔ́rn] ボーン | 生む，耐える，運ぶ，帯びている |
| begin [bigín] ビギン | began [bigǽn] ビゲン | begun [bigʌ́n] ビガン | 始まる，始める |
| break [bréik] ブレイク | broke [bróuk] ブロウク | broken [bróukn] ブロウクン | 壊す，壊れる |
| choose [tʃuz] チュズ | chose [tʃóuz] チョウズ | chosen [tʃóuzn] チョウズン | 選ぶ |
| do [du] ドゥ | d i d [díd] ディッドゥ | done [dʌn] ダン | する |
| draw [drɔ] ドゥロウ | drew [drú:] ドゥルー | drawn [drɔn] ドゥロウン | 描く，引き出す |
| drink [dríŋk] ドゥリンク | drank [drǽŋk] ドゥレンク | drunk [drʌ́ŋk] ドゥランク | 飲む |
| drive [draiv] ドゥライヴ | drove [dróuv] ドゥロウヴ | driven [drívn] ドゥリヴン | 運転する |
| e a t [í:t] イートゥ | a t e [eit] エイトゥ | eaten [í:tn] イートゥン | 食べる |
| fall [fɔl] フォール | fell [fél] フェル | fallen [fɔ́lən] フォールン | 落下する |
| fly [flái] フライ | flew [flú:] フルー | flown [flóun] フロウン | 飛ぶ |
| forbid [fərbíd] ファビドゥ | forbade [fərbǽd] ファベドゥ | forbidden [fərbídn] ファビドゥン | 禁じる |
| freeze [frí:z] フリーズ | froze [fróuz] フロウズ | frozen [fróuzən] フロウズン | 凍る |
| give [gív] ギヴ | gave [géiv] ゲイヴ | given [gívn] ギヴン | 与える，手渡す，行う |
| go [góu] ゴウ | went [wént] ウェントゥ | gone [gɔn] ゴーン | 行く，前進する |
| grow [gróu] グロウ | grew [grú:] グルー | grown [gróun] グロウン | 育つ，育てる |
| hide [háid] ハイドゥ | hid [híd] ヒドゥ | hidden [hídn] ヒドゥン | 隠す，隠れる |
| know [nóu] ノウ | knew [nú:] ヌー | known [nóun] ノウン | 知っている，知り合いである |
| lie [lái] ライ | lay [léi] レイ | lain [léin] レイン | 横になる，横たわる |
| ride [ráid] ライドゥ | rode [róud] ロウドゥ | ridden [rídn] リドゥン | 乗る |
| rise [ráiz] ライズ | rose [róuz] ロウズ | risen [rízn] リズン | 立ち上がる，起床する，昇る |
| see [sí:] スィー | saw [sɔ] ソー | seen [sí:n] スィーン | 見る，会う |
| sing [siŋ] スィング | sang [sǽŋ] セング | sung [sʌ́ŋ] サング | 歌う |
| sink [síŋk] スィンク | sank [sǽŋk] センク | sunk [sʌ́ŋk] サンク | 沈む |
| speak [spik] スピーク | spoke [spóuk] スポウク | spoken [spóukn] スポウクン | 話す |
| steal [stí:l] スティール | stole [stóul] ストウル | stolen [stóulən] ストウルン | 盗む |
| swim [swim] スウィム | swam [swǽm] スウェム | swum [swʌ́m] スワム | 泳ぐ |
| take [téik] テイク | took [túk] トゥック | taken [téikn] テイクン | とる，持っていく |
| throw [θróu] スロウ | threw [θrú:] スルー | thrown [θróun] スロウン | 投げる |
| wear [wéər] ウェア | wore [wɔr] ウォア | worn [wɔ́rn] ウォーン | 身につけている，すり減る |
| write [rait] ライトゥ | wrote [róut] ロウトゥ | written [rítn] リトゥン | 書く |

## ●不規則動詞（AAA 型）

| 原形 | 過去形 | 過去分詞形 | 意味 |
|---|---|---|---|
| ベットゥ<br>bet [bét] | ベットゥ<br>bet [bét] | ベットゥ<br>bet [bét] | 賭ける |
| コストゥ<br>cost [kɔst] | コストゥ<br>cost [kɔst] | コストゥ<br>cost [kɔst] | 費用がかかる |
| カットゥ<br>cut [kʌt] | カットゥ<br>cut [kʌt] | カットゥ<br>cut [kʌt] | 切る |
| ヒットゥ<br>hit [hít] | ヒットゥ<br>hit [hít] | ヒットゥ<br>hit [hít] | 打つ |
| ハートゥ<br>hurt [həːrt] | ハートゥ<br>hurt [həːrt] | ハートゥ<br>hurt [həːrt] | 傷つける，痛む |
| インプットゥ<br>input [ínpùt] | インプットゥ<br>input [ínpùt] | インプットゥ<br>input [ínpùt] | 入力する |
| レトゥ<br>let [lét] | レトゥ<br>let [lét] | レトゥ<br>let [lét] | させる，するのを許可する |
| アウトゥプットゥ<br>output [áutpùt] | アウトゥプットゥ<br>output [áutpùt] | アウトゥプットゥ<br>output [áutpùt] | 出力する |
| プットゥ<br>put [pút] | プットゥ<br>put [pút] | プットゥ<br>put [pút] | 置く |
| リードゥ<br>read [ríːd] | レッドゥ<br>read [red] | レッドゥ<br>read [red] | 読む　※発音が異なる |
| セットゥ<br>set [sét] | セットゥ<br>set [sét] | セットゥ<br>set [sét] | 設定する |
| シャットゥ<br>shut [ʃʌt] | シャットゥ<br>shut [ʃʌt] | シャットゥ<br>shut [ʃʌt] | 閉める |
| アプセトゥ<br>upset [ʌ́pset] | アプセトゥ<br>upset [ʌ́pset] | アプセトゥ<br>upset [ʌ́pset] | 動揺する（させる），腹を立てる |

## ●不規則動詞（ABA 型）

| 原形 | 過去形 | 過去分詞形 | 意味 |
|---|---|---|---|
| ビカム<br>become [bikʌ́m] | ビケイム<br>became [bikéim] | ビカム<br>become [bikʌ́m] | なる |
| カム<br>come [kʌ́m] | ケイム<br>came [keim] | カム<br>come [kʌ́m] | 来る |
| ラン<br>run [rʌ́n] | レン<br>ran [ræn] | ラン<br>run [rʌ́n] | 走る |

## ●不規則な複数形

| 意味 | 単数形 | 複数形 |
|---|---|---|
| 子供 | チャイルドゥ<br>child [tʃáild] | チルドゥレン<br>children [tʃíldrən] |
| （大人の）男性 | マン<br>man [mæn] | メン<br>men [mén] |
| （大人の）女性 | ウーマン<br>woman [wúmən] | ウィミン<br>women [wímin]　※発音注意 |
| 足 | フットゥ<br>foot [fút] | フィートゥ<br>feet [fíːt] |
| 歯 | トゥース<br>tooth [tuθ] | ティース<br>teeth [tíːθ] |
| ねずみ | マウス<br>mouse [máus] | マイス<br>mice [máis] |
| 人 | パーソン<br>person [pə́rsən] | ピィポォ<br>people [píːpəl] |
| 魚 | フィッシュ<br>fish [fiʃ] | fish / fishes（種類を扱う場合） |
| フルーツ | フルートゥ<br>fruit [frúːt] | fruits / fruits（種類を扱う場合） |
| 羊 | シープ<br>sheep [ʃíːp] | sheep |
| 鹿 | ディア<br>deer [díər] | deer |
| 鮭 | サモン<br>salmon [sǽmən] | salmon |

●人称代名詞と who

| 代名詞<br>（疑問詞） | 主格<br>（〜は） | 所有格<br>（〜の） | 目的格<br>（〜を，〜に） | 独立所有格<br>（〜のもの） |
|---|---|---|---|---|
| 私 | I [ái]<br><sub>アイ</sub> | my [mái]<br><sub>マイ</sub> | me [mí:]<br><sub>ミー</sub> | mine [máin]<br><sub>マイン</sub> |
| あなた | you [jú:]<br><sub>ユー</sub> | your [júər]<br><sub>ユア</sub> | you [jú:]<br><sub>ユー</sub> | yours [júərz]<br><sub>ユアーズ</sub> |
| 彼 | he [hí:]<br><sub>ヒー</sub> | his [híz]<br><sub>ヒズ</sub> | him [hím]<br><sub>ヒム</sub> | his [híz]<br><sub>ヒズ</sub> |
| 彼女 | she [ʃí:]<br><sub>シー</sub> | her [hə́:r]<br><sub>ハー</sub> | her [hə́:r]<br><sub>ハー</sub> | hers [hə́:rz]<br><sub>ハーズ</sub> |
| それ | it [ít]<br><sub>イットゥ</sub> | its [íts]<br><sub>イッツ</sub> | it [ít]<br><sub>イットゥ</sub> | — |
| 私たち | we [wí:]<br><sub>ウィー</sub> | our [áuər]<br><sub>アウアー</sub> | us [ʌ́s]<br><sub>アス</sub> | ours [áuərz]<br><sub>アウアーズ</sub> |
| あなたたち | you [jú:]<br><sub>ユー</sub> | your [júər]<br><sub>ユア</sub> | you [jú:]<br><sub>ユー</sub> | yours [júərz]<br><sub>ユアーズ</sub> |
| 彼ら / 彼女ら<br>/ それら | they [ðéi]<br><sub>ゼイ</sub> | their [ðéər]<br><sub>ゼア</sub> | them [ðém]<br><sub>ゼム</sub> | theirs [ðéərz]<br><sub>ゼアーズ</sub> |
| 誰 | who [hú:]<br><sub>フー</sub> | whose [hú:z]<br><sub>フーズ</sub> | who [hú:]<br><sub>フー</sub> | whose [hú:z]<br><sub>フーズ</sub> |

●曜日・月・季節・方位

| 曜日・季節・方位 | | | 月 | | |
|---|---|---|---|---|---|
| 月曜 | Monday<br><sub>マンデイ</sub> | mʌ́ndei | 1月 | January<br><sub>ジャニュアリィ</sub> | dʒǽnjuèri |
| 火曜 | Tuesday<br><sub>チューズデイ</sub> | t(j)ú:zdei | 2月 | February<br><sub>フェブラリィ</sub> | fébruèri |
| 水曜 | Wednesday<br><sub>ウェンズデイ</sub> | wénzdei | 3月 | March<br><sub>マーチ</sub> | má:(r)tʃ |
| 木曜 | Thursday<br><sub>サーズデイ</sub> | θə́rzdei | 4月 | April<br><sub>エイプリル</sub> | éiprəl |
| 金曜 | Friday<br><sub>フライデイ</sub> | fráidei | 5月 | May<br><sub>メイ</sub> | méi |
| 土曜 | Saturday<br><sub>サタデイ</sub> | sǽtərdèi | 6月 | June<br><sub>ジュン</sub> | dʒú:n |
| 日曜 | Sunday<br><sub>サンデイ</sub> | sʌ́ndei | 7月 | July<br><sub>ジュライ</sub> | dʒu:lái |
| 春 | spring<br><sub>スプリング</sub> | spríŋ | 8月 | August<br><sub>オーガストゥ</sub> | ɔ́:gəst |
| 夏 | summer<br><sub>サマー</sub> | sʌ́mər | 9月 | September<br><sub>セプテンバー</sub> | septémbə(r) |
| 秋 | fall<br><sub>フォール</sub> | fɔ́:l | 10月 | October<br><sub>オクトーバー</sub> | ɑktóubə(r) |
| 冬 | winter<br><sub>ウィンター</sub> | wíntər | 11月 | November<br><sub>ノウヴェンバー</sub> | nouvémbə(r) |
| 東 | east<br><sub>イーストゥ</sub> | í:st | 12月 | December<br><sub>ディセンバー</sub> | disémbə(r) |
| 西 | west<br><sub>ウエストゥ</sub> | wést | | | |
| 南 | south<br><sub>サウス</sub> | sáuθ | | | |
| 北 | north<br><sub>ノース</sub> | nɔ́:rθ | | | |

264

●基数と序数

| | 基数 | | | 序数 | | |
|---|---|---|---|---|---|---|
| 1 | one | wʌ́n | ワン | first | fə́:rst | ファーストゥ |
| 2 | two | tú: | トゥー | second | sékənd | セカンドゥ |
| 3 | three | θrí: | スリー | third | θə́rd | サードゥ |
| 4 | four | fɔ́:r | フォー | fourth | fɔ́rθ | フォース |
| 5 | five | fáiv | ファイヴ | fifth | fífθ | フィフス |
| 6 | six | síks | シィックス | sixth | síksθ | シィックスス |
| 7 | seven | sévn | セヴン | seventh | sévənθ | セヴンス |
| 8 | eight | éit | エイトゥ | eighth | éitθ | エイツ |
| 9 | nine | náin | ナイン | ninth | náinθ | ナインス |
| 10 | ten | tén | テン | tenth | ténθ | テンス |
| 11 | eleven | ilévən | イレヴン | eleventh | ilévənθ | イレヴンス |
| 12 | twelve | twélv | トゥウェルヴ | twelfth | twélfθ | トゥウェルフス |
| 13 | thirteen | θə̀rtí:n | サーティーン | thirteenth | θə̀rtí:nθ | サーティーンス |
| 14 | fourteen | fɔ̀rtí:n | フォーティーン | fourteenth | fɔ̀rtí:nθ | フォーティーンス |
| 15 | fifteen | fìftí:n | フィフティーン | fifteenth | fìftí:nθ | フィフティーンス |
| 16 | sixteen | sìkstí:n | シィックスティーン | sixteenth | sìkstí:nθ | シィックスティーンス |
| 17 | seventeen | sèvəntí:n | セヴンティーン | seventeenth | sèvəntí:nθ | セヴンティーンス |
| 18 | eighteen | èití:n | エイティーン | eighteenth | èití:nθ | エイティーンス |
| 19 | nineteen | nàintí:n | ナインティーン | nineteenth | nàintí:nθ | ナインティーンス |
| 20 | twenty | twénti | トゥウェンティー | twentieth | twéntiəθ | トゥウェンティーエス |
| 21 | twenty-one | twénti-wʌ́n | トゥウェンティーワン | twenty-first | twénti-fə́:rst | トゥウェンティーファーストゥ |
| 22 | twenty-two | twénti-tú: | トゥウェンティートゥー | twenty-second | twénti-sékənd | トゥウェンティーセカンドゥ |
| 30 | thirty | θə́rti | サーティ | thirtieth | θə́rtiəθ | サーティーエス |
| 31 | thirty-one | θə́rti-wʌ́n | サーティーワン | thirty-first | θə́rti-fə́:rst | サーティーファーストゥ |
| 40 | forty | fɔ́rti | フォーティー | fortieth | fɔ́rtiəθ | フォーティーエス |
| 50 | fifty | fífti | フィフティー | fiftieth | fíftiəθ | フィフティーエス |
| 60 | sixty | síksti | スィックスティー | sixtieth | síkstiəθ | スィックスティーエス |
| 70 | seventy | sévənti | セヴンティー | seventieth | sévntiəθ | セヴンティーエス |
| 80 | eighty | éiti | エイティー | eightieth | éitiəθ | エイティーエス |
| 90 | ninety | náinti | ナインティー | ninetieth | náintiəθ | ナインティーエス |
| 100 | hundred | hʌ́ndrəd | ハンドゥレッドゥ | hundredth | hʌ́ndrədθ | ハンドゥレッドゥス |
| 1000 | thousand | θáuzn(d) | サウザンドゥ | thousandth | θáuzn(d)θ | サウザンス |

★　　★　　★ 微風出版の中学数学シリーズ ★　　★　　★

基礎を定着させる，完全書込み式教材
極限まで効率重視，学習者に負担をかけない！

中学数学必修ワーク（上）　　　中学数学必修ワーク（下）

B5判／1900円＋税　　　　B5判／1900円＋税

※内容に関するお問い合わせ，誤植のご連絡は微風出版ウェブサイトからお願い致します。
※最新情報，訂正情報も微風出版ウェブサイトでご確認下さい。
※ご注文・在庫に関するお問い合わせは（株）星雲社へお願い致します。

中学英語 必修ワーク（上）第3版　　　2023年 4月10日　第3版発行

著者　児保祐介／田中洋平　　　　印刷所　モリモト印刷株式会社

発行所 合同会社 微風出版　　　　発売元（株）星雲社（　共同出版社・流通責任出版社）
〒283－0038 千葉県東金市関下348　〒112－0005 東京都文京区水道1－3－30
 tel：050－5359－4325　　　　　　 tel：03－3868－3275
mail：rep@soyo-kaze.biz　　　　　 fax：03－3868－6588

微風出版

# 中学英語

# 第3版

# 必修

## 上 ワーク

**塾**の現場がたどり着いた学習システム

●英文法をゼロから学習できる
●読む・聴く・書くが効率的に練習できる

**1**　ア, ウ, オ, キ, ケ, コ

**2**　代名詞：イオカ　固有名詞：ウエケ

**3**　母音

**4**　子音

**5**　① 不　② 可　③ 不　④ 不　⑤ 可

**6**　ア. a　イ. an　ウ. an　エ. a

**7**　イ

**8**　その

**9**　オ

**10**
① 本／books
② オレンジ／oranges
③ 犬／dogs
④ 猫／cats
⑤ バス／buses
⑥ 街, 都市／cities
⑦ 少年／boys
⑧ 少女／girls
⑨ ナイフ／knives
⑩ 友達／friends
⑪ トマト／tomatoes
⑫ 自転車／bikes
⑬ 映像／videos
⑭ 腕時計／watches
⑮ 箱／boxes
⑯ 帽子／caps
⑰ 葉／leaves

**11**　① 名詞　② 代名詞　③ 固有名詞
④ 可算名詞　⑤ 単数　⑥ 複数

| 単数形 | 複数形 | 単数形の意味 |
|---|---|---|
| mouse | mice | ねずみ |
| dictionary | dictionaries | 辞書 |
| potato | potatoes | じゃがいも |
| life | lives | 命, 生活 |
| dish | dishes | 皿, 料理 |
| woman | women | 女性 |
| man | men | 男性 |
| foot | feet | 足 |
| child | children | 子供 |
| tooth | teeth | 歯 |

| 1 | one | 2 | two | 3 | three | 4 | four |
|---|---|---|---|---|---|---|---|
| 5 | five | 6 | six | 7 | seven | 8 | eight |
| 9 | nine | 10 | ten | 11 | eleven | 12 | twelve |

**12**　(1) a bike　(2) your friend　(3) my bag
(4) beef　(5) the egg　(6) an egg

**13**　(1) 3人称単数　(2) 1人称複数
(3) 3人称単数　(4) 3人称複数
(5) 1人称単数　(6) 3人称単数
(7) 3人称複数　(8) 3人称単数

(9) 3人称複数　(10) 3人称単数
(11) 3人称単数　(12) 3人称単数

**14**　(1) 2人称単数　(2) 2人称複数

**15**

| ① | like | likes | ② | have | has |
|---|---|---|---|---|---|
| ③ | watch | watches | ④ | do | does |
| ⑤ | live | lives | ⑥ | eat | eats |
| ⑦ | study | studies | ⑧ | play | plays |
| ⑨ | say | says | ⑩ | go | goes |
| ⑪ | try | tries | ⑫ | enjoy | enjoys |
| ⑬ | get up | gets up | ⑭ | clean | cleans |

**16**　① play　② plays　③ play　④ play
⑤ plays　⑥ goes　⑦ go　⑧ goes
⑨ go　⑩ go

**17**　(1) doesn't, play　(2) don't eat
(3) doesn't live　(4) don't live
(5) Do, go, we, do
(6) Does, have, he, doesn't
(7) Does, like, she, does
(8) Do, drive, I, don't
(9) Do, speak, they, do
(10) does, do　(11) do, do
(12) does, study, studies

**18**　① Tom speaks Japanese.
② Tom doesn't speak Japanese.
③ Does Tom speak Japanese?　Yes, he does.

**19**
(1) ア. This is your book.
イ. This is not your book. (This isn't your book.)
ウ. Is this your book?　No, it isn't.
(2) ア. I am a teacher. (I'm a teacher.)
イ. I am not a teacher. (I'm not a teacher.)
ウ. Are you a teacher?　Yes, I am.
(3) ア. I eat breakfast every morning.
イ. I don't eat breakfast every morning.
ウ. Do you eat breakfast every morning?
Yes, I do.
(4) ア. Those people are our friends.
イ. Those people are not our friends.
(Those people aren't our friends.)
ウ. Are those people your friends?
Yes, they are.
(5) ア. Mary plays the piano.
イ. Mary doesn't play the piano.
ウ. Does Mary play the piano?　Yes, she does.
(6) ア. Tom and Ken speak Japanese.
イ. Tom and Ken don't speak Japanese.
ウ. Do Tom and Ken speak Japanese?
No, they don't.

(7) ア. Kate and Cathy are students.
　　 イ. Kate and Cathy are not students.
　　　　 (Kate and Cathy aren't students.)
　　 ウ. Are Kate and Cathy students?
　　　　 No, they aren't.
(8) ア. My father drives a car.
　　 イ. My father doesn't drive a car.
　　 ウ. Does your father drive a car?
　　　　 Yes, he does.

## 20
(1) two cities　　　(2) eight children
(3) four boxes　　　(4) three months

## 21
(1) ア. ○　　イ. ○　　ウ. ×　　エ. ×
(2) ア. ×　　イ. ○　　ウ. ○　　エ. ×
(3) ア. ○　　イ. ×　　ウ. ○　　エ. ×
(4) ア. ×　　イ. ×　　ウ. ×　　エ. ×

## 22
(1) ウ　　(2) ア　　(3) イ

## 23
(1) is　　　あちらは私の姉（妹）のエミリーです。
(2) is　　　あの男の人はジムのお父さんです。
(3) is　　　これは彼女のかばんです。
(4) is　　　この女性は彼のお母さんです。
(5) are　　これらは私達の猫です。
(6) are　　あれらはリサの家族です。
(7) are　　これらの少年達は私の兄（弟）達です。
(8) are　　あれらの少女達は私の友達です。
(9) Is　　　彼はあなたの友達ですか？
(10) is　　　これは何ですか？
(11) are　　あれらの男の人達は誰ですか？
(12) are　　これらは何ですか？
(13) is　　　彼女は誰ですか？

## 24
(1) am, a　　　　　　　　(2) are, students, too
(3) Are, you, a, student, I'm, not
(4) Are, you, students, we, are
(5) has, a(one)　　　　　(6) doesn't, have
(7) no　　　　　　　　　(8) Am, I, you, aren't
(9) Do, or　　　　　　　(10) likes, the
(11) They, don't, speak　(12) What, do, do
(13) What, does, want, He, wants, a
(14) Who, are, those, women, They, are
(15) does

## 25
(1) long　　　　(2) short　　　(3) young
(4) old　　　　　(5) easy　　　　(6) difficult
(7) cute　　　　(8) large　　　　(9) busy
(10) important　(11) popular　　(12) famous

## 26
(1) some　　　　(2) any　　　　(3) also
(4) him　　　　　(5) her　　　　(6) hers
(7) father's　　　(8) its　　　　　(9) either
(10) our, them　　(11) sometimes, me
(12) always, us

## 27
(1) こちらに来て。
(2) それは自分でやりなさい。
(3) 絶対あきらめないで。
(4) 静かにしなさい。
(5) 私は予定が全くありません。
(6) 少し早めに来てください。
(7) トムはたいてい１０時に寝ます。
(8) 日本では電車はめったに遅れて来ません。
(9) 彼はいつも早く起きます。
(10) 彼女は時々私の宿題を手伝ってくれます。
(11) 彼も中学生です。
(12) このサイズは私には小さすぎます。
(13) エミリーはよく独り言を言います。
(14) お体をお大事に。／気をつけてね。
(15) 彼は何語を話しますか？

## 28
(1) Are you from America too?
(2) I am in a basketball club.
(3) Only he drives a car in my family.
(4) What kind of food do you like?
(5) What time does the shop open?
(6) What do you do?
(7) His house is very large.
(8) This book is really interesting.

## 29
(1) after　　(2) with　　(3) for　　(4) from
(5) on　　　(6) in　　　(7) at　　　(8) to

## 30
(1) Open, please　　　　(2) Please, be
(3) Don't, speak　　　　(4) Let's go, to, let's
(5) Let's, have(eat), let's, not
(6) Please, don't, use　　(7) Don't, be
(8) What, time, forty-five, morning
(9) What, day, Thursday
(10) What, date, June
(11) your, new　　　　　(12) pm(p.m.)
(13) very well　　　　　(14) Who, is
(15) How, many, dogs

## 31
① Jim can play the guitar.
② Ben cannot play the piano.
③ Can Alice make a cake?
　　Yes, she can. / No, she can't.

## 32

| sit | sitting | make | making |
|------|----------|---------|-----------|
| study | studying | teach | teaching |
| run | running | use | using |
| write | writing | swim | swimming |
| ski | skiing | cut | cutting |
| have | having | practice | practicing |

**33**　① used　② walked　③ enjoyed
　　　④ looked　⑤ closed　⑥ opened
　　　⑦ tried　⑧ cleaned　⑨ stopped

**34**　① went　② had　③ said　④ did

**35**　(1) Linda played the piano.
　　(2) He went to the library.
　　(3) We played soccer in the park.
　　(4) I studied math yesterday.
　　(5) I had breakfast this morning.
　　(6) They practiced the guitar every day.

**36**
(1) （その）味はどうですか？
(2) あなたの身長はどれくらいですか？
(3) あなたはどうやって学校に行きますか？
(4) そのテーブルの上には何がありますか？
(5) あなたの好きな教科は何ですか？
(6) どの辞書があなたのものですか？
(7) あなたのバイクはどれですか？
(8) あなたは何故新しいコンピューターが欲しいのですか？
(9) 一緒にお昼ご飯を食べませんか？
(10) デイビッドに頼んでみては（尋ねてみては）どうですか？
(11) 座ったらどうですか？
(12) いつあなたはここに来ることができますか？
(13) どこでチケットを買うことができますか？

**37**　(1) call　　　　(2) say
　　(3) I'm　　　　(4) is
　　(5) are　　　　(6) cook
　　(7) Can　　　　(8) ride
　　(9) Did　　　　(10) is
　　(11) reading　　(12) are
　　(13) are　　　　(14) are
　　(15) How　　　　(16) often
　　(17) What

**38**
(1) ア. I can make a cake.
　　イ. Jane cannot(can't) make a cake.
　　ウ. Can you make a cake?　Yes, I can.
(2) ア. I'm not doing my homework now.
　　（I am not doing my homework now.）
　　イ. Tom isn't doing his homework now.
　　ウ. Tom and Ken aren't doing their homework now.
(3) ア. Are you watching TV now?　Yes, I am.
　　イ. Is Paul watching TV now?　No, he isn't.
　　ウ. Are Paul and Andy watching TV now?
　　　　Yes, they are.
(4) ア. Betty had breakfast this morning.
　　イ. Betty didn't have breakfast this morning.
　　ウ. Did Betty have breakfast this morning?
　　　　No, she didn't.
(5) ア. When did you visit the museum?

イ. When did Lisa visit the museum?
ウ. When did Lisa and Jim visit the museum?

**39**　(1) I, can　　　(2) you, can't (cannot)
　　(3) he, can't (cannot)　(4) What, is
　　(5) What, are　　(6) Whose, is
　　(7) Whose, is　　(8) How, much
　　(9) Where, are　　(10) How, is, It's
　　(11) How, many
　　(12) What, are, They, are, talking about
　　(13) Are, looking, just, looking
　　(14) Who, cleaned, My, brother, did
　　(15) Where, did, go, went

**40**　(1) was　　(2) was　　(3) were

**41**　(1) spoke　　　　(2) didn't, speak
　　(3) Did, he, speak　(4) What, did, speak
　　(5) went　　　　　(6) didn't, go
　　(7) Did, go　　　　(8) Where, did, go

**42**　(1) read　　(2) put

**43**
(1) 自動詞，私はここに7時に着きました。
(2) 他動詞，私は今日そのメールを受けとりました。
(3) 自動詞，私はそのとき悲しくなりました。
(4) 他動詞，それをやめなさい。
(5) 自動詞，そこで止まってください。
(6) 自動詞，動かないで。
(7) 他動詞，それを動かさないで。
(8) 自動詞，私達の学校は4月に始まります。
(9) 他動詞，今日の授業を始めましょう。
(10) 自動詞，何が起ったの？（何があったの？）

**44**
(1) Listen to me.　　(2) I got to Ken's house

**45**
(1) ① him, present　② present, to, him
(2) ① me, salt　　　② salt, to, me
(3) ① you, taxi　　　② taxi, for, you
(4) ① me, math　　　② math, to, me
(5) ① me, way　　　② way, to, me
(6) ① her, gift　　　② gift, for, her
(7) ① him, letter　　② letter, to, him
(8) ① that, man, your, ticket
　　② your, ticket, to, that, man

**46**　(1) was　　(2) were　　(3) was
　　(4) did　　(5) had　　(6) said
　　(7) went　　(8) read　　(9) met
　　(10) saw　　(11) cut　　(12) bought
　　(13) ate　　(14) came　　(15) took

**47**　(1) I'll　(2) won't　(3) we'll　(4) it'll

**48**　(1) goes to school　(2) arrived in Tokyo
　　(3) went there　　(4) go home

**49**
(1) I will take you there.
(2) Will the train leave on time?

(3) I am going to play tennis this afternoon.
(4) She was going to have dinner with her friends.
(5) Are you going to come to Japan next month?
(6) I'm not going to join any clubs.

## 50

(1) me, present ／ present, to, me
(2) me, racket ／ racket, for, me
(3) her, some, flowers ／ some, flowers, to, her
(4) me, my, wallet ／ my, wallet, for, me

## 51

(1) 自動詞／私は歩いて学校に行きます。
(2) 他動詞／私は毎晩私の犬を散歩させます。
(3) 他動詞／これを味見してくれませんか？
(4) 自動詞／それはおいしいです。
(5) 他動詞／私の兄（弟）がこの店を経営しています。
(6) 自動詞／あなたに何が起ったのですか？
(7) 自動詞／明日集まりましょう。

## 52

(1) 私は昨日忙しかったです。
(2) 私はそのとき京都にいました。
(3) 彼はそのサッカーチームに所属していました。
(4) 私は3匹魚を捕まえました。
(5) 私は11時にその博物館に着きました。
(6) 私はそのとき昼食をとっていました。
(7) 私達はプールで泳いでいました。
(8) 私達のバスは10時半に出発する予定です。
(9) 私は次の日曜ジャックに車を貸すつもりです。
(10) それは何分かかりますか？
(11) 私達は7時までには戻ってきます。
(12) 彼女はきっと試験に合格します。
(13) 私のパソコンが起動しません。
(14) このかばんはあなたの所有物ですか？
(15) 私が今晩あなたのためにそれを料理してあげましょう。
(16) 私はブラウン先生にいくつか質問をしました。
(17) あなたのチケットを私に見せてください。
(18) 彼女は私達に英語を教えていました。
(19) 彼に贈り物（お土産(みやげ)）を買っていってはどうですか？
(20) 私にお茶を一杯持ってきてくれませんか？
(21) スプーンを（私に）とって（手渡して）。
(22) その手紙を私達に読んでください。
(23) 私にコーヒーを買って（とって）きてくれない？
(24) 電話で誰と話していたのですか？
(25) あなたは何泊する予定ですか？
　　　私は1泊する予定です。
(26) あなたは午前中どこにいたのですか？
　　　私は図書館にいました。

## 53

(1) 私は東京に住んでいたとき, よくそのレストランに行きました。
(2) 雨が降っていたので, 私達はすぐに帰宅しました。

(3) 食べる前に手を洗いなさい。

## 54

(1) ア. There is a cinema in the town.
　　イ. There isn't a cinema in the town.
　　ウ. Is there a cinema in the town?
　　　　Yes, there is.
(2) ア. There were a lot of people in the park.
　　イ. There weren't a lot of people in the park.
　　ウ. Were there a lot of people in the park?
　　　　Yes, there were.
(3) ア. There are some bookstores near here.
　　イ. There aren't any bookstores near here.
　　ウ. Are there any(some) bookstores near here?
　　　　No, there aren't.
(4) ア. There was a library in the village.
　　イ. There wasn't a library in the village.
　　ウ. Was there a library in the village?
　　　　No, there wasn't.

## 55

(1) but　　(2) and　　(3) or　　(4) so

## 56

(1) you　　　　　　　(2) may not
(3) doesn't have to　(4) we
(5) Must　　　　　　(6) May
(7) should　　　　　 (8) have to

## 57

(1) ウ　　(2) イ　　(3) エ
(4) ウ　　(5) ア　　(6) エ

## 58

(1) 恐れ入りますが, 番号をお間違えのようです。
(2) 私は風邪を引いていたので, 家にいました。
(3) 私は彼女がイギリス出身だと聞いています。
(4) 今回私は試験に合格したかどうか確信がありません。（わかりません）
(5) あなたはここで駐車してはいけません。
(6) 私は今回は失敗したけれど, また挑戦してみます。
(7) では学校が終わったらあなたにメッセージを送ります。
(8) 私はあなたがしたようにそれをすることができません。
(9) あなたは運転するときはシートベルトをしなければいけません。
(10) できるだけ早く来てください。
(11) あなたは熱があるのではないかと私は思います。
(12) もし疲れているならあなたはベッドで寝たほうがいい。
(13) あなたのクラスは何人生徒がいますか？
(14) あなたは電車で行ったほうがいいです。
(15) あなたは疲れていそうなので, 運転しないほうがいいです。
(16) 私達は空港で2時間待たなければいけませんでした。
(17) あなたが外出中に誰かがあなたを訪ねてきましたよ。

## ● 第2章　be 動詞Ⅰ

**1** I am a student.

**2** We are students, too.

**3** You are my good friend.

**4** My first name is Saki.

**5** Tom and I are junior high school students.

**6** I'm Lisa. Nice to meet you.

**7** You're a good player.

**8** Ms. Sato is an English teacher.

**9** Tsuchiya is my family name.

**10** They are my friends.

**11** Mr. Suzuki is busy, too.

**12** It is my bag.

**13** I'm not a doctor.

**14** You are not a bad player.

**15** Kate is not my sister.

**16** He isn't my brother.

**17** We aren't high school students.

**18** Are you a doctor?　Yes, I am.

**19** Are you students, too?　No, we aren't.

**20** Is Andy your friend?　No, he isn't.

**21** Are Andy and Kate your friends?　Yes, they are.

**22** Is she your new teacher?　Yes, she is.

**23** Am I right?　Yes, you are.

**24** Am I wrong?　No, you aren't.

## ● 第2章　be 動詞 I　

**1** 私は学生です。

**2** 私達も学生です。

**3** あなたは私の良い友達です。

**4** 私の名はサキです。

**5** トムと私は中学生です。

**6** 私はリサです。はじめまして。

**7** あなたは良い選手です。

**8** 佐藤先生は英語の先生です。

**9** 土屋は私の名字です。

**10** 彼らは私の友達です。

**11** 鈴木先生も忙しいです。

**12** それは私のかばんです。

**13** 私は医者ではありません。

**14** あなたは悪い選手ではありません。

**15** ケイトは私の姉ではありません。

**16** 彼は私の兄ではありません。

**17** 私達は高校生ではありません。

**18** あなたは医者ですか？　はい，そうです。

**19** あなた達も学生ですか？　いいえ，違います。

**20** アンディーはあなたの友達ですか？　いいえ，違います。

**21** アンディーとケイトはあなたの友達ですか？　はい，そうです。

**22** 彼女があなたの新しい先生ですか？　はい，そうです。

**23** 私は正しいですか？　はい，正しいです。

**24** 私は間違っていますか？　いいえ，間違っていません。

## ● 第3章　be 動詞 II

**1** This is an orange.

**2** These are oranges, too.

**3** That is not my father's car.

**4** Those are apple trees.

**5** This boy is my brother, Ken.

**6** That girl is my sister, Emily.

**7** Is that Tom's bag?　Yes, it is.

**8** Is this your mother?　Yes, it is.

**9** This isn't her notebook.

**10** Are these your books?　No, they aren't.

**11** Are those people his friends?　Yes, they are.

**12** Those girls are Mary and Jane.

**13** Is that boy your brother?　No, he isn't.

**14** What is this?　It is a radio.

**15** What are these?　They are stamps.

**16** What is that building?　It's a shrine.

**17** What's that?　It's a home shrine.

**18** What is your name, please?

**19** Who is she?　She is Emily's mother, Cathy.

**20** What are those?　They are textbooks.

**21** Who is that man?　He is my grandfather.

**22** Who are you?　I'm a student of this school.

**23** Who is it?　It's Mike.

**24** What is her family name?

**25** Who is that woman?　She is my mother.

**26** Who are they?　They are my friends.

## ● 第3章　be動詞Ⅱ

**1** これはオレンジです。

**2** これらもオレンジです。

**3** あれは私の父の車ではありません。

**4** あれらはリンゴの木です。

**5** この少年は私の弟のケンです。

**6** あの少女は私の妹のエミリーです。

**7** あれはトムのカバンですか？　はい，そうです。

**8** こちらはあなたのお母さんですか？　はい，そうです。

**9** これは彼女のノートではありません。

**10** これらはあなたの本ですか?　いいえ，違います。

**11** あれらの人達は彼の友達ですか？　はい，そうです。

**12** あれらの女の子はメアリーとジェーンです。

**13** あの少年はあなたのお兄さんですか？　いいえ，違います。

**14** これは何ですか？　それはラジオです。

**15** これらは何ですか？　それらは切手です。

**16** あの建物は何ですか？　それは神社です。

**17** あれは何ですか？　それは神棚です。

**18** あなたの名前は何ですか？ (どちら様ですか？)

**19** 彼女は誰ですか？　彼女はエミリーのお母さんのキャシーです。

**20** それらは何ですか？　それらは教科書です。

**21** あの男の人は誰ですか？　彼は私の祖父です。

**22** あなたは誰ですか？　私はこの学校の生徒です。

**23** どちら様ですか？　マイクです。

**24** 彼女の名字は何ですか?

**25** あの女性は誰ですか？　彼女は私の母です。

**26** 彼らは誰ですか？　彼らは私の友達です。

## ● 第4章　一般動詞 I

**1** I have a bike.

**2** I speak Japanese.

**3** I know his brother Jim.

**4** You look happy today.

**5** We often play soccer in the park.

**6** I speak a little English.

**7** I use the Internet a lot.

**8** I have two dogs.

**9** I have some questions.

**10** You really like it.

**11** I often talk with Lucy.

**12** I sometimes enjoy tennis with Jane.

**13** I have no idea.

**14** You don't understand.

**15** I don't have any idea.

**16** I don't really like math.

**17** We don't clean our classroom.

**18** Do you study English every day?　Yes, I do.

**19** Do you eat breakfast every morning?　No, I don't.

**20** Do you have time after class?　Yes, I do.

**21** Do you speak Japanese?　No, I speak only English.

**22** Do you have any questions?

**23** Do you like tea or coffee?

**24** Do you play any sports?

**25** What do you want?　I want a bike.

**26** What do you do on the weekends?

## ● 第4章　一般動詞Ⅰ

**1** 私は自転車を一台持っています。

**2** 私は日本語を話します。

**3** 私は彼のお兄さんのジムと知り合いです。

**4** あなたは今日うれしそうですね。

**5** 私達は公園でよくサッカーをします。

**6** 私は英語を少しだけ話します。

**7** 私はインターネットをよく使います。

**8** 私は2匹犬を飼っています。

**9** 私はいくつか質問があります。

**10** あなたは本当にそれが好きですね。

**11** 私はルーシーとよく話します。

**12** 私はジェーンと時々テニスを楽しみます。

**13** 私は何も思いつきません。（私は考えを何も持っていない）

**14** あなたはわかっていません。

**15** 私は何も思いつきません。

**16** 私は数学があまり好きではありません。

**17** 私達は私達の教室を掃除しません。

**18** あなたは毎日英語を勉強しますか？　はい，します。

**19** あなたは毎朝朝食を食べますか？　いいえ，食べません。

**20** 授業後時間ありますか？　はい，あります。

**21** あなたは日本語を話しますか？　いいえ，私は英語しか話しません。

**22** あなたは何か質問がありますか？

**23** あなたはお茶が好きですか？　それともコーヒーが好きですか？

**24** スポーツは何かしますか？

**25** あなたは何がほしいですか？　私は自転車が1台ほしいです。

**26** あなたは週末は何をしていますか？

## ● 第5章　一般動詞Ⅱ　

**1** She has a racket.

**2** We have a racket, too.

**3** He goes to school by train.

**4** I go to bed at eleven.

**5** Ken studies English every day.

**6** Andy and Bill study Japanese.

**7** Jim gets up at seven every morning.

**8** My father often watches baseball games on TV.

**9** My mother doesn't drive a car.

**10** He doesn't like dogs.

**11** They don't eat raw fish.

**12** Do you clean your classroom?　No, we don't.

**13** Does he speak Chinese?　No, he doesn't.

**14** Does Kate live in Kyoto?　Yes, she does.

**15** Do they speak French?　No, they don't.

**16** Does this bus go to the mall?　Yes, it does.

**17** Does Tom walk to school?　No, he goes by bike.

**18** Helen doesn't play the piano.

**19** Helen and Alice don't play the piano.

**20** Do Mark and Jack like soccer?　Yes, they do.

**21** She really reads comics a lot.

**22** What does Peter want?　He wants soccer shoes.

**23** What do the children want?　They want a computer.

**24** What does this mean?

## ● 第5章　一般動詞 II

**1** 彼女はラケットを（1つ）持っています。

**2** 私達もラケットを（1つずつ）持っています。

**3** 彼は電車で学校に行きます。

**4** 私は 11 時に寝ます。

**5** ケンは毎日英語を勉強しています。

**6** アンディーとビルは日本語を勉強しています。

**7** ジムは毎朝 7 時に起きます。

**8** 私の父はよくテレビで野球の試合を見ます。

**9** 私の母は車を運転しません。

**10** 彼は犬が好きではありません。

**11** 彼らは生魚を食べません。

**12** あなた達は自分達の教室を掃除しますか？　いいえ，しません。

**13** 彼は中国語を話しますか？　いいえ，話しません。

**14** ケイトは京都に住んでいるのですか？　はい，そうです。

**15** 彼らはフランス語を話しますか？　いいえ，話しません。

**16** このバスはショッピングモールに行きますか？　はい，行きます。

**17** トムは歩いて学校に行きますか？　いいえ，自転車で行きます。

**18** ヘレンはピアノを弾きません。

**19** ヘレンとアリスはピアノを弾きません。

**20** マークとジャックはサッカーが好きですか？　はい，好きです。

**21** 彼女は本当によくマンガを読みます。

**22** ピーターは何を欲しがっていますか？　彼はサッカーシューズを欲しがっています。

**23** 子供たちは何を欲しがっていますか？　（彼らは）パソコンを欲しがっています。

**24** これはどういう意味ですか？

## ● 第6章　命令文と形容詞　　　

**1** Open the door.

**2** Go to bed early today.

**3** Look at that tall building.

**4** Please close the window.

**5** Write your name here, please.

**6** Let's have lunch there.　Yes, let's do it.

**7** Let's go to the movies.　No, let's not.

**8** Don't turn off the light.

**9** Never give up.

**10** Don't touch these, please.

**11** Stand up.

**12** Have a seat.

**13** Come here.

**14** Watch out!

**15** Show your ticket, please.

**16** Do not take photos or videos inside the building.

**17** Be careful.

**18** Please be quiet.

**19** Let's take a little break.　Yes, let's do it.

**20** Don't be afraid.

**21** Never mind.

**22** Say hello to your mom.

**23** He has many books.

**24** She is so cute.

**25** My room is very small.

**26** That is popular with young people.

**27** She is kind to everybody.

**28** This book isn't interesting.

**29** Are you OK with a cold drink?　Yes, that's fine.

**30** Is the song famous in the US?　Yes, it is.

**31** She looks sad.

**32** He speaks a little Japanese.

**33** What's wrong?　You look tired.

**34** Are you busy now?　No, I'm not.

**35** Is that your new bicycle?　Yes, it is.

**36** I'm sorry for my late reply.

## ● 第6章　命令文と形容詞　

**1** そのドアを開けて。

**2** 今日は早く寝なさい。

**3** あの高い建物を見て。

**4** その窓を閉めてください。

**5** ここにあなたの名前を書いてください。

**6** そこで昼食を食べましょう。　はい，そうしましょう。

**7** 映画を見に行こう。　いいえ，やめておきましょう。

**8** 明かりを消さないで。

**9** 絶対あきらめないで。

**10** これらに触らないでください。

**11** 立ち上がって。

**12** （椅子に）お掛けください。

**13** こちらに来て。

**14** 危ない！

**15** チケットを見せてください。

**16** 建物内での写真やビデオ撮影はしないでください。

**17** 気をつけなさい。

**18** 静かにしてください。

**19** 少し休憩をとりましょう。　はい，そうしましょう。

**20** 怖がらないで。

**21** 気にしないで。

**22** あなたのお母さんによろしくね。

**23** 彼はたくさんの本を持っています。

**24** 彼女はとてもかわいい。

**25** 私の部屋はとても狭いです。

**26** それは若者に人気があります。

**27** 彼女はみんなに親切です。

**28** この本は面白くありません。

**29** あなたは冷たい飲み物でいいですか？　はい，それで構いません。

**30** その歌はアメリカで有名ですか？　はい，有名です。

**31** 彼女は悲しそうです。

**32** 彼は日本語を少し話します。

**33** どうかしたの？　あなたは疲れているように見えます。

**34** あなたは今忙しいですか？　いいえ，忙しくありません。

**35** あれがあなたの新しい自転車ですか？　はい，そうです。

**36** 返事が遅れてごめんなさい。

## ● 第７章　some, any と副詞

**1** I have some good news for you.

**2** Do you have any questions?

**3** Do you have some comics?

**4** I don't like some vegetables.

**5** I don't have any plans.

**6** Please speak slowly.　（Speak slowly, please.）

**7** Wash your hands well.

**8** He plays the guitar very well.

**9** She swims so fast.

**10** Thank you so much for your help.

**11** This size is too large for me.

**12** He is really kind.

**13** Please come a little early.　（Come a little early, please.）

**14** I am a little afraid.

**15** He always comes late.

**16** I don't usually speak English.

**17** My uncle often teaches math to me.

**18** My aunt sometimes helps me with my homework.

**19** Trains rarely come late in Japan.

**20** He never tells a lie.

**21** He is always well.

**22** What do you usually do for fun?

**23** Buses rarely leave on time here.

**24** I also go to the same school as Lisa.

**25** I don't know either.

**26** Jane gets up early too.

**27** He is an only child as well.

**28** Do you only accept cash?

## ● 第7章　some,any と副詞　

**1** あなた達に良い知らせがあります。

**2** 何か質問はありますか？

**3** 漫画本はありますか？

**4** 私は好きでない野菜があります。

**5** 私は予定が何もありません。

**6** ゆっくり話してください。

**7** 手をよく洗いなさい。

**8** 彼はギターをとても上手に弾きます。

**9** 彼女はすごく速く泳ぎます。

**10** 手伝っていただき本当にありがとうございます。

**11** このサイズは私には大きすぎます。

**12** 彼は本当に親切です。

**13** 少し早めに来てください。

**14** 私は少し不安です。

**15** 彼はいつも遅れて来ます。

**16** 私は普段英語を話しません。

**17** おじはよく私に数学を教えてくれます。

**18** おばは時々私の宿題を手伝ってくれます。

**19** 日本では電車が遅れて来ることはめったにありません。

**20** 彼は決して嘘をつきません。

**21** 彼はいつも元気です。

**22** あなたは普段趣味で何をしますか？

**23** この辺りではバスはめったに時間通り出発しません。

**24** 私もリサと同じ学校に通っています。

**25** 私も知りません。

**26** ジェーンも早起きです。

**27** 彼も一人っ子です。

**28** あなた達は（支払いは）現金しか受け付けていませんか？

## ● 第8章　疑問詞 I

**1** She is in the kitchen.

**2** Your eraser is here.

**3** I'm in a basketball club.

**4** I am here.

**5** I am from Japan.

**6** What is in this box?

**7** Who is in that room?

**8** What is on the table?

**9** What color is your car?　It's red.

**10** What sports do you play?

**11** What sports does your brother like?

**12** What subjects do you like?

**13** What languages does he speak?　He speaks English and French.

**14** What kind of food do you like?

**15** What kind of place is that?

**16** What club are you in?

**17** How many siblings do you have?　I am an only child.

**18** How many dogs does John have?　He has two dogs.

**19** How many languages do they speak?　They speak three languages.

**20** How many eggs are in the fridge?

**21** For how many people?　For three people, please.

**22** What do you do?　I am an office worker.

**23** What does your father do?　He works at city hall.

**24** What does Andy do?　He is a college student.

## ● 第8章　疑問詞 I

**1** 彼女は台所にいます。

**2** あなたの消しゴムはここにあります。

**3** 私はバスケットボールクラブに所属しています。

**4** 私はここにいます。

**5** 私は日本出身です。

**6** この箱には何が入っていますか？

**7** あの部屋には誰がいますか？

**8** テーブルの上に何がありますか？

**9** あなたの車は何色ですか？　赤です。

**10** あなたはスポーツは何をしますか？

**11** あなたのお兄さんはどんなスポーツが好きですか？

**12** あなたは何の科目が好きですか？

**13** 彼は何語を話しますか？　彼は英語とフランス語を話します。

**14** あなたはどんな食べ物が好きですか？

**15** そこはどんなところですか？

**16** あなたは何部に所属していますか？

**17** あなたは兄弟姉妹が何人いますか？　私は一人っ子です。

**18** ジョンは何匹犬を飼っていますか？　彼は2匹犬を飼っています。

**19** 彼らは何カ国語話しますか？　彼らは3カ国語話します。

**20** 冷蔵庫には卵が何個入っていますか？

**21** 何名様ですか？　3名でお願いします。

**22** あなたは何をしている人ですか？　私は会社員です。

**23** あなたのお父さんは何をしている人ですか？　彼は市役所で働いています。

**24** アンディーは何をしている人ですか？　彼は大学生です。

## ● 第９章　人称代名詞と基本的な前置詞

**1** I know her sister Emily.

**2** Is this your notebook?　No, it's Peter's.

**3** Is this yours or his?　It's mine.

**4** They sometimes visit me.

**5** Do you know him?

**6** Do you eat natto?　No, I don't like its smell.

**7** Their house is very big.

**8** We miss you.

**9** That is her bike.

**10** That bike is hers.

**11** Is this his watch?

**12** Is this watch his?

**13** That's my father's.

**14** These are our dogs.　We love them.

**15** That house is theirs.

**16** Is she your mom?

**17** Is this Cathy's bag?　No, it's Jane's.

**18** He always helps us.

**19** Do you know his phone number?

**20** Repeat after me.

**21** Listen to me.

**22** My dad sometimes makes breakfast for us.

**23** I often go shopping with her.

**24** It's difficult for him.

**25** He is very kind to me.

**26** I often go camping with them.

**27** I rarely go on a trip by myself.

**28** Do it yourself.

**29** Emily often talks to herself.

**30** Brian usually cooks for himself.

**31** Help yourself to the pizza.

**32** Make yourself at home.

**33** Relax and enjoy yourself.

**34** Take care of yourself.

## ● 第9章　人称代名詞と基本的な前置詞　

**1** 私は彼女のお姉さんのエミリーと知り合いです。

**2** これはあなたのノートですか？　いいえ，それはピーターのものです。

**3** これはあなたのものですか？それとも彼のものですか？　それは私のものです。

**4** 彼らは時々私を訪ねてきます。

**5** あなたは彼と知り合いですか？

**6** あなたは納豆を食べますか？　いいえ，私はその匂いが好きではありません。

**7** 彼らの家はとても大きいです。

**8** 私達はあなたがいなくて寂しいです。

**9** あれは彼女の自転車です。

**10** あの自転車は彼女のものです。

**11** これは彼の腕時計ですか？

**12** この腕時計は彼のものですか？

**13** あれは私の父のものです。

**14** これらは私達の犬です。　私達は彼らが大好きです。

**15** あの家が彼らのものです。

**16** 彼女はあなた達のお母さんですか?

**17** これはキャシーのカバンですか？　いいえ，ジェーンのものです。

**18** 彼はいつも私達を助けてくれます。

**19** 彼の電話番号を知っていますか？

**20** 私のあとに繰り返して。

**21** 私の話を聴いて。

**22** 父は私達のために時々朝食を作ってくれます。

**23** 私は彼女とよく買い物に行きます。

**24** それは彼には難しいです。

**25** 彼は私にとても親切です。

**26** 私は彼らとよくキャンプに行きます。

**27** 私は滅多に一人旅はしません。

**28** それは自分でやりなさい。

**29** エミリーはよく独り言を言います。

**30** ブライアンはたいてい自炊をしています。

**31** ピザは自由にとって食べてね。

**32** （気をつかわず）気軽にしてね。

**33** リラックスして楽しんでね。

**34** お体をお大事に。／気をつけてね。

## ● 第10章　時をたずねる表現

| | 基数 | 序数 | | | | |
|---|---|---|---|---|---|---|
| 1 | one | first | 1月 | January | 月曜日 | Monday |
| 2 | two | second | 2月 | February | 火曜日 | Tuesday |
| 3 | three | third | 3月 | March | 水曜日 | Wednesday |
| 4 | four | fourth | 4月 | April | 木曜日 | Thursday |
| 5 | five | fifth | 5月 | May | 金曜日 | Friday |
| 6 | six | sixth | 6月 | June | 土曜日 | Saturday |
| 7 | seven | seventh | 7月 | July | 日曜日 | Sunday |
| 8 | eight | eighth | 8月 | August | 春 | spring |
| 9 | nine | ninth | 9月 | September | 夏 | summer |
| 10 | ten | tenth | 10月 | October | 秋 | fall |
| 11 | eleven | eleventh | 11月 | November | 冬 | winter |
| 12 | twelve | twelfth | 12月 | December | | |

**1** six o'clock in the morning

**2** two twenty-seven in the afternoon

**3** eight thirty-four in the evening

**4** 1:19 a.m.

**5** 4:45 p.m.

**6** Today is Sunday, November 3rd.

**7** It's September 19th today.

**8** What time is it now?　It's seven fifteen.

**9** What day is it today?　It's Wednesday.

**10** What is the date today?　It's June 22nd.

**11** Do you have the time?　Yes, it's eight fifty.

**12** Do you have time today?　I'm free in the afternoon.

**13** What month is it?　It's February.

**14** What year is it?

**15** The movie starts at two thirty in the afternoon.

**16** Let's get together at seven in the evening.

**17** What time do you leave home?　I usually leave at about seven twenty in the morning.

**18** What time does the shop open?　It opens at 9 am.

**19** Please be back here by four o'clock.

**20** I am on the 5th floor.

**21** What time does the bus leave?

**22** We have a lot of rain in June.

## ● 第10章　時をたずねる表現

| | 基数 | 序数 | | | | | |
|---|---|---|---|---|---|---|---|
| 1 | | | 1月 | | 月曜日 | |
| 2 | | | 2月 | | 火曜日 | |
| 3 | | | 3月 | | 水曜日 | |
| 4 | | | 4月 | | 木曜日 | |
| 5 | | | 5月 | | 金曜日 | |
| 6 | | | 6月 | | 土曜日 | |
| 7 | | | 7月 | | 日曜日 | |
| 8 | | | 8月 | | 春 | |
| 9 | | | 9月 | | 夏 | |
| 10 | | | 10月 | | 秋 | |
| 11 | | | 11月 | | 冬 | |
| 12 | | | 12月 | | | |

**1** 午前 6：00

**2** 午後 2：27

**3** 午後 8：34

**4** 午前 1：19

**5** 午後 4：45

**6** 今日は 11 月 3 日の日曜日です。

**7** 今日は 9 月 19 日です。

**8** 今何時ですか？　7 時 15 分です。

**9** 今日は何曜日ですか？　水曜日です。

**10** 今日の日付は何ですか？　6 月 22 日です。

**11** 今何時かわかりますか？　はい，8 時 50 分です。

**12** 今日時間はありますか？　午後は暇です。

**13** 今月は何月ですか？　2 月です。

**14** 今年は何年ですか？

**15** その映画は昼の 2 時半に始まります。

**16** 夜 7 時に集まりましょう。

**17** あなたは何時に家を出ますか？　たいてい午前 7 時 20 分頃出ます。

**18** そのお店は何時に開店しますか？　午前 9 時に開店します。

**19** 4 時までにここに戻ってきてください。

**20** 私は 5 階にいます。

**21** 何時にバスは出発しますか？

**22** 私達の地域では 6 月によく雨が降ります。

## ● 第 11 章　疑問詞 II

**1** What is the fare?

**2** What is your favorite food?

**3** What is the last stop?

**4** Where is the restroom?　This way.

**5** Where are the eggs?

**6** Where are we?

**7** Where are you from?

**8** Whose eraser is this?

**9** Whose is this?　It's Andy's.

**10** When is your birthday?

**11** When are you free?

**12** Which is your seat?

**13** Which luggage is yours?

**14** What do you mean by that?

**15** What does this word mean?

**16** What do you think about that?

**17** What kind of food don't you like?

**18** Who uses this motorcycle?

**19** Who do you mean?

**20** Where does this train go?

**21** When do you go to church?　I go there every Sunday.

**22** When does the next flight leave?

**23** Which school do you go to?

**24** Which do you recommend?

**25** How many of these do you want?

**26** How many of you have this ticket?

## ● 第11章　疑問詞 II

**1** その料金はいくらですか？

**2** あなたの大好きな食べ物は何ですか？

**3** 終点はどこですか？　（終点は何というところですか？）

**4** トイレはどこですか？　こちらです。

**5** 卵はどこにありますか？

**6** 私達はどこにいますか？（ここはどこですか？）

**7** あなたはどこ出身ですか？

**8** これは誰の消しゴムですか？

**9** これは誰のものですか？　それはアンディーのものです。

**10** あなたの誕生日はいつですか？

**11** あなたはいつ暇ですか？

**12** あなたの席はどれですか？

**13** どの荷物があなたのものですか？

**14** それはどういう意味ですか？

**15** この単語はどういう意味ですか？

**16** それについてあなたはどう思いますか？

**17** どんな食べ物が好きではないですか？

**18** このオートバイは誰が使いますか？

**19** あなたは誰のことを言っていますか？

**20** この電車はどこに行きますか？

**21** あなたは教会にはいつ行きますか？　私はそこへ毎週日曜に行きます。

**22** 次の飛行便はいつになりますか？

**23** あなたはどこの学校に通っていますか？

**24** あなたはどれをすすめますか？

**25** あなたはこれらをいくつ欲しいですか？

**26** あなた達のうち何人がこのチケットを持っていますか？

## ● 第 12 章　疑問詞III

**1** How is the taste?

**2** How are your parents?

**3** How about a cup of tea?

**4** What about lunch?

**5** How do you go to school?　I go by bus.

**6** How do you say this in English?

**7** What do you call this animal?

**8** How do you spell your name?

**9** How do you pronounce this word?

**10** How do I use this?

**11** How do you like your new job?

**12** Why are you late?

**13** Why is she angry?

**14** Why do you dislike that?

**15** Why don't you agree?

**16** How old are you?　I'm thirteen years old.

**17** How old is your sister?　She is eleven years old.

**18** How much is this?　It's two hundred fifty yen.

**19** How much are these in all?

**20** How tall are you?

**21** How much is the total?

**22** How often do you play tennis?　We play once a week.

**23** How often does the bus come?　It comes every 15 minutes.

**24** How many hours do you sleep every day?　I sleep for seven hours.

**25** Why don't you come to my house?

**26** Why not try it on?

**27** Let's go out tonight.　Sure, why not?

**28** Why don't we order pizza?

## ● 第12章　疑問詞Ⅲ　

**1** 味はどうですか？

**2** ご両親はいかがお過ごしですか？

**3** お茶を一杯いかがですか？

**4** 昼食はどうしますか？

**5** あなたはどうやって学校に通っていますか？　私はバスで通っています。

**6** これは英語で何といいますか？

**7** この動物は何といいますか？

**8** あなたの名前はどう綴りますか？

**9** この単語はどうやって発音しますか？

**10** これはどうやって使うのですか？

**11** あなたの新しい仕事はどうですか？

**12** （遅れて来た人に対して）何故遅刻したのですか？

**13** 何故彼女は怒っているのですか？

**14** 何故それが嫌いなのですか？

**15** 何故賛成しないのですか？

**16** あなたは何歳ですか？　私は 13 歳です。

**17** あなたの妹は何歳ですか？　彼女は 11 歳です。

**18** これはいくらですか？　250 円です。

**19** これらは全部でいくらですか？

**20** あなたの身長はどれくらいですか？

**21** 合計はいくらですか？

**22** あなた達はどれくらいの頻度でテニスをしますか？　私達は週に 1 回します。

**23** バスはどれくらいの頻度で来ますか？　15 分おきに来ます。

**24** あなたは毎日何時間寝ますか？　私は 7 時間寝ます。

**25** 私の家にいらっしゃいよ。

**26** それ着てみませんか？

**27** 今夜出かけようよ。　ええ，もちろん。

**28** ピザを注文しませんか？

## ● 第13章　can の用法

**1** I can meet you at 3:30.

**2** I can't believe that.

**3** He can drive a bus.

**4** Can you play the guitar?　No, I can't.

**5** Can she speak Japanese?　Yes, she can.

**6** Peter cannot ride a bicycle yet.

**7** You can take a shower anytime.

**8** Can I use this towel?　Of course, you can.

**9** Can I borrow your bike?　No, you cannot.

**10** Can you lend your bike to me?　Sure.

**11** Can you talk now?　I'm sorry, but I'm busy now.

**12** Can you wake me up at six, please?

**13** Can I change the channel?

**14** Can I have your name?

**15** Can I take this?

**16** Can anybody answer this question?

**17** Can you say that again?

**18** Can you keep it down?

**19** Can you listen to her?

**20** Can I have your attention?

**21** Where can I get soy sauce?

**22** When can you come here?

**23** Can you speak slowly?

**24** How many people can ride in this car?

**25** Excuse me, I'm lost. How can I get to the station?
　　Sorry, I'm a stranger here.

## ● 第13章　疑問詞Ⅲ

**1** 3時半ならあなたと会うことができます。

**2** 私にはそれは信じられません。

**3** 彼はバスを運転することができます。

**4** あなたはギターを弾けますか？　いいえ，弾けません。

**5** 彼女は日本語を話せますか？　はい，話せます。

**6** ピーターはまだ自転車に乗ることができません。

**7** いつでもシャワーを浴びても構いません。

**8** このタオルは使ってもいいですか？　もちろん，構いません。

**9** あなたの自転車を借りてもいいですか？　いいえ，できません。

**10** あなたの自転車を私に貸してくれませんか？　いいですよ。

**11** 今お話しできますか？　ごめんなさい，今忙しいです。

**12** 6時に私を起こしてもらえませんか？

**13** チャンネルを変えてもいいですか？

**14** 名前を教えてもらってもいいですか？

**15** これは（ただで）もらってもいいですか？（持っていってもいいですか?）

**16** 誰かこの問題に答えられませんか？

**17** それをもう一度言ってくれませんか？

**18** 静かにしてもらえますか？

**19** 彼女の話を聴いてくれませんか？

**20** こちらに注目してくれますか？

**21** 醤油はどこで買えますか？

**22** あなたはいつここに来ることができますか？

**23** ゆっくり話してもらえますか？

**24** この車には何人乗れますか？

**25** すみません，私は道に迷っています。　駅へはどうやって行けばいいですか？

　　ごめんなさい，私はこの辺りの者ではないんです。

## ● 第14章　進行形 I

**1** I am studying for the test.

**2** He is washing his car.

**3** Bob is not studying now.

**4** I am not sleeping well these days.

**5** My mom and aunt are still talking.

**6** Is she still talking on the telephone?

**7** Horses are running over there.

**8** Are children swimming in the sea?

**9** I'm using this app.

**10** Your phone is ringing.

**11** You are working hard today.

**12** Somebody is calling you.

**13** Are you not feeling well?

**14** What is he doing?

**15** What are they doing?

**16** What are you talking about?

**17** What are Bob and Mike talking about?　They are talking about video games.

**18** What are you doing?　I'm walking my dog.

**19** Are you waiting for somebody?　Yes, I'm waiting for Mr. Smith.

**20** Are you looking for something?　No, just looking.

**21** Why are you studying Spanish?

**22** How are you doing these days?

**23** How are you feeling today?

**24** Where are we heading now?　We are on the way to Shinjuku.

## ● 第14章　進行形 I

**1** 私はテスト勉強をしています。

**2** 彼は自分の車を洗っています。

**3** ボブは今勉強していません。

**4** 私は最近よく眠れていません。

**5** 母とおばはまだ話しています。

**6** 彼女はまだ電話で話しているのですか？

**7** 馬が向こうで走っています。

**8** 子供たちは海で泳いでいますか？

**9** 私はこのアプリを使っています。

**10** あなたの電話鳴っていますよ。

**11** 今日は仕事頑張っていますね。

**12** 誰かがあなたを呼んでいますよ。

**13** 体調がよくないのですか？

**14** 彼は何をしていますか？

**15** 彼らは何をしていますか？

**16** あなたは何の話をしているの？

**17** ボブとマイクは何について話していますか？　彼らはテレビゲームの話をしています。

**18** あなたは何をしていますか？　私は犬の散歩をしています。

**19** あなたは誰かを待っていますか？　はい，私はスミス先生を待っています。

**20** 何かお探しですか？　いえ，見ているだけです。

**21** 何故あなたはスペイン語を勉強しているのですか？

**22** 最近どうしていますか？

**23** 今日は気分はどうですか？

**24** 私達は今どこに向かっているのですか？　新宿に向かっている途中です。

## ● 第15章　一般動詞III

**1** Betty looked sleepy.

**2** I studied a little yesterday evening.

**3** She practiced a lot for this day.

**4** I stayed at my cousin's house yesterday.

**5** I didn't have breakfast this morning.

**6** I didn't watch TV yesterday.

**7** Did she cook dinner today?

**8** What did you do last Sunday?

**9** What did you say?

**10** How did you come here?

**11** Who cleaned this room?

**12** He missed the last train.

**13** My father worked at that company before.

**14** He lived there about ten years ago.

**15** I visited the museum two months ago.

**16** I didn't introduce myself yet.

**17** We fully enjoyed our trip.

**18** Why didn't you come?

**19** Did you sleep well?

**20** Where did you learn French?

**21** Did you just call me?

**22** When did I see you last?

**23** I changed trains at Shibuya.

**24** When did you arrive?　We arrived in Tokyo thirty minutes ago.

**25** Did anyone help with your assignment?　No, I did it by myself.

## ● 第15章　一般動詞Ⅲ

**1** ベティは眠そうでした。

**2** 私は昨晩少し勉強しました。

**3** 彼女はこの日のためにたくさん練習しました。

**4** 私は昨日いとこの家に泊まりました。

**5** 私は今朝朝食を食べませんでした。

**6** 私は昨日テレビを見ませんでした。

**7** 今日は彼女が夕食を作ったのですか？

**8** この前の日曜は何をしましたか？

**9** 何と言いましたか？

**10** どうやってここまで来たのですか？

**11** この部屋は誰が掃除しましたか？

**12** 彼は終電を逃しました。

**13** 父は以前その会社で働いていました。

**14** 彼は約 10 年前にそこに住んでいました。

**15** 私は 2 カ月前にその博物館を訪れました。

**16** 私はまだ自分の紹介をしていませんでした。

**17** 私達は旅行を十分楽しみました。

**18** あなたは何故来なかったのですか？

**19** あなたはよく眠れましたか？

**20** フランス語はどこで学んだのですか？

**21** 今ちょうど私に電話しましたか？

**22** 私があなたに最後に会ったのはいつでしたか？

**23** 私は渋谷で電車を乗り換えました。

**24** あなた達はいつ到着したのですか？　私達は 30 分前に東京に着きました。

**25** 誰かあなたの宿題を手伝ってくれましたか？　いいえ，私は独りでやりました。

## ● 第16章　be 動詞Ⅲ　　★★

**1** I am at the stadium now.

**2** I am still lost.

**3** I was in Japan then.

**4** Hello, is John there?

**5** Your son is just like you.

**6** She is in a tennis club.

**7** I was free yesterday.

**8** Ken was late for school this morning.

**9** Helen and Lisa were not here at that time.

**10** She was not present in class.

**11** We weren't busy yesterday.

**12** She was like a daughter to me.

**13** We were on the same team.

**14** It was very cold last week.

**15** He was absent from the meeting.

**16** Were you at home then?　Yes, I was.

**17** Was Peter in time for the train ?　No, he wasn't.

**18** Were your parents there?　Yes, they were.

**19** Was the story interesting?　No, it wasn't.

**20** Was the trip fun?

**21** Was the weather okay?

**22** Why were you late for class?

**23** Why was Andy absent from school?　Ќo "pqv'uʍtg0

**24** Where were you then?　I was in the library.

**25** Where was my mechanical pencil?　It was on Mike's desk.

## ● 第16章　be動詞III

**1** 私は今スタジアムにいます。

**2** 私はまだ道に迷っています。

**3** 私はそのとき日本にいました。

**4** もしもし，ジョンはそちらにいますか？

**5** あなたの息子はあなたにそっくりですね。

**6** 彼女はテニス部に所属しています。

**7** 私は昨日暇でした。

**8** ケンは今朝学校に遅刻しました。

**9** ヘレンとリサはそのときここにはいませんでした。

**10** 彼女は授業に出席していませんでした。

**11** 私達は昨日忙しくありませんでした。

**12** 彼女は私にとって娘のようなものでした。

**13** 私達は同じチームに所属していました。

**14** 先週はとても寒かったです。

**15** 彼はその会議を欠席していました。

**16** あなたはそのとき自宅にいましたか？　はい，いました。

**17** ピーターは電車に間に合いましたか？　いいえ，間に合いませんでした。

**18** あなたの両親はそこにいましたか？　はい，いました。

**19** その話は面白かったですか？　いいえ，面白くありませんでした。

**20** 旅行は楽しかったですか？

**21** 天気は大丈夫でしたか？

**22** 何故あなたは授業に遅れたのですか？

**23** 何故アンディーは学校を休んだのですか？　わかりません。

**24** あなたはそのときどこにいたのですか？　私は図書館にいました。

**25** 私のシャーペンはどこにあったの？　それはマイクの机の上にありました。

## ● 第17章　一般動詞IV

**1** We had dinner together.

**2** I went to bed early yesterday.

**3** I read the news in the paper.

**4** I saw her a few days ago.

**5** I bought ten books in all.

**6** I caught a cold the day before yesterday.

**7** I gave up after five minutes.

**8** Sam did his homework before dinner.

**9** My aunt made a cake for us.

**10** My uncle took me to the museum.

**11** Did you sleep well last night?

**12** Did Fred take the exam?

**13** I didn't really understand it.

**14** He put one of them on the table.

**15** She didn't say anything.

**16** She said nothing.

**17** Did he say anything else?

**18** They spoke to me in English.

**19** I got an e-mail from my cousin.

**20** How did you know?

**21** I never knew it.

**22** The alarm didn't go off, so I overslept.

**23** Mike didn't come to practice.　Jack didn't, either.

**24** I lost my way.

**25** I understood your story well.

**26** Where did she come from?　She came from Britain two years ago.

**27** What brought you to Japan?

## ● 第17章　一般動詞Ⅳ　

**1** 私達は一緒に夕食を食べました。

**2** 私は昨日早く寝ました。

**3** 私はそのニュースを新聞で読みました。

**4** 私は 2,3 日前に彼女に会いました。

**5** 私は全部で 10 冊本を買いました。

**6** 私は一昨日に風邪をひきました。

**7** 私は 5 分であきらめました。

**8** サムは夕食前に宿題をやりました。

**9** おばは私達のためにケーキを作ってくれました。

**10** おじは私を博物館に連れていってくれました。

**11** あなたは昨夜よく眠れましたか？

**12** フレッドはその試験を受けましたか？

**13** 私はよくわかりませんでした。

**14** 彼はそれらのうちの 1 つをテーブルの上に置きました。

**15** 彼女は何も言いませんでした。

**16** 彼女は何も言いませんでした。

**17** 彼は他に何か言っていましたか？

**18** 彼らは私に英語で話しかけてきました。

**19** 私はいとこから電子メールをもらいました。

**20** どうしてわかったのですか？

**21** 私はそれを全く知りませんでした。

**22** アラームが鳴らなかったので私は寝坊しました。

**23** マイクは練習に来ませんでした。　ジャックも来ませんでした。

**24** 私は道に迷ってしまいました。

**25** 私はあなたの話をよく理解しました。

**26** 彼女はどこから来たのですか？　彼女は 2 年前にイギリスから来ました。

**27** あなたはどういった理由で日本に来ましたか？

## ● 第18章　進行形 II

**1** I was doing the laundry then.

**2** He was listening to the radio.

**3** We were meeting every day at that time.

**4** She was having dinner with her close friend.

**5** Peter wasn't studying in his room.

**6** Mike and Jim weren't swimming in the pool.

**7** Were you out for jogging a while ago?　No, I wasn't.

**8** Was Andy working at a coffee shop?　Yes, he was.

**9** Sam is living close to Sendai station.

**10** Your phone was ringing.

**11** Something is burning.

**12** Why is he being talkative?

**13** The hot water isn't running.

**14** It's snowing outside.

**15** I'm loving this hamburger.

**16** Does this cap belong to you?

**17** I can't believe this story.

**18** Do you remember me?

**19** Are you learning Japanese?　Yes, but just a little.

**20** Am I making sense?

**21** What were you doing in the computer room?　I was looking up many things for the assignment.

**22** Who was talking over there?　Tom and his friends were talking.

**23** Who were you talking to on the phone?　I was talking to my mom.

**24** What was Ken doing outside last night?　He was looking for his cat.

**25** Why aren't you eating this?

## ● 第18章　進行形Ⅱ

**1** 私はそのとき洗濯をしていました。

**2** 彼はラジオを聴いていました。

**3** 私達は当時毎日会っていました。

**4** 彼女は親しい友達と夕食をとっていました。

**5** ピーターは自分の部屋で勉強をしていませんでした。

**6** マイクとジムはプールで泳いでいませんでした。

**7** あなたは少し前にジョギングをしていましたか？　いいえ，していませんでした。

**8** アンディーはコーヒーショップで働いていましたか？　はい，働いていました。

**9** サムはとりあえず仙台駅の近くに住んでいます。

**10** あなたの電話鳴っていましたよ。

**11** 何かが焦げています。

**12** 何で彼は（いつもと違って）饒舌（じょうぜつ）なんでしょうか？

**13** お湯が出ません。

**14** 外は雪が降っています。

**15** このハンバーガーすごい好き。

**16** この帽子はあなたのものですか？

**17** 私はこの話を信じることができません。

**18** 私のこと覚えていますか？

**19** あなたは日本語を学んでいるのですか？　はい，でも少しだけです。

**20** 私の言っていることは伝わっていますか？（理解できていますか？）

**21** あなたはコンピューター室で何をしていましたか？　私は課題のためにいろいろ調べていました。

**22** 誰が向こうで話していましたか？　トムと彼の友達です。

**23** あなたは電話で誰と話していたのですか？　母と話していました。

**24** ケンは昨夜外で何をしていたのですか？　彼は飼っている猫を探していました。

**25** あなたは何故これを食べていないのですか？

## ● 第19章　未来表現

**1** I'll come again in 30 minutes.

**2** I will take you there. Follow me.

**3** I'll be there at 7.

**4** Bob will pass the exam because he studied hard.

**5** Your package will arrive tomorrow.

**6** Will the bus leave on time?　No, maybe it won't.

**7** Will the restaurant open the day after tomorrow?　Yes, it will.

**8** This bottle will not open.

**9** The engine won't start.

**10** Mr. Brown is coming soon.

**11** I'm getting off!

**12** His son is turning five in January.

**13** My daughter is studying abroad next year.

**14** The Boston-bound train will be arriving shortly.

**15** Are you going out tonight?　Yes, we are going to karaoke.

**16** Kate, where are you going?　I'm going to the library.

**17** I'm going to buy a laundry machine tomorrow.

**18** I'm not going to join the summer camps.

**19** Are you going to attend his party?　Yes, I am.

**20** Is your family going to come here too?

**21** How will the weather be tomorrow?　It is going to rain.

**22** What time are you coming home?

**23** What are you doing tomorrow?　Well, I'll just stay home and relax.

**24** How many nights will you be staying?　I will be staying for two nights.

**25** How long are you staying there?　For a week.

**26** Where will we be boarding?

## ● 第19章　未来表現　

**1** ではまた30分後に来ますね。

**2** では私があなたをそこまで連れて行ってあげますよ。　ついて来て。

**3** 私は7時には必ずそこに行きます。（そこにいます）

**4** ボブはきっと試験に合格します，何故なら熱心に勉強していましたから。

**5** あなたの荷物は明日には必ず届きます。

**6** そのバスは必ず時間通りに出発しますか？　いいえ，たぶんしません。

**7** そのレストランは明後日は絶対開いていますか？　はい，開いています。

**8** このビンはどうしても開きません。

**9** エンジンがなかなかかかりません。

**10** ブラウン先生はもうすぐ来ます。

**11** (バスなどで) 私降ります！

**12** 彼の息子は1月で5歳になります。

**13** 私の娘は来年留学することになっています。

**14** ボストン行の電車がまもなく到着します。

**15** あなた達は今夜出かけますか？　はい，カラオケに行くつもりです。

**16** ケイト，どこに行くの？　図書館に行きます。

**17** 私は明日洗濯機を買うつもりです。

**18** 私はサマーキャンプには参加しないつもりです。

**19** あなたは彼のパーティーに出席する予定ですか？　はい，その予定です。

**20** あなたの家族もここにくる予定ですか？

**21** 明日の天気はどうなるでしょうか？　雨になりそうです。

**22** あなたは何時に帰宅しますか？

**23** あなたは明日何をしていますか？　そうですね，ただ家でゆっくりするだけだと思います。

**24** 何泊される予定ですか？　私は2泊する予定です。

**25** あなたはそこにどれくらい滞在する予定ですか？　1週間です。

**26** 私達はどこから搭乗するのでしょうか？

## ● 第20章　一般動詞Ⅴ　

**1** I'm lost. Where am I on this map?

**2** She gets sick often.

**3** Let's get together tonight.

**4** My father got home very late.

**5** I didn't get the last part.

**6** You look ill.

**7** Are you still feeling sick?

**8** Everything tastes great.

**9** Can you taste this soup?

**10** It sounds interesting.

**11** Smell the flower. It smells like lemon.

**12** Did you go there alone?

**13** My brother became a firefighter.

**14** School begins in September in the United States.

**15** I was walking my dog then.

**16** I can't stand the heat here.

**17** My parents run a small hotel.

**18** Did something happen to you?

**19** My father gave me a puppy for my birthday.

**20** Can you give me a hand?

**21** I'll give you a lift.

**22** Can you make me a glass of iced tea?

**23** He found me a good doctor.

**24** Mary cooked us dinner.

**25** I'll get you the ticket.

**26** Did Mark send you the e-mail?

**27** Tell me the truth.

**28** Can you lend me your bike tomorrow?

**29** Can I ask you a question?

## ● 第20章　一般動詞Ⅴ

**1** 私は道に迷っています。私はこの地図でどこにいますか？

**2** 彼女はよく病気になります。

**3** 今夜集まりましょう。

**4** 私の父はとても遅く帰宅しました。

**5** 私は最後の部分が理解できませんでした。

**6** あなたは具合が悪そうです。

**7** あなたはまだ具合が悪いですか？

**8** すべてがおいしいです。

**9** このスープを味見してくれませんか？

**10** それは面白そうだね。

**11** その花を嗅いでみて。　レモンのような匂いがします。

**12** あなたは独りでそこに行ったのですか？

**13** 私の兄は消防士になりました。

**14** アメリカでは学校は９月に始まります。

**15** 私はそのとき犬を散歩させていました。

**16** 私はここでの暑さには耐えられません。

**17** 私の両親は小さなホテルを経営しています。

**18** あなたは何かあったのですか？

**19** 誕生日に父は子犬をくれました。

**20** 手を貸してくれませんか？（手伝ってくれませんか？）

**21** ではあなたを車に乗せてあげますよ。

**22** 私にアイスティーを一杯入れてくれませんか？

**23** 彼は私によい医者を見つけてくれました。

**24** メアリーは私達に夕食を作ってくれました。

**25** では私があなたのためにそのチケットをとってあげましょう。

**26** マークがその電子メールをあなたに送ったのですか？

**27** 本当のことを私に言って。

**28** 明日あなたの自転車を貸してくれませんか？

**29** 質問を１つしてもいいですか？

## ● 第21章　助動詞 I

**1** I can't drink alcohol.

**2** Can I borrow this?

**3** Can you please explain it again?

**4** Can someone answer the phone?

**5** Can I take a look at that bag?　Of course.

**6** I'll take this one.

**7** It won't be cold today.

**8** Will you help me?　Of course, I will.

**9** I'll text you later.

**10** Will you be at home this evening?　No, I won't. I have to work the night shift today.

**11** I must attend the meeting.

**12** You must be tired from the long trip.

**13** Must I do that today?　No, you don't have to.

**14** She must know the truth.

**15** You must not swim in this river because it is dangerous.

**16** Do I have to take my shoes off here?

**17** Everyone has to buy this textbook.

**18** I had to wait for fifty minutes.

**19** You don't have to worry about it.

**20** He doesn't have to take the exam.

**21** I have a small gift for you.　Oh, you didn't have to!

**22** You may go home.

**23** That may be true.

**24** May I have your name?

**25** May I try these shoes on?　Yes, please.

**26** Lisa may come over to your place.

**27** You may not make phone calls here.

## ● 第21章　助動詞 I ★★

**1** 私はアルコールは飲めません。

**2** これ借りてもいい？

**3** もう一度それを説明してくれない？

**4** 誰か電話に出てくれない？

**5** あのカバンをちょっと見てもいいですか？　もちろんです。

**6** （買い物で）ではこれをもらいます。（買います）

**7** 今日はきっと寒くならないよ。

**8** 手伝ってくれる？　もちろん，いいよ。

**9** ではあとであなたにメッセージ送りますね。

**10** 今晩は家にいますか？　いいえ，いません。今日は夜勤の仕事をしなければいけません。

**11** 私は会議に出席しなくちゃいけないんです。

**12** あなたは長旅で疲れたでしょう。

**13** 私は今日それをやらなければいけませんか？　いいえ，その必要はありません。

**14** 彼女は本当のことを知っているはずだ。

**15** あなたはこの川で泳いではいけません。　なぜなら危険だからです。

**16** 私はここで靴を脱ぐ必要はありますか？

**17** みんなこのテキストを買う必要があります。

**18** 私は50分待たなければならなかった。

**19** あなたはそれについて心配する必要はありません。

**20** 彼はその試験を受ける必要はありません。

**21** あなたへのちょっとしたプレゼントがあります。　まぁ，そんなことしなくてよかったのに！

**22** あなたは帰宅してもいいですよ。

**23** それは本当かもしれない。

**24** あなたの名前を伺ってもいいですか？

**25** この靴を試着してもいいですか？　はい，どうぞ。

**26** リサがあなたのところに立ち寄るかもしれません。

**27** ここでの電話のご利用はご遠慮ください。

## ● 第22章　助動詞 II

**1** He could run 100 meters in 11 seconds in his school days.

**2** I couldn't catch the first part.　Could you say it again?

**3** I would like a map of the city.

**4** I'd like to book a single room for one night.

**5** I'd like to delay my checkout.

**6** Would you like to leave a message?

**7** How would you like to pay?

**8** How would you like your steak?

**9** What would you say at a time like this?

**10** You should do your hair.

**11** Should I take this bus?

**12** What should I eat there?

**13** How should I get there?

**14** Shall I take a picture for you?　Yes, please.

**15** Shall we have lunch here?　Yes, let's do it.

**16** Shall we go for a walk?　No, let's not.

**17** What time shall I pick you up?

**18** What shall we do this afternoon?

**19** Would you like another cup of tea?　No, thanks. I'm fine.

**20** Where shall we eat today?

**21** You'd better go by air.

**22** You had better not eat that, it's old.

**23** May I sit here?

**24** I might be late.

**25** Could I borrow your pen?

**26** May I help you?

**27** How may I help you?

## ● 第22章　助動詞 II

**1** 彼は学生時代 100 メートルを 11 秒で走れていました。

**2** 最初の部分が聞こえませんでした。その部分をもう一度言っていただけませんか？

**3** 私は市内地図が欲しいのですが。

**4** 私はシングルの部屋を一泊予約したいのですが。

**5** チェックアウトを遅らせたいのですが。

**6** 伝言を残していかれますか？

**7** お支払い方法はどうなさいますか？

**8** ステーキの焼き加減はどうなさいますか？

**9** あなただったらこんなときどう言いますか？

**10** あなたは髪の毛をとかしたほうがいいですよ。

**11** 私はこのバスに乗ったほうがよいですか？

**12** 私はそこで何を食べたほうがいいですか？

**13** 私はそこへどうやって行った方がいいですか？

**14** あなた達のために私が写真をお撮りしましょうか？　はい，お願いします。

**15** ここで昼食をとりませんか？　はい，そうしましょう。

**16** 散歩をしませんか？　いいえ，やめておきましょう。

**17** 何時にお迎えに伺いましょうか？

**18** 今日の午後は何をしましょうか？

**19** もう一杯お茶を飲みますか？　いいえ，大丈夫です。

**20** 今日はどこで食べましょうか？

**21** あなたは飛行機で行かないと大変ですよ。

**22** それは食べないほうがいいよ，古いから。

**23** ここに座ってもよろしいですか？

**24** 私はひょっとしたら遅れるかもしれません。

**25** あなたのペンをお借りしてもよろしいですか？

**26** （店などで）よろしければご案内しますが？

**27** （電話で）どういったご用件でしょうか？

## ● 第23章　接続詞Ⅰ　　　

**1** She caught a cab and went to the airport.

**2** Go straight on, and you will find a white building.

**3** Beth had a fever, but she was present in class.

**4** I'm sorry but I don't have time.

**5** Fred has a cold, so he is absent from school.

**6** Is he British or American?

**7** You had better go to sleep early, or you will miss the bus tomorrow.

**8** I think that it is very useful to you.

**9** I don't think he is wrong.

**10** I think the kids like it.

**11** I never thought I would see you here.

**12** I heard that she is Korean.

**13** I hear you bought a new car.

**14** Do you know that he has a twin brother?

**15** We hope you get well soon.

**16** He said that he would be back soon.

**17** I'm sure that he will win the game.

**18** Many of us were sure that he would win the game.

**19** I'm sorry I missed your call.

**20** I'm afraid you have the wrong number.

**21** I don't know if I can do it.

**22** I'm not sure if that is correct.

**23** I am glad that you are safe.

**24** I'm happy that you will join us.

**25** Are you sure you can carry all of these?

## ● 第23章　接続詞 I

**1** 彼女はタクシーを拾い，空港へ行きました。

**2** ずっとまっすぐ進んでください，そうすると白い建物が見えます。

**3** ベスは熱がありましたが，授業には出席していました。

**4** すみませんが，私には時間がありません。

**5** フレッドは風邪を引いているので，学校を欠席しています。

**6** 彼はイギリス人ですか，それともアメリカ人ですか？

**7** あなたは早く寝たほうがいい，そうでないと明日バスに乗り遅れますよ。

**8** それはあなたにとってとても役に立つと私は思います。

**9** 私は彼が間違っているとは思えません。

**10** 子供たちはそれを気に入ると私は思います。

**11** ここであなたに会うとは思ってもいませんでした。

**12** 彼女は韓国人だそうです。

**13** あなたは新しい車を買ったそうですね。

**14** あなたは彼には双子の兄弟がいることを知っていますか？

**15** 私達はあなたが早く元気になることを望んでいます。

**16** 彼は(自分は)すぐに戻ってくると言いました。

**17** 私は彼が試合に勝つと確信しています。

**18** 私達の多くは，彼が試合に勝つと確信していました。

**19** 電話に出られなくてすみません。

**20** 恐れ入りますが番号をお間違えのようです。

**21** 私はそれができるかどうかわかりません。

**22** それが正しいかどうか私にはわかりません。

**23** あなたが無事でうれしいです。

**24** あなたが私達に加わってくれるなんてうれしいです。

**25** 本当にあなたはこれらのすべてを運ぶことができますか？

## ● 第24章　接続詞 II

**1** What were you doing when the earthquake occurred?　I was on a train.

**2** The tree is very beautiful when it blossoms in spring.

**3** Someone visited you while you were out.

**4** I'll text you after school is over.

**5** Lucy became a kindergarten teacher after she finished college.

**6** Before he came to Japan, he worked as an engineer.

**7** You have to buy a ticket before you get on the bus.

**8** Though I failed this time, I will try again.

**9** Linda is thin though she eats a lot.

**10** He will help you if you ask him.

**11** Correct me if I am wrong.

**12** Can you give me a discount if I buy two?

**13** If you get lost, please call me.

**14** Because I had a cold, I stayed at home.

**15** I was late for class because I overslept.

**16** Stay here till I come back.

**17** Let's wait until the rain stops.

**18** He visited a lot of countries when he was young.

**19** Eat it while it is hot.

**20** I'll get in touch with you as soon as I arrive.

**21** Please fasten your seat belt when I drive.

**22** Come as soon as you can.

**23** I can't do it like you do.

**24** He looks like he is lying.

**25** Is it OK if I turn off that light?

**26** Is it alright if I remove this file?

## ● 第24章　接続詞 II

**1** 地震が起こったときあなたは何をしていましたか？　私は電車の中にいました。

**2** その木は春に花が咲くときとてもきれいです。

**3** あなたが外出中に誰かがあなたを訪ねてきましたよ。

**4** では学校が終わったらあなたにメッセージを送りますね。

**5** ルーシーは大学を卒業した後，幼稚園の先生になりました。

**6** 彼は日本に来る前，技術者として働いていました。

**7** あなたはバスに乗る前にチケットを買う必要があります。

**8** 私は今回は失敗したけれど，また挑戦してみます。

**9** リンダはたくさん食べるのに痩せています。

**10** 彼に頼めば彼はあなたを手伝ってくれるはずです。

**11** もし私が間違っていたら直して。

**12** 2つ買ったら値引きしてもらえますか？

**13** もし道に迷ったら私に電話してください。

**14** 私は風邪を引いていたので家にいました。

**15** 私は寝坊したので授業に遅れました。

**16** 私が戻ってくるまでここにいてください。

**17** 雨が止むまで待ちましょう。

**18** 彼は若い頃たくさんの国を訪れました。

**19** それは温かいうちに食べてね。

**20** では私は着いたらすぐにあなたに連絡します。

**21** 私が運転するときはシートベルトを締めてください。

**22** できるだけ早く来て。

**23** 私はあなたがするようにはできません。

**24** 彼は嘘をついているように見えます。

**25** あの照明は消しても大丈夫ですか？

**26** このファイルは削除しても構いませんか？

## ● 第25章　there 構文

**1** There is a bus stop over there.

**2** There are many hot springs in Japan.

**3** Is there a mailbox near here?　Yes, there is.

**4** Is there a tourist information office around here?　No, there isn't.

**5** Are there hotels near the station?　Yes, there are.

**6** Are there any questions?　No, there aren't.

**7** There was a traffic accident yesterday in front of my house.

**8** There were a lot of people in the park.

**9** There are no large bookstores in my town.

**10** There weren't any restaurants in the village.

**11** There was no reply from her.

**12** There is a cat on the top of the bookshelf.

**13** The cat is on the top of the bookshelf.

**14** There isn't any ice in the freezer.

**15** Are there any doctors here?

**16** Here is the kitchen.

**17** Here I am!

**18** Here we are!

**19** Here's your change.

**20** Can you pass me the salt?　Here you are.

**21** May I see the menu?　Here it is.

**22** Can you lend me a pen?　Sure. Here you go.

**23** Is there anything strange about these sentences?

**24** How many people are there in your family?　Including me, there are four people.